Klaus W. ter Horst

Investition

2., aktualisierte Auflage

Verlag W. Kohlhammer

2., aktualisierte Auflage 2009

Alle Rechte vorbehalten
© 2001 W. Kohlhammer GmbH Stuttgart
Gesamtherstellung:
W. Kohlhammer Druckerei GmbH + Co. Stuttgart
Printed in Germany

ISBN 978-3-17-020756-1

Autorenvorwort

Eine intakte Investitionswirtschaft ist von vitaler Bedeutung für jedes Unternehmen. Das begrenzt verfügbare Kapital muss so eingesetzt werden, dass die Wettbewerbsfähigkeit auf Dauer gesichert ist und die Unternehmensziele erreicht werden. Insofern gehört die Beschäftigung mit dem Investitionsmanagement, dem Investitionscontrolling, der Investitionsplanung und der Investitionsrechnung zum Kern der betriebswirtschaftlichen Ausbildung.

Das Buch konzentriert sich auf die Schlüsselfragen. Insbesondere werden behandelt:
– der Prozess der Investitionsplanung, -durchführung und -kontrolle,
– die dynamischen und statischen Methoden der Investitionsrechnung (hier ist der Band besonders ausführlich),
– die Einbeziehung der Steuern und der Finanzierung in die Investitionsrechnung und
– das Investitionsrisiko.

Die Methoden der Investitionsrechnung werden mit Tabellen und durchgängigen Beispielen so erklärt, dass auch Leserinnen und Leser ohne finanzmathematische Vorkenntnisse Zugang finden und die Verfahren selbstständig auf praktische Fälle anwenden können.

Wer sich in einem ersten Arbeitsschritt auf die wichtigsten Teile beschränken möchte, kann sich zunächst auf folgende Bereiche konzentrieren:
– Grundlagen: Kapitel 2,
– dynamische Methoden: Abschnitte 3.1; 3.2; 3.3.1; 3.4; 3.5; 3.6 und 3.7,
– statische Methoden: Abschnitte 4.1 bis 4.3,
– Unsicherheit und Risiko: Kapitel 7.

Am Ende der einzelnen Kapitel werden Übungsaufgaben angeboten. Es wird empfohlen, die passenden Aufgaben parallel zum Text zu bearbeiten. Hierzu gibt es Hinweise am Ende einzelner Abschnitte.

Die zweite Auflage unterscheidet sich von der ersten Auflage im Wesentlichen in den Kapiteln 5 und 6.4 (Einbeziehung der Steuern in die Investitionsrechnung).

Klaus W. ter Horst

Inhaltsverzeichnis

Abbildungsverzeichnis XII
Tabellenverzeichnis XIV
Formelverzeichnis XVI

1. Vermeidung von Schwächen in der Investitionswirtschaft .. 1

2. Aufgaben der Investitionswirtschaft 7
2.1 Die besondere Schwierigkeit von Investitionsentscheidungen .. 8
2.2 Investition, Investitionsarten 9
2.2.1 Investition 9
2.2.2 Investitionsarten 11
2.3 Investitionsmanagement und Investitionscontrolling 13
2.3.1 Investitionsmanagement 13
2.3.2 Investitionscontrolling 15
2.4 Investitionsplanung, -durchführung und -kontrolle 18
2.4.1 Übersicht 18
2.4.2 Feststellung der Investitionsziele 18
2.4.3 Investitionsanregung 20
2.4.4 Investitionsprüfung 22
2.4.5 Abstimmung der Investitionen im Investitionsprogramm . 25
2.4.6 Investitionsentscheidung 26
2.4.7 Steuerung der Investitionsdurchführung 28
2.4.8 Prämissenkontrolle 29
2.4.9 Ergebniskontrolle 30
2.5 Zusammenfassung 31

3. Die dynamischen Methoden der Investitionsrechnung ... 33
3.1 Zwecke der Investitionsrechnung 34
3.2 Formen der Investitionsrechnung 34

3.2.1	Einzel- und gesamtwirtschaftliche Investitionsrechnungen	34
3.2.2	Finanzielle und nicht finanzielle Investitionsrechnungen	35
3.2.3	Verfahren der einzelwirtschaftlichen monetären Investitionsrechnung	36
3.3	Datenbasis	38
3.3.1	Die Zahlungsreihe der Investition als Ziel der Datenermittlung	38
3.3.2	Investitionsdauer	40
3.3.3	Bereitstellung der Anlagegüter	40
3.3.4	Wiederbeschaffungen von Komponenten	41
3.3.5	Bereitstellung der Umlaufgüter	42
3.3.6	Laufende Auszahlungen	42
3.3.7	Laufende Einzahlungen	43
3.3.8	Liquidationsrestwerte im Anlagevermögen	43
3.3.9	Kalkulationszinssatz	44
3.4	Endkapitalwertmethode	47
3.4.1	Berechnung und Interpretation des Endkapitalwerts	47
3.4.2	Endkapitalwertrechnung mit Formel	49
3.4.3	Vorteilsregel für Einzelinvestitionen	51
3.4.4	Vorteilsregel für konkurrierende Investitionen	51
3.4.5	Eignung der Endkapitalwertmethode	51
3.5	Kapitalwertmethode	55
3.5.1	Berechnung und Interpretation des Kapitalwerts	55
3.5.2	Barkapitalwert und Endkapitalwert	57
3.5.3	Vorteilsregel für Einzelinvestitionen	57
3.5.4	Vorteilsregel für konkurrierende Investitionen	58
3.5.5	Kapitalwertrechnung bei konstanten Rückflüssen	62
3.5.6	Kapitalwertrechnung bei unbegrenzter (ewiger) Investitionsdauer	63
3.5.7	Eignung der Kapitalwertmethode	67
3.6	Annuitätenmethode	68
3.6.1	Berechnung und Interpretation der Annuität	68
3.6.2	Annuitätenrechnung bei konstanten Rückflüssen	69
3.6.3	Annuitätenrechnung bei unbegrenzter (ewiger) Investitionsdauer	70
3.6.4	Vorteilsregel für Einzelinvestitionen	71
3.6.5	Vorteilsregel für konkurrierende Investitionen	71
3.6.6	Vorteilsregel für den optimalen Ersatztermin	72

3.6.7	Eignung der Annuitätenmethode	76
3.7	Methode der dynamischen Amortisationsdauer	77
3.7.1	Berechnung und Interpretation der dynamischen Amortisationsdauer	77
3.7.2	Vorteilsregel für Einzelinvestitionen	80
3.7.3	Vorteilsregel für konkurrierende Investitionen	81
3.7.4	Eignung der dynamischen Amortisationsdauermethode	82
3.8	Interne-Zinssatz-Methode	83
3.8.1	Berechnung und Interpretation des internen Zinssatzes	83
3.8.2	Der interne Zinssatz bei konstanten Rückflüssen	87
3.8.3	Der interne Zinssatz bei unbegrenzter (ewiger) Investitionsdauer	89
3.8.4	Vorteilsregel für Einzelinvestitionen	90
3.8.5	Vorteilsregel für konkurrierende Investitionen	90
3.8.6	Eignung der Interne-Zinssatz-Methode	92
3.9	Kritische-Sollzinssatz-Methode	94
3.9.1	Berechnung und Interpretation des kritischen Sollzinssatzes	94
3.9.2	Vergleich zwischen dem kritischen Sollzinssatz und dem internen Zinssatz	96
3.10	Zusammenfassung	97

4. Die statischen Methoden der Investitionsrechnung 105

4.1	Kostenvergleich	106
4.1.1	Vergleich auf Basis der Kosten pro Periode	106
4.1.2	Berechnung kritischer Werte	110
4.1.3	Vergleich auf Basis der Kosten pro Leistungseinheit	111
4.1.4	Eignung der Kostenvergleichsmethode	112
4.2	Gewinnvergleich	113
4.2.1	Vergleich konkurrierender Investitionen	113
4.2.2	Berechnung kritischer Werte	115
4.2.3	Gegenüberstellung von Gewinnvergleich und Annuitätenmethode	117
4.2.4	Bestimmung des optimalen Ersatztermins	118
4.2.5	Eignung der Gewinnvergleichsmethode	119
4.3	Methode der statischen Amortisationsdauer	120
4.3.1	Berechnung und Interpretation der statischen Amortisationsdauer	120

4.3.2	Eignung der Methode der statischen Amortisationsdauer	121
4.4	Methode der statischen Rentabilitätsrechnung	122
4.4.1	Darstellung der statischen Rentabilitätsrechnung	122
4.4.2	Eignung der statischen Rentabilitätsrechnung	125
4.5	Zusammenfassung	126

5. Berücksichtigung der Gewinnsteuern in der Investitionsrechnung ... 131

5.1	Erläuterung des Problems	132
5.2	Berücksichtigung der Steuern bei einer Einzelinvestition	134
5.3	Berücksichtigung der Steuern bei konkurrierenden Investitionen	137
5.4	Berücksichtigung der Steuern bei der Berechnung des optimalen Ersatzzeitpunkts	140
5.5	Vergleich zwischen Kauf und Leasing	141
5.6	Eignung der Methode	143
5.7	Zusammenfassung	144

6. Investitionsrechnung mit integriertem Tilgungsplan ... 147

6.1	Finanzierungsrechnung	148
6.1.1	Ratentilgung	148
6.1.2	Annuitätentilgung	148
6.1.3	Prozentannuitätentilgung	150
6.2	Effektivzinssatzberechnung	151
6.3	Verknüpfung von Investitions- und Finanzierungsrechnung	153
6.3.1	Am Beispiel der Ratentilgung	153
6.3.2	Am Beispiel der Annuitätentilgung	155
6.4	Einbeziehung der Gewinnsteuern	155
6.5	Eignung des Verfahrens	157
6.6	Zusammenfassung	157

7. Berücksichtigung von Unsicherheit und Risiko 161

7.1	Verdeutlichung des Problems	162
7.2	Alternative Zukunftslagen	163
7.3	Sicherheitskorrekturen	164
7.3.1	Darstellung des Verfahrens	164
7.3.2	Eignung des Verfahrens	165
7.4	Methode kritischer Werte	166
7.4.1	Darstellung des Verfahrens	166
7.4.2	Einzelne kritische Werte	167
7.4.3	Kritische-Werte-Kombinationen	169
7.4.4	Kritische Werte bei konkurrierenden Investitionen	170
7.4.5	Eignung des Verfahrens	170
7.5	Bandbreitenrechnung	171
7.5.1	Darstellung des Verfahrens	171
7.5.2	Eignung des Verfahrens	173
7.6	Handlungsempfehlungen zur Begrenzung des Investitionsrisikos	174
7.7	Zusammenfassung	177

Lösungshinweise 181
Literaturhinweise 193
Stichwortverzeichnis 196

Abbildungsverzeichnis

Abbildung 1:	Folgen einer nicht intakten Investitionswirtschaft	1
Abbildung 2:	Zahlungsprozesse einer Investition	9
Abbildung 3:	Zahlungsprozesse einer Finanzierung	10
Abbildung 4:	Investitionsarten nach Gütergruppen	12
Abbildung 5:	Investitionsarten nach dem dominierenden Investitionsmotiv	12
Abbildung 6:	Beispiel einer abgestuften Kompetenzverteilung des Investitionsmanagements	14
Abbildung 7:	Regelkreismodell des Controllings	17
Abbildung 8:	Prozess der Investitionsplanung, -durchführung und -kontrolle	19
Abbildung 9:	Quellen der Investitionsanregung	21
Abbildung 10:	Strategische Chancen der Alternativen	23
Abbildung 11:	Strategische Risiken der Alternativen	23
Abbildung 12:	Chancen-Risiken-Matrix	24
Abbildung 13:	Modell der Entscheidungssituation	27
Abbildung 14:	Einzel- und gesamtwirtschaftliche Investitionsrechnungen	36
Abbildung 15:	Methoden der monetären Investitionsrechnung	37
Abbildung 16:	Komponenten für die Zahlungsreihe der Investition	39
Abbildung 17:	Veranschaulichung der Berechnung des Endkapitalwerts	50
Abbildung 18:	Veranschaulichung der Berechnung des Kapitalwerts	56
Abbildung 19:	Kapitalwerte in Abhängigkeit vom Kalkulationszinssatz	59
Abbildung 20:	Investitionsketten	61
Abbildung 21:	Beziehung zwischen Annuitäten und Kapitalwert	68
Abbildung 22:	Dynamische Amortisationsdauer	78
Abbildung 23:	Zunehmende Unschärfe der Prognosedaten	81
Abbildung 24:	Zielkonflikt bei konkurrierenden Investitionen	82
Abbildung 25:	Grafische Bestimmung des internen Zinssatzes	86
Abbildung 26:	Näherung des internen Zinssatzes durch Interpolation	88
Abbildung 27:	Näherung des internen Zinssatzes durch Extrapolation	88
Abbildung 28:	Prämisse des durchschnittlich gebundenen Kapitals	108
Abbildung 29:	Kritische Werte im Kostenvergleich	111

Abbildung 30: Kritische Werte im Gewinnvergleich 116
Abbildung 31: Kapitalwerte in Abhängigkeit vom Absatzmengenfaktor . 168
Abbildung 32: Kritische-Werte-Kombinationen 169
Abbildung 33: Bandbreite der Endkapitalwerte im Zeitablauf 172
Abbildung 34: Ergebnis einer berechnungsexperimentellen
 Risikoanalyse 174
Abbildung 35: Schrittweise Realisierung eines Investitionsvorhabens .. 177

Tabellenverzeichnis

Tabelle 1:	Daten für den Apfelmus-Fall	39
Tabelle 2:	Beispiel für Risikozuschläge im Kalkulationszinssatz	46
Tabelle 3:	Endwert der Basisinvestition (Beträge in €)	47
Tabelle 4:	Endwert der Apfelmus-Investition (Beträge in €)	48
Tabelle 5:	Endkapitalwert der Apfelmus-Investition (Beträge in €)	49
Tabelle 6:	Berechnungshilfe für den Endkapitalwert	50
Tabelle 7:	Auswirkung von Zeitstruktur und Kalkulationszinssatz auf den Endkapitalwert	52
Tabelle 8:	Zahlungsreihen zweier Rationalisierungsvarianten (in €)	53
Tabelle 9:	Berechnungshilfe für den Kapitalwert	56
Tabelle 10:	Zahlungsreihen und Kapitalwerte konkurrierender Investitionen	58
Tabelle 11:	Kapitalwerte in Abhängigkeit vom Kalkulationszinssatz	59
Tabelle 12:	Abzinsungsfaktoren in Abhängigkeit von Zeit und Zinssatz	66
Tabelle 13:	Kapitalwerte und Annuitäten konkurrierender Investitionen	71
Tabelle 14:	Daten der Annuitätenrechnung zur Bestimmung des optimalen Ersatztermins	75
Tabelle 15:	Dynamische Amortisationsrechnung mit Wiedergewinnung der Zinsen	77
Tabelle 16:	Dynamische Amortisationsrechnung ohne Wiedergewinnung der Zinsen	79
Tabelle 17:	Kapitalwerte und Amortisationszeiten für die konkurrierenden Investitionen A und B	82
Tabelle 18:	Einfluss des Kalkulationszinssatzes auf den Kapitalwert	86
Tabelle 19:	Vergleich konkurrierender Investitionen 1	91
Tabelle 20:	Vergleich konkurrierender Investitionen 2	91
Tabelle 21:	Vergleich konkurrierender Investitionen 3	92
Tabelle 22:	Vergleich konkurrierender Investitionen 4	92
Tabelle 23:	Beispiel einer Kostenvergleichsrechnung	107
Tabelle 24:	Beispiel eines Gewinnvergleichs	114
Tabelle 25:	Gewinnvergleich zur Berechnung des optimalen Ersatztermins	118

Tabellenverzeichnis XV

Tabelle 26:	Investitionsrechnung mit Steuern	136
Tabelle 27:	Vergleich der Ergebnisse vor und nach Steuern	137
Tabelle 28:	Investitionsrechnung ohne Steuern (Alternative A)	138
Tabelle 29:	Investitionsrechnung ohne Steuern (Alternative B)	138
Tabelle 30:	Investitionsrechnung mit Steuern bei linearer Abschreibung (Alternative A)	138
Tabelle 31:	Investitionsrechnung mit Steuern (Alternative B)	139
Tabelle 32:	Investitionsrechnung mit Steuern Sonderabschreibung (bei Alternative A)	139
Tabelle 33:	Vergleich der Ergebnisse vor und nach Steuern	139
Tabelle 34:	Investitionsrechnung für die neue Anlage	141
Tabelle 35:	Annuitäten ohne und mit Gewinnsteuern	141
Tabelle 36:	Vergleich Kauf/Leasing (Alternative Kauf)	142
Tabelle 37:	Vergleich Kauf/Leasing (Alternative Leasing)	142
Tabelle 38:	Beispiel 1 einer Ratentilgung	148
Tabelle 39:	Beispiel 2 einer Ratentilgung	149
Tabelle 40:	Beispiel einer Annuitätentilgung	150
Tabelle 41:	Beispiel einer Prozentannuitätentilgung	151
Tabelle 42:	Endkapitalwertrechnung mit Ratentilgung	153
Tabelle 43:	Endkapitalwertrechnung mit Annuitätentilgung	155
Tabelle 44:	Endkapitalwertrechnung mit Annuitätentilgung und Gewinnsteuern	156
Tabelle 45:	Bandbreitenprognose	172
Tabelle 46:	Katalog von Empfehlungen zur Risikovorsorge in der Investitionswirtschaft	176

Formelverzeichnis

Nr.	Formel	Formelzeichen
1	$C_T = \sum_{t=0}^{T} Z_t \cdot (1+i)^{T-t}$	C_T Endkapitalwert Ende t = T T Investitionsdauer Z_t Nettozahlungen Ende der Jahre t i Kalkulationszinssatz
2	$C_0 = \sum_{0}^{T} \frac{Z_t}{(1+i)^t}$	C_0 Kapitalwert Ende t = 0
3	$C_0 = \frac{C_T}{(1+i)^T}$	
4	$_\infty C_0 = C_0 \cdot \frac{(1+i)^T}{(1+i)^T - 1}$	$_\infty C_0$ Kapitalwert bei unendlich häufiger Wiederholung
5	$C_0 = -I_0 + Z \cdot \frac{(1+i)^T - 1}{i \cdot (1+i)^T} + \frac{L_T}{(1+i)^T}$	C_0 Kapitalwert I_0 Investitionsauszahlungen Ende t = 0 Z jährlich gleich große Nettozahlungen t = 1 bis E = T L_T Liquidationseinzahlungen Ende T
6	$G_0 = \frac{Z}{i}$	G_0 heutiger Wert der Nettozahlungen Z jährlich gleich große, ewige Nettoeinzahlungen i Kalkulationszinssatz
7	$C_0 = -I_0 + \frac{Z}{i}$	I_0 Investitionsauszahlungen Ende t = 0
8	$AN = C_0 \cdot \frac{(1+i)^T \cdot i}{(1+i)^T - 1}$	AN Annuität der Investition C_0 Kapitalwert i Kalkulationszinssatz T Investitionsdauer
9	$AN = Z - (I_0 - \frac{L_T}{(1+i)^T}) \cdot \frac{(1+i)^T \cdot i}{(1+i)^T - 1}$	I_0 Investitionsauszahlungen Ende t = 0 Z jährlich gleich große Nettoeinzahlungen L_T Liquidationseinzahlungen Ende T
10	$AN = Z - I_0 \cdot i$	Z jährlich gleich große, ewige Nettoeinzahlungen
11	$AN\ (alt) = Z_1 - L_0 \cdot i - (L_0 - L_1)$	Z_1 Nettozahlungen des nächsten Jahres $L_{0/1}$ Liquidationsrestwert am Anfang bzw. am Ende des nächsten Jahres
12	$d = d_1 + \frac{|C_{T1}|}{C_{T2} + |C_{T1}|}$	d Amortisationsdauer d_1 letztes Jahr mit negativem Vermögenswert C_{T1} letzter negativer Vermögenswert C_{T2} erster positiver Vermögenswert
13	$\tilde{r} = i_1 - C_{01} \cdot \frac{i_2 - i_1}{C_{02} - C_{01}}$	$\tilde{r}$ Näherungswert für den internen Zinssatz r

Formelverzeichnis XVII

14	$0 = \sum_{t=0}^{T} \dfrac{Z_t}{(1+r)^t}$	r Z_t t T	interner Zinssatz Nettozahlungen der Investition Jahresende Investitionsdauer
15	$0 = -I_0 + Z \cdot \dfrac{(1+r)^T - 1}{(1+r)^T \cdot r} + \dfrac{L_T}{(1+r)^T}$	r I_0 Z L_T T	interner Zinssatz Investitionsauszahlung Ende t = 0 jährlich gleich große Nettozahlungen Liquidationsrestwert in T Investitionsdauer
16	$r = \dfrac{Z}{|I_0|}$	Z	jährlich gleich große, ewige Nettoeinzahlungen
17	$V_T = -I_0 \cdot (1+s)^T + \sum_{t=1}^{T} Z_t^+ \cdot (1+h)^{T-t}$	V_T I_0 Z_t^+ s h	Vermögensendwert Ende t = 0 Investitionsauszahlung Ende t = 0 positive Nettozahlungen von t = 1 bis t = T Sollzinssatz Habenzinssatz
18	$s^* = \sqrt[T]{\dfrac{\sum_{t=1}^{T} Z_t^+ \cdot (1+h)^{T-t}}{|I_0|}} - 1$	s*	kritischer Sollzinssatz
19	$0 = \sum_{t=0}^{T} Z_t^- \cdot (1+s^*)^{T-t} + \sum_{t=0}^{T} Z_t^+ \cdot (1+h)^{T-t}$	Z_t^-	negative Nettozahlungen von t = 0 bis t = T
20	$K = B + \dfrac{A_0 - R_T}{T} + DKB \cdot i$	K B A_0 R_T T DKB i	Kosten pro Jahr laufende Kosten pro Jahr (ohne Abschreibungen und Zinsen) Auszahlungen für die abzuschreibenden Gegenstände in t = 0 Liquidationsrestwerte der abzuschreibenden Gegenstände in t = T Investitionsdauer durchschnittliche Kapitalbindung Kalkulationszinssatz
21	$DKB = \dfrac{A_0 - R_T}{2} + R_T + U$	U	Kapitalbindung der nicht abzuschreibenden Gegenstände, z. B. Umlaufvermögen
22	$K = B + \dfrac{A_0 - R_T}{T} + (\dfrac{A_0 + R_T}{2} + U) \cdot i$		
23	$G = E - B - [\dfrac{A_0 - R_T}{T} + (\dfrac{A_0 + R_T}{2} + U) \cdot i]$	G E B A_0 R_T U T i	Gewinn pro Jahr Ertrag pro Jahr laufende Kosten pro Jahr (ohne Abschreibungen und Zinsen) Auszahlungen für die abzuschreibenden Gegenstände in t = 0 Liquidationsrestwerte der abzuschreibenden Gegenstände in t = T Kapitalbindung der nicht abzuschreibenden Gegenstände, z. B. Umlaufvermögen Investitionsdauer Kalkulationszinssatz

XVIII Formelverzeichnis

24	$G = (p - k_v) \cdot x - K_f$	G Gewinn pro Jahr p Verkaufspreis pro Stück k_v variable Stückkosten x erwartete Verkaufsmenge pro Jahr K_f fixe Kosten pro Jahr einschließlich Abschreibungen und Zinsen
25	$d_s = \dfrac{Investitionsauszahlungen}{Gewinn + Abschreibungen}$	d_s statische Amortisationsdauer
26	$r_s = \dfrac{BG}{\dfrac{A_0 + R_T}{2} + U}$	r_s statische Rentabilität BG Bruttogewinn A_0 Auszahlungen für die abzuschreibenden Gegenstände in t = 0 R_T Liquidationsrestwerte der abzuschreibenden Gegenstände in t = T U Kapitalbindung der nicht abzuschreibenden Gegenstände, z. B. Umlaufvermögen
27	$r_s = \dfrac{E - (B + \dfrac{A_0 - R_T}{T})}{\dfrac{A_0 + R_T}{2} + U}$	E Jahresertrag B laufende Kosten pro Jahr (ohne Abschreibungen und Zinsen)
28	$r_s = \dfrac{E - (B + \dfrac{A_0 - R_T}{T})}{A_0 + U}$	
29	Netto-Kalkulationszinssatz = Brutto-Kalkulationszinssatz · (1 – Steuersatz)	
30	$F = D_0 \cdot \dfrac{k \cdot (1+k)^l}{(1+k)^l - 1}$	F Finanzierungsannuität D_0 Bruttoschuld zu Beginn der Tilgungszeit k Nominalzinssatz l Tilgungszeit des Darlehens
31	$F = D_0 \cdot (k + d)$	F Finanzierungsannuität D_0 Bruttoschuld zu Beginn der Tilgungszeit k Nominalzinssatz d Tilgungssatz

1. Vermeidung von Schwächen in der Investitionswirtschaft

Technische, wirtschaftliche und gesellschaftliche Veränderungen schaffen laufend neue Situationen und Bedingungen, an die sich die Unternehmen anpassen müssen, wollen sie ihre Existenz sichern und ihre Ziele erreichen. Neben den Entscheidungen über Leistungsprogramm, Leistungsstrukturen, Beschaffungsquellen, Absatzwege, Organisation, Personalentwicklung und Finanzierung kommt den Investitionsentscheidungen bei diesem Anpassungsprozess besondere Bedeutung zu.

Die Investitionsentscheidungen prägen die qualitativen und quantitativen Leistungspotenziale und bestimmen darüber, mit welchen Produkten und zu welchen Kosten das Unternehmen am Markt auftreten kann.

Unterlassene, verspätete, fehlgerichtete und fehlerhafte Investitionen beeinträchtigen die Wettbewerbsfähigkeit, induzieren Verluste und stören das finanzielle Gleichgewicht. Es kann sich ein krisenhafter Prozess (Abbildung 1) entwickeln, in dem zunächst die Wettbewerbspotenziale erodieren, dann die Gewinne sinken, schließlich Verluste das Eigenkapital aufzehren und die Liquidität gefährden. Manchmal reißt eine Fehlinvestition das Unternehmen auch direkt in eine

Abbildung 1: Folgen einer nicht intakten Investitionswirtschaft

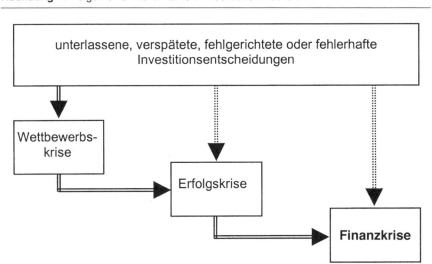

Finanzkrise, entweder weil unterschätzte Investitionsausgaben nicht bezahlt werden können oder weil die erhofften Rückflüsse ausbleiben oder sich verspäten.

Folgende der Unternehmenspraxis entnommene Fälle zeigen, in welche Schwierigkeiten Unternehmen durch Schwächen in der Investitionswirtschaft kommen können und wie diese Schwächen zu vermeiden sind. (Weitere Schwachstellen beschreiben Blohm/Lüder/Schaefer 2006, S. 5 ff.)

▶ **Fall 1: Verspätete Anpassung**
Die Kraftfutter oHG hatte sich bis 2000 am Markt behaupten können. Bereits in dieser Zeit, in der beachtliche Gewinne erzielt wurden, hatte man versäumt, die Veränderungen des Marktgeschehens, insbesondere den Rückgang der Nutztierhaltung in den Ballungsräumen, zu analysieren und das Produktionsprogramm auf die veränderten Gegebenheiten auszurichten. Aber auch bei der technischen Ausstattung war eine Anpassung und Erneuerung unterblieben. Eine mittel- und langfristige Investitionsplanung, abgesichert durch eine solide Absatz- und Finanzplanung, wäre notwendig gewesen. Sie hätte die bedrohliche Entwicklung, die dann einsetzte, verhindern können. Der Mangel an strategischer Weitsicht führte schließlich zum Verfall des Gewinns, ab 2005 zu wachsenden Verlusten und bedrohlichen Liquiditätsengpässen. Trotz einer zuverlässigen Mitarbeiterschaft war es schließlich nicht mehr möglich, dem Preis- und dem Innovationsdruck der Konkurrenz standzuhalten. Ein umfangreiches Sanierungsprogramm mit umwälzenden Investitionen in der Produktion, in der Produktentwicklung, im Verkauf und im Vertrieb wäre notwendig gewesen. Da aber das Eigenkapital aufgezehrt war, musste das Unternehmen aufgegeben werden.
Konsequenz: Die Beschleunigung der Wirtschaftsprozesse ist ein Merkmal der weltweiten Dynamik der Märkte, der sich kaum ein Unternehmen entziehen kann. Erkennt man strukturelle Veränderungen in Wirtschaft und Gesellschaft rechtzeitig, kann man sich dem Zeitdruck entziehen und für sorgfältige Problemanalysen und für die Entwicklung innovativer Problemlösungen nutzen. Notwendig sind frühzeitige Informationen über

- die Chancen und die Risiken, die sich aus Veränderungen in den für die Unternehmung relevanten Umweltsektoren (Märkte, Technologie, Gesellschaft usw.) ergeben können,
- die spezifischen Stärken und die Schwächen der Unternehmung angesichts der erwarteten Änderungen in der Unternehmensumwelt.

Eine strategische Planung, die auf diesen Informationen aufbaut, ist die Basis für eine langfristig ausgerichtete, die Existenz sichernde Investitionspolitik. Der Unsicherheit langfristiger Prognosen kann man dadurch begegnen, dass man alternativ mögliche Szenarien durchdenkt und entsprechende alternative Handlungsprogramme für sie bereithält, die im Bedarfsfall zügig umzusetzen sind.

▶ **Fall 2: Rationalisierungsfalle**
Ein Unternehmen der Stahl verarbeitenden Industrie, das durch zunehmend harten Wettbewerb unter Druck geriet, setzte ein umfangreiches Kostensenkungsprogramm in Gang. Man gab einzelne Produktionssegmente auf und bezog die Produkte fortan fremd. In anderen Unternehmensbereichen wurde eifrig investiert, wobei Rationalisierungsinvestitionen deutlich überwogen. Zwei Jahre lang fühlte man sich in dieser Politik bestätigt; denn man konnte auf Grund niedriger Kosten zu konkurrenzfähigen Preisen anbieten. Dann aber entwickelte sich eine neue Krise. Die fremd bezogenen Produkte entsprachen nicht mehr den Qualitäts- und Spezialwünschen der Kunden. Das Know-how für die Eigenproduktion war verloren gegangen. Vertriebswege, Marketing, Auftragsabwicklung, Service, Kundennähe: Bei allen wesentlichen Erfolgsfaktoren wurden die Schwächen im Vergleich zur Konkurrenz immer deutlicher. Die Rationalisierungsinvestitionen waren einseitig auf die Kostensenkung fixiert worden, ohne die strategischen Erfolgsfaktoren umfassend und vorausschauend zu beachten. Nun fehlte das Geld, das in den Kernbereichen Versäumte nachzuholen.
Konsequenz: Investitionsentscheidungen sollten nicht einseitig auf die Beseitigung momentaner Schwierigkeiten (Kostendruck) fixiert sein, sondern immer die langfristigen Konsequenzen (Einschränkung der Wettbewerbsfähigkeit) mit bedenken.

▶ **Fall 3: Spezialisierungsfalle**
Die Nahrung- und Genuss-GmbH wollte sich auf dem verheißungsvollen Markt für Tiefkühlkost engagieren. Man entwickelte ein neuartiges Produktsortiment, baute umfangreiche Produktionsanlagen auf und bereitete das Eindringen in den Markt durch eine Werbekampagne vor. Insgesamt wurden 1 Mio. € ausgegeben, für dieses Unternehmen eine stattliche Summe. Zwei Jahre nach Inbetriebnahme waren die Produktionsanlagen nur zu 30 % ausgelastet, und eine Absatzsteigerung war nicht in Sicht. Das neue Sortiment kam beim Verbraucher nicht an. Auch der gewählte Absatzweg war nicht erfolgreich. Da man bei der Planung einen solchen Misserfolg nicht in Erwägung gezogen hatte, waren die Produktions- und Verpackungsmaschinen speziell auf die gewählte Produktkonzeption zugeschnitten worden. Es war sehr teuer, die Anlagen und den Vertrieb an ein erfolgreicheres Produkt- und Marktkonzept anzupassen, zumal die finanziellen Mittel nahezu erschöpft waren.

Konsequenz: Die Investitionsobjekte (z. B. Produktionssysteme) müssen den im Zeitpunkt der Entscheidung erwarteten Anforderungen entsprechen. Ihr Leistungsspektrum darf jedoch nicht so eng und starr sein, dass sie nicht auf veränderte Anforderungen des Marktes eingestellt werden können.
Das Finanzierungspotenzial sollte nicht ausgeschöpft werden. Es sollten Reserven verbleiben für

- unerwartete Folgekosten (z. B. für Nachschulungen),
- Nachbesserungen, wenn die Investition nicht die erwarteten Ergebnisse bringt,
- Anpassungen an neue Rahmenbedingungen, die sich während der Investitionsnutzung ergeben (z. B. Produkte oder Marktsituationen).

▶ **Fall 4: Organisationsmängel**
Immer wieder hört man – vor allem in großen Unternehmen – von Schwierigkeiten im Investitionsbereich, die bei näherem Hinsehen auf mangelnde Systematik der Investitionsplanungsprozesse und allgemeine Schwächen der Unternehmensorganisation zurückzuführen sind. Der Abteilungsleiter einer Baugesellschaft: „Schon öfter ist es vorgekommen, dass wir in unserer Abteilung ein Absatz- und Investitionskonzept bis in alle Details erarbeitet hatten, dann aber von der Unternehmensleitung gestoppt wurden, weil man dort – ohne uns dies mitzuteilen – inzwischen zu einer anderen Unternehmensstrategie übergeschwenkt war. Dazu kommt folgendes: Die einzelnen Abteilungen unseres Betriebes, die Gott sei Dank recht selbstständig arbeiten dürfen, schotten sich so stark gegeneinander ab, dass eine Koordination der Investitionsentscheidungen entweder gar nicht oder viel zu spät stattfindet."
Konsequenz: Die einzelnen Unternehmensbereiche müssen ihre gegenwärtigen, aber auch die für die Zukunft beabsichtigten Investitionsvorhaben im Hinblick auf die lang-, mittel- und kurzfristigen Unternehmensziele aufeinander abstimmen. Die Kommunikation zwischen strategischer Unternehmensführung, operativen Führungsstellen, Planungsbeauftragten und zukünftigen Nutzern der Investitionen sollte gepflegt werden, um Missverständnissen vorzubeugen und Vertrauen aufzubauen. Investitionswirtschaft, Absatz-, Produktions-, Beschaffungs-, Personal- und Finanzwirtschaft sollten nach dem Prinzip gekoppelter Regelkreise miteinander verknüpft werden.

▶ **Fall 5: Alternativen übersehen**
Der Vorstandsvorsitzende eines Unternehmens der Baustoffindustrie: „Zu Investitionsanträgen können wir in der Geschäftsleitung nur ja oder nein sagen. Uns werden keine echten Alternativen zur Wahl gestellt, was teure Folgen haben

kann. Kurz nachdem wir eine neue Fabrik in Betrieb genommen hatten, erfuhren wir vom Leiter eines Werks an einem Standort im Ausland, dass er genügend freie Kapazität zur Verfügung hätte stellen können. Trotz Transport wäre das die billigere Lösung gewesen. Als wir unsere Entscheidung zu treffen hatten, war uns das nicht bekannt. Wir müssen den Investitionsbereich völlig neu organisieren, angefangen von der Formulierung der Investitionsziele, über die Verfahren zur Antragstellung, die Ideenfindung für Alternativen, die Entscheidungsvorbereitung und das Investitionscontrolling."

Konsequenz: Mit einem Investitionsvorschlag wird die Lösung eines Problems angeboten, für das es möglicherweise auch andere, bessere Lösungsalternativen gibt. Bevor man sich auf die Details des vorliegenden Vorschlags einlässt, sollte man das angestoßene Problem sorgfältig analysieren. Eine umfassende Problemanalyse ist die Basis für ein kreatives Nachdenken über die Vielfalt der Lösungsmöglichkeiten.

▶ Fall 6: Verzicht auf exakte Investitionsrechnung

Investitionsrechnungen sollen dabei helfen, Investitionsentscheidungen an ökonomischen Kriterien auszurichten und das Risiko von Fehlentscheidungen zu mindern. Obwohl der Einsatz anspruchsvoller Verfahren zunimmt, ist man in vielen Unternehmen nach wie vor der Meinung, ohne detaillierte Rechengrundlage auskommen zu können. Soweit Rechnungen aufgestellt werden, sind neben methodischen Fehlern Schwächen in der Datenermittlung zu beobachten. Eine Bauunternehmung, die in großem Stil Häuser mit Eigentumswohnungen erstellt hatte, geriet in Konkurs, der durch eine langfristig angelegte, mit realistischen Zahlen fundierte Investitionsrechnung hätte vermieden werden können.

Konsequenz: Die Prüfung der Wirtschaftlichkeit ist eine wichtige Basis für eine erfolgreiche Investitionswirtschaft. Sie zwingt die Planungsbeteiligten, sich mit den langfristigen Konsequenzen der Investitionsvorschläge auseinander zu setzen. Die für die Investitionsrechnung notwendigen Daten sollten sorgfältig recherchiert und bewertet werden. Oft werden unterschätzt:

- die Verzögerungen bis zur Durchsetzung der neuen Leistungsangebote im Markt,
- Anlaufzeiten und -schwierigkeiten in der Produktion,
- Kosten und Qualitätsmängel der beanspruchten Fremdleistungen,
- Akzeptanzprobleme bei den Mitarbeitern,
- Schulungskosten, -zeiten und -erfolge,
- Nebenkosten, z. B. für Fundamente, Umbauten, Erweiterung der Energieversorgung, Schallschutz.

Die steuerlichen Auswirkungen der durch Investitionen ausgelösten Abschreibungen werden häufig überschätzt. Z. B. wird ein PKW ersetzt, „weil er abgeschrieben ist". Die im Einzelfall hohen Steuerersparnisse des ersten Nutzungsjahres werden für die ganze Nutzungsdauer unterstellt, obwohl der Effekt (z. B. bei degressiver Abschreibung) im Laufe der Zeit nachlässt. Hier kann nur eine dynamische Investitionsrechnung unter Einbeziehung der Steuereffekte für Klarheit sorgen.

2. Aufgaben der Investitionswirtschaft

Lehrziele

Die kritische Lektüre dieses Kapitels soll Sie befähigen,
▶ das Aufgabenfeld der Investitionswirtschaft zu erkennen,
▶ die Grundbegriffe Investition, Investitionsmanagement, Investitionscontrolling und Investitionsplanung zu definieren und
▶ den Prozess der Investitionsplanung, -durchführung und -kontrolle mit Hilfe eines Prozessmodells zu beschreiben und zu gestalten.

2.1 Die besondere Schwierigkeit von Investitionsentscheidungen

Mit Investitionen werden finanzielle Mittel mehr oder weniger langfristig an bestimmte Verwendungszwecke gebunden. Im Verbund mit anderen Maßnahmen und Aktivitäten sollen sie dazu beitragen, die Unternehmensziele zu erreichen.

Investitionsentscheidungen sind zielgerichtete Wahlhandlungen, mit denen die knappen Finanzmittel an bestimmte Zwecke gebunden und damit anderen Verwendungen entzogen werden.

Der Investor muss entscheiden, auf welche Verwendungen er das begrenzt verfügbare Kapital konzentriert. Im Zeitpunkt der Entscheidung ist es schwer, den Erfolg einer Investition, zumal für die gesamte Nutzungsdauer, sicher und genau einzuschätzen. Mit wachsender Dynamik der Märkte und zunehmender Geschwindigkeit der Veränderung von Produkten und Technologien werden langfristige Prognosen immer schwieriger. Ob sich eine Investition durchsetzt, die gesetzten Ziele erreicht und das eingesetzte Geld zurückgewonnen wird, ist ungewiss. Eine nachträgliche Korrektur der getroffenen Entscheidung ist selten möglich.

Das **Risiko**, d.h. die Gefahr einer Fehlentscheidung, ist umso größer

▶ je unvollständiger die Informationen sind, die über interne und externe Unternehmensbedingungen und zukünftige Entwicklungen vorliegen,
▶ je schwieriger es ist, die Bedingungen zu durchschauen und die Dynamik der Veränderungen einzuschätzen,
▶ je komplexer die Investitionsprojekte sind,
▶ je mehr Geld die Investition aus dem vorhandenen Finanzierungspotenzial beansprucht,
▶ je länger es dauert, bis das mit der Investition eingesetzte Geld zurückgewonnen wird und
▶ je weniger Spielraum es für nachträgliche Korrekturen der realisierten Investitionsentscheidung gibt.

In den folgenden Kapiteln werden Instrumente und Maßnahmen dargestellt, die dazu beitragen können, die Investitionsrisiken zu begrenzen. Notwendig sind insbesondere:

1. die Einbettung der Investitionswirtschaft in eine langfristig, aber flexibel angelegte Unternehmenskonzeption,
2. eine sorgfältige Investitionsplanung, -durchführung und -kontrolle,
3. die möglichst genaue Abschätzung der strategischen Chancen und Risiken,

4. eine solide Wirtschaftlichkeitsrechnung und
5. Flexibilität für das Auffangen unvorhergesehener Störungen und veränderter Anforderungen.

Bevor wir uns mit entsprechenden Instrumenten und Empfehlungen auseinander setzen, wird der Begriff der Investition erläutert.

2.2 Investition, Investitionsarten

2.2.1 Investition

Welche Tatbestände im Unternehmen als Investition bezeichnet werden, ist unterschiedlich. Häufig begrenzt man den Begriff auf den Erwerb von Anlagegegenständen (Gebäude, Grundstücke, Maschinen, Finanzanlagen usw.). Manchmal bezieht man auch die Kapitalbindung im Umlaufvermögen, z. B. für Rohstoffe, mit ein. Seltener erweitert man das Definitionsfeld um immaterielle Vorgänge, wie beispielsweise Geldausgaben für die Produktforschung, die Personalentwicklung oder neue Vertriebswege.

Abbildung 2: Zahlungsprozesse einer Investition

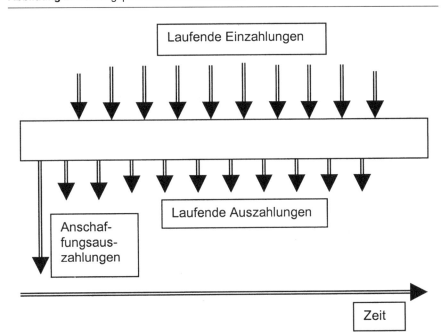

2. Aufgaben der Investitionswirtschaft

In der Betriebswirtschaftslehre ist eine weit gefasste Definition üblich, die alle diese Tatbestände einschließt. Mit Blick auf die koordinierte Planung und Entscheidung aller Kapital bindenden Vorgänge ist folgende umfassende Definition sinnvoll:

Investition ist der zukunftsorientierte Einsatz finanzieller Mittel für Güter, die zur Erfüllung bestimmter Ziele längerfristig genutzt werden sollen. Kurz gefasst: Eine Investition ist die zielgerichtete Bindung von Kapital.

Die Investitionswirtschaft wird in der Betriebswirtschaftslehre in der Regel dem Arbeitsfeld der Finanzwirtschaft zugeordnet. Damit rücken **die finanziellen Konsequenzen** der Investitionen in den Vordergrund. Aus finanzwirtschaftlicher Sicht wird eine Investition deshalb auch beschrieben als ein Vorgang, der mit einer Auszahlung beginnt und in der Folgezeit (hoffentlich) laufende Einzahlungen und laufende Auszahlungen nach sich zieht (Abbildung 2).

Da eine Investition zu Beginn Auszahlungen auslöst und es oft längere Zeit dauert, bis die eingesetzten Gelder zurückgewonnen sind, ist ihr eine Finanzierung zur Seite zu stellen. Wir definieren:

Finanzierung ist die zielgerichtete Beschaffung finanzieller Mittel (von Kapital).

Abbildung 3: Zahlungsprozesse einer Finanzierung

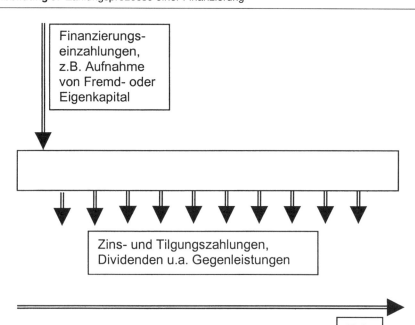

Sie kann beschrieben werden als Vorgang, der mit einer Einzahlung beginnt und in der Folgezeit Auszahlungen (Tilgung, Zinsen, Gewinnausschüttung) nach sich zieht (Abbildung 3).

Um das **finanzielle Gleichgewicht** zu wahren, gilt: Alle Auszahlungen, die das Unternehmen verlassen, müssen jederzeit und in vollem Umfang aus Einzahlungen abzuwickeln sein, die zeitgleich anfallen oder in früheren Zeiten angesammelt wurden. Das wichtigste Instrument der vorausschauenden Sicherungen des finanziellen Gleichgewichts ist der Finanzplan.

2.2.2 Investitionsarten

Mit der Unterscheidung von Investitionsarten kann der breit gefasste Investitionsbegriff gegliedert und konkretisiert werden.

Nach der Bedeutung für das Unternehmen lassen sich strategische und operative Investitionen unterscheiden. **Strategische Investitionen** umfassen die Gesamtheit aller Kapital bindenden Maßnahmen im Zusammenhang mit der Umsetzung einer strategischen Konzeption, d. h. einer Grundsatzentscheidung zur Entwicklung oder Anpassung langfristiger Erfolgspotenziale. Strategische Investitionen beziehen sich vor allem auf

▶ neue oder verbesserte Produkte,
▶ neue oder verbesserte Produktionsverfahren und Prozessstrukturen,
▶ neue Märkte und Vertriebswege,
▶ neue Standorte,
▶ umfangreiche Reorganisation und
▶ strategisch bedingte Beteiligungen.

Entscheidungen über strategische Investitionen gehören aufgrund ihrer Komplexität und ihrer Wichtigkeit auf die Ebene der Unternehmensführung. Als Instrumente der Entscheidungsfindung kommen Portfolio-Analysen, Argumentebilanzen, Polaritätenprofile, Nutzwertanalysen und dynamische Investitionsrechnungen zum Einsatz.

Operative Investitionen sind in der Regel weniger komplex und in der Planung weniger aufwendig. Zu ihnen gehören vor allem kleinere Erweiterungsinvestitionen sowie Ersatz- und Rationalisierungsinvestitionen. Die Entscheidungen können in der Regel auf Bereichsebene getroffen werden. Als unterstützende Instrumente kommen vor allem statische und dynamische Investitionsrechnungen sowie Nutzwertanalysen zum Zuge.

Die Abbildungen 4 und 5 zeigen weitere Möglichkeiten der Unterscheidung von Investitionsarten. Abbildung 4 gliedert nach Objekten, Abbildung 5 nach dem dominierenden Investitionsmotiv.

Abbildung 4: Investitionsarten nach Gütergruppen

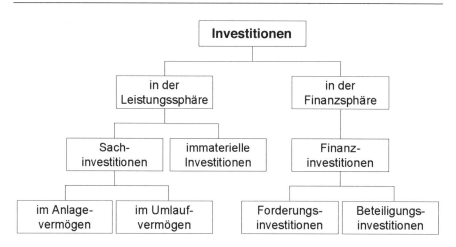

In der Praxis lassen sich die konkreten Investitionsvorhaben nicht immer einer einzigen Gütergruppe und einem einzigen Motiv zuordnen. Oft wirken in einem Vorhaben mehrere Güterkategorien (z. B. materielle und immaterielle Güter) und Motive (z. B. Erweiterung und Rationalisierung) zusammen. Die Investitionsplanung und die Investitionsentscheidung beziehen sich deshalb seltener auf ein-

Abbildung 5: Investitionsarten nach dem dominierenden Investitionsmotiv

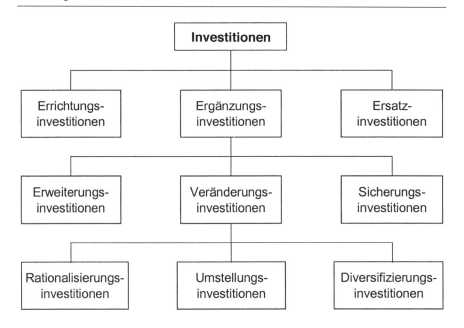

zelne Gegenstände, z. B. eine Maschine zur Erweiterung der Produktion, sondern auf komplexe Projekte, in denen verschiedene Handlungselemente zur Erreichung des angestrebten Ziels verbunden sind.

2.3 Investitionsmanagement und Investitionscontrolling

Für eine intakte Investitionswirtschaft sind vor allem das Investitionsmanagement und das Investitionscontrolling zuständig.

2.3.1 Investitionsmanagement

Das Management (die Führung) umfasst alle zielbezogenen Überlegungen und Handlungen, mit denen bestimmte Elemente (Menschen, Anlagen, Material, Kapital, Informationen, Zeit, Raum, usw.) zielorientiert im System Unternehmung integriert werden. Es ordnet und koordiniert die Prozesse im System und gestaltet die Beziehungen zwischen dem System und seiner Umwelt. Zur Aufgabenerfüllung bedient es sich bestimmter Instrumente wie Planung, Organisation, Personalführung und Kontrolle.

Das **Investitionsmanagement** ist Teil des Managements. Es umfasst die Entscheidungs- und Leitungskompetenzen in Bezug auf

▶ die Investitionsziele, abgeleitet aus den Unternehmenszielen,
▶ den Ablauf der Investitionsplanungsprozesse,
▶ die Frage, welche Investitionen wann realisiert werden sollen,
▶ die Steuerung der Realisation und
▶ die Überwachung der Investitionserfolge.

Auf welcher Unternehmensebene die **Entscheidungs- und Leitungskompetenzen** des Investitionsmanagement angesiedelt sind, hängt von der Größe und der Organisation des Unternehmens ab. In den meisten kleinen und mittelgroßen Unternehmen werden die Investitionen auf der obersten Führungsebene entschieden. In großen Unternehmen dominiert die dezentrale Verantwortung. Dabei beschränkt sich die zentrale Leitung auf die Vorgabe langfristiger Ziele und die Festsetzung von Finanzierungsbudgets. Werden die Investitionsentscheidungen den Gliederungen (Hauptabteilungen, Geschäftsbereichen, Sparten) überlassen, spricht man vom so genannten Investment-Center-Konzept. Dieses Organisationskonzept ist eine extreme Ausprägung des Profit-Center-Konzepts, in dem die Gliederungen eigene Gewinnverantwortung tragen und – im Rahmen bestimmter zentraler Vorgaben – wie selbstständige Unternehmen operieren können.

Abbildung 6: Beispiel einer abgestuften Kompetenzverteilung des Investitionsmanagements (vergl. Blohm/Lüder/Schaefer 2006, S. 329)

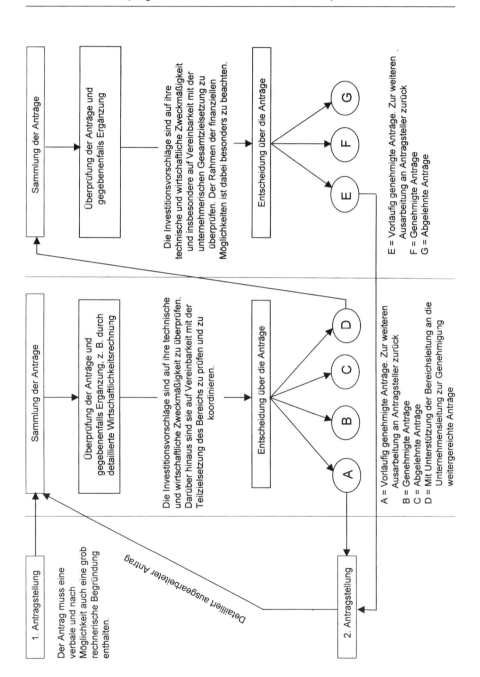

In vielen Unternehmen wird zwischen den extremen Positionen „alle Investitionen zentral" und „alle Investitionen in den Sparten" eine mittlere Position gewählt. Abbildung 6 zeigt das Beispiel einer abgestuften Kompetenzverteilung in einem mittelgroßen Unternehmen. Alle Investitionsvorhaben, die einen bestimmten Unternehmensbereich betreffen, werden zunächst auf Bereichsebene gesammelt und gesichtet. Es wird geprüft, ob die Unterlagen, Daten und Begründungen der Antragstellung vollständig und schlüssig sind. Wenn nicht, werden sie vom Investitionscontrolling ergänzt oder zur Nachbesserung an den Antragsteller zurückgegeben.

Von der Bereichsleitung können nach diesem Konzept selbstständig solche Investitionen entschieden werden,
▶ die nur den jeweiligen Bereich betreffen, also keine oder nur geringe Auswirkungen auf andere Unternehmensbereiche haben,
▶ für die in der dezentralen Gliederung die notwendigen Informationen vorliegen und
▶ deren Finanzmittelbindung nicht über einen mit der zentralen Führung vereinbarten oder im Budgetierungssystem festgelegten Geldbetrag hinausgeht.

Die Investitionsentscheidungen – zentrale wie dezentrale – müssen sich auf die langfristigen Unternehmensziele ausrichten und dem in der Unternehmensstrategie vorgezeichneten Entwicklungsweg folgen. Sonst besteht die Gefahr der Zersplitterung. Ist das Geld einmal unkoordiniert ausgegeben, steht möglicherweise für Kernaufgaben, die für die Wettbewerbsfähigkeit des Unternehmens wesentlich sind, nicht mehr genug zur Verfügung.

2.3.2 Investitionscontrolling

Das **Controlling** soll das zielbezogene, zukunftsorientierte, koordinierte Denken und Handeln im Unternehmen fördern und methodisch absichern. Es hat die Aufgabe,
▶ das Management mit führungsrelevanten Informationen (Berichten, Prognosen, Auswertungen usw.) zu versorgen,
▶ betriebswirtschaftliche Methoden für Planung, Entscheidung, Realisation und Kontrolle verfügbar zu machen,
▶ die Planungs-, Entscheidungs-, Realisations- und Kontrollprozesse zu organisieren und inhaltlich zu begleiten,
▶ die Abstimmung der Beteiligten zu koordinieren und moderieren.

Das **strategische Controlling** bezieht sich auf das gesamte Unternehmen. Es unterstützt die Unternehmensleitung insbesondere bei der Stärken-Schwächen-

Analyse, bei der Umweltanalyse und -prognose, bei der Erarbeitung neuer strategischer Handlungskonzepte und bei der Umsetzung dieser Konzepte. „Heute schon das vorbereiten, woran andere erst morgen denken" ist der Wahlspruch einer Controllerin, der die strategische Bedeutung des Controllings unterstreicht.

Das **operative Controlling** ist kurz- und mittelfristig ausgerichtet. Es unterstützt das Management vor allem bei der zielorientierten Steuerung der Unternehmensprozesse.

In großen Unternehmen existieren gegliederte Controllingsysteme, z.B. mit den Teilbereichen Erfolgs-, Finanz-, Investitions-, Beschaffungs-, Produktions-, Logistik-, Entwicklungs-, Vertriebs- und Marketingcontrolling.

Das Investitionscontrolling ist Teil des Controllingsystems. Es unterstützt das Investitionsmanagement. Es begleitet und koordiniert die Teilschritte der Investitionsplanung, -entscheidung, -durchführung und -kontrolle, sorgt für die notwendigen Informationen und kümmert sich zusammen mit dem Investitionsmanagement darum, dass die Unternehmensziele in der Investitionswirtschaft beachtet werden.

Im Investitionscontrolling ist das auf die längere Zukunft gerichtete Denken besonders wichtig. Denn Investitionen binden langfristig Kapital und bestimmen nachhaltig mit, ob ein Unternehmen wettbewerbsfähig bleibt oder nicht.

Zur Analyse des Controllingprozesses können wir auf ein **Regelkreisbild** zurückgreifen, wie es in ähnlicher Form in der Betriebswirtschaftslehre vielfach benutzt wird, um Management- und Controllingvorgänge zu beschreiben. Abbildung 7 enthält im unteren Rahmen die so genannte **Regelstrecke**. Die Regelstrecke kann das Unternehmen insgesamt, aber auch eine Abteilung, eine Kostenstelle, ein Produktionsprozess, ein Projekt oder eine einzelne Investition sein. In der Regelstrecke laufen die „Basisprozesse" des Unternehmens ab. In einem Industriebetrieb sind das beispielsweise Beschaffung, Produktion, Lagerhaltung, Absatz, Verwaltung usw. Man kann die Basisprozesse auch operative Prozesse, unmittelbar leistungsbezogene oder Ausführungsprozesse nennen. Die Regelstrecke ist mit ihrer Umgebung durch Input (Material, Energie, Dienstleistungen, Informationen, Kapital) und Output (Produkte, Dienstleistungen, Informationen) in dauerndem Kontakt.

Der Regelstrecke ist ein **Regler** vorgeschaltet. Der Regler führt, lenkt, leitet, managt, kontrolliert die Basisprozesse, und zwar möglichst so, dass auf der Regelstrecke bestimmte Ziele, die man sich gesetzt hat (Umsatz, Marktanteil, Gewinn, Arbeitsplatzsicherung, Liquidität usw.), erreicht werden. Als Regler können wir uns das Management, unterstützt vom Controlling, vorstellen. Der Regler entwickelt die Ziele, plant die Maßnahmen zur Erreichung der Ziele, entscheidet, welche Maßnahmen realisiert werden sollen und setzt die Realisierung durch.

2.3 Investitionsmanagement und Investitionscontrolling

Die Realisation muss organisatorisch und personell vorbereitet werden. Hierbei werden **Sollgrößen** formuliert und den auf der Regelstrecke operierenden Gliederungen und den darin tätigen Personen vorgegeben. Sollgrößen sind Konkretisierungen der Absichten, die man auf der Regelstrecke verfolgt. Sie sind aus den übergeordneten Zielen abzuleiten und sollen zu diesen Zielen in einer Zweck-Mittel-Beziehung stehen. Lautet z. B. das langfristige, grob formulierte Unternehmensziel „Stärkung der Wettbewerbsposition des Unternehmens", so können daraus abgeleitete Sollgrößen für eine bestimmte Investition beispielsweise lauten „Verbesserung der Produktqualität um 10%, Beschleunigung der Produktion um 20% und Senkung der Kosten um 5% innerhalb von zwei Jahren".

Die Regelstrecke ist **Störgrößen**, d. h. nicht vorhersehbaren negativen Einflüssen, ausgesetzt. Die Störgrößen können im Unternehmen liegen (Planungsirrtümer, Maschinenausfall, Krankheit usw.) oder extern verursacht sein (Lieferverzögerungen, Streik, Konjunkturtief usw.). Die Störgrößen bewirken, dass die tatsächlich erreichten Werte, die **Istgrößen**, von den Sollgrößen abweichen können. In der **Kontrolle** werden die Istwerte erfasst und mit den Sollwerten verglichen. Anschließend werden die **Abweichungsursachen** analysiert.

Abbildung 7: Regelkreismodell des Controllings

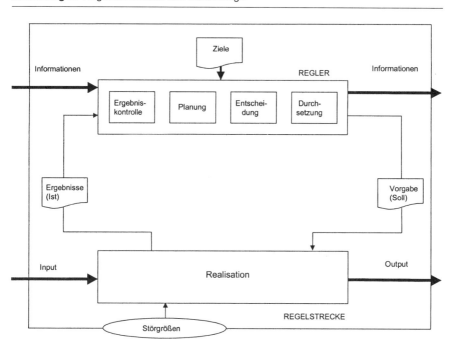

18   2. Aufgaben der Investitionswirtschaft

Die Erkenntnisse aus der Abweichungsanalyse, aber auch veränderte Ziele oder veränderte Umweltbedingungen sind dann die Auslöser für einen neuen Planungs- und Entscheidungszyklus.
Wir konzentrieren uns im Folgenden auf die Aufgaben des Reglers unter Bezug auf das hier interessierende Investitionsmanagement und Investitionscontrolling. Dabei orientieren wir uns an den Stufen:

Investitionsplanung → Investitionsdurchführung → Investitionskontrolle.

2.4 Investitionsplanung, -durchführung und -kontrolle

2.4.1 Übersicht

Die Investitionsplanung ist ein Arbeitsprozess zur Vorbereitung von Investitionsentscheidungen. Sie umfasst alle Aufgaben, die mit der Beschaffung, Aufbereitung und Weitergabe der zweckdienlichen Informationen über die Investitionsziele und die erwarteten Investitionswirkungen zusammenhängen. Die Investitionsplanung wird um Steuerungsaufgaben bei der Investitionsdurchführung und um Kontrollaufgaben ergänzt.

Ein gut organisierter und sorgfältig durchgeführter Prozess der Investitionsplanung, -durchführung und -kontrolle, verbunden mit einem wirkungsvollen Investitionscontrolling, ist notwendig, weil Investitionsentscheidungen

▶ aufgrund ihrer Komplexität, ihrer Langfristigkeit oder ihres innovativen Charakters schwierig und

▶ für die Wettbewerbsfähigkeit, den Unternehmenserfolg und das finanzielle Gleichgewicht von besonderer Bedeutung sind.

Das in Abbildung 8 dargestellte Modell der Investitionsplanung, -durchführung und -kontrolle ist als Anregung für die Praxis gedacht. Es begleitet die nachfolgenden Erläuterungen. Für überschaubare Routineentscheidungen kann der Prozess bei Bedarf abgekürzt werden. (Weitere Hilfen zur Gestaltung des Planungsprozesses für komplexe Vorhaben findet man in der Literatur zum Projektmanagement und Systems Engeneering, z. B. bei Madauss 1994 und RKW 1990.)

2.4.2 Feststellung der Investitionsziele

Die Investitionsziele definieren den mit der Investition angestrebten Zustand. Sie lenken die nachgelagerten Planungs- und Kontrollprozesse. Sie bestimmen darüber

2.4 Investitionsplanung, -durchführung und -kontrolle 19

Abbildung 8: Prozess der Investitionsplanung, -durchführung und -kontrolle

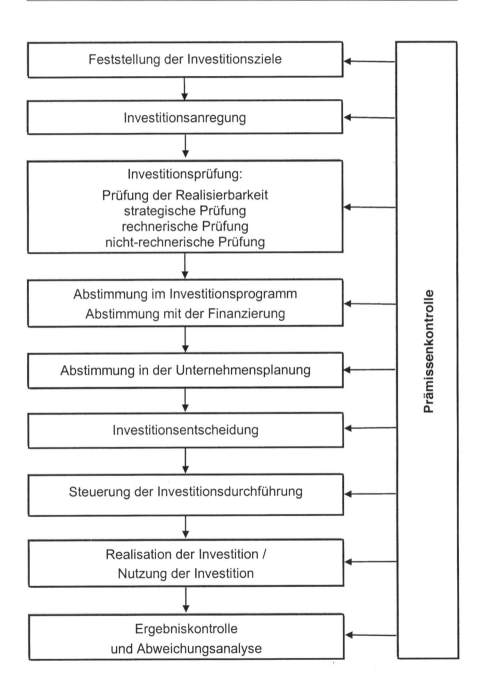

▶ welche Probleme wahrgenommen werden und welche nicht,
▶ in welcher Richtung nach Problemlösungsvorschlägen gesucht wird,
▶ nach welchen Kriterien die Lösungsvorschläge beurteilt und ausgewählt werden,
▶ mit welchen Vorgaben die Realisation der Vorschläge gesteuert wird und
▶ mit welchen Kennzahlen die Investitionsergebnisse kontrolliert werden.

In der Praxis sind die Ziele in der Regel zu Beginn eines Investitionsplanungsprozesses noch nicht klar. Erst in der Auseinandersetzung mit den konkreten Problemen und den Lösungsmöglichkeiten wird deutlich, was erreichbar ist und was nicht. Man sollte aber darauf achten, dass die Ziele möglichst früh, wenn auch zunächst nur grob, bewusst diskutiert und formuliert werden. Schnell zu rennen bringt nichts, wenn man in die falsche Richtung läuft. Während des Planungsprozesses können die Ziele schrittweise konkretisiert und wenn nötig an neue Erkenntnisse angepasst werden.

2.4.3 Investitionsanregung

Ob ein Unternehmen erfolgreich investiert, hängt zunächst davon ab, dass man die notwendigen und die nützlichen Investitionen rechtzeitig erkennt. Zu erkennen sind die notwendigen Investitionen nur, wenn **Problembewusstsein** vorhanden ist. Problembewusstsein entsteht dadurch, dass man

1. Ansprüche (Ziele) hat,
2. Abweichungen zwischen Anspruch und Wirklichkeit wahrnimmt und
3. daraus den Impuls entwickelt, Verbesserungsvorschläge zu entwickeln.

Dies gilt nicht nur für den Investitionsbereich, sondern generell. Für den Investitionsbereich ist es aber von besonderer Wichtigkeit, dass Stärken und Schwächen, Chancen und Risiken **vorausschauend** wahrgenommen werden. Denn die Entwicklung von Lösungsvorschlägen und ihre Bewertung und Auswahl benötigt Zeit. Beginnen die Überlegungen zu spät, dann können bis zu dem Moment, in dem die Investition realisiert ist und wirksam wird,
▶ die Gelegenheiten vielleicht schon vertan sein, z. B. wenn man mit dem verbesserten Produkt später am Markt erscheint als die Konkurrenz, oder
▶ die Gefahren nicht mehr abzuwehren sein, z. B. weil die Produktionskosten so angewachsen sind, dass man nicht mehr zu wettbewerbsfähigen Preisen anbieten kann.

Die Investitionsplanung sollte deshalb auf ein funktionierendes **Frühwarnsystem** zurückgreifen können, das Gelegenheiten und Gefahren, die auf das Unter-

2.4 Investitionsplanung, -durchführung und -kontrolle

nehmen zukommen, rechtzeitig anzeigt. Außerdem sollten die Informationsprozesse und Kommunikationsbeziehungen so gestaltet werden, dass Schwachstellen im Unternehmen ohne Zögern aufgedeckt werden und dass ein kommunikatives Klima entsteht, in dem sich innovative Ideen und Verbesserungsvorschläge entfalten können.

Abbildung 9 nennt Anregungsquellen, aus denen neben anderen Maßnahmen auch Investitionsvorschläge hervorgehen können. Die Anregungsquellen ergänzen sich; zum Teil überschneiden sie sich.

Abbildung 9: Quellen der Investitionsanregung

Quelle	Inhalt
Unternehmensführung	Investitionsanregungen, die sich aus dem Frühwarnsystem (Gelegenheiten / Gefahren; Chancen / Risiken) und einer darauf aufbauenden Veränderung der Unternehmensstrategie ergeben
Geschäftsprozessoptimierung	Überprüfung und Verbesserung von Geschäftsprozessen im Hinblick auf bestimmte Ziele, z.B. Beschleunigung, Kostensenkung, Qualitätsverbesserung
Kontinuierlicher Verbesserungsprozess	Ständiges Erforschen von Schwachstellen und Qualitätsmängeln (z.B. in Qualitätszirkeln) mit dem Ziel einer permanenten Verbesserung
Business Reengeneering	Fundamentale Infragestellung und Umstrukturierung der Leistungserstellungs- und Leistungsverwertungsprozesse eines Geschäftsbereichs vor allem unter Beachtung kundenorientierter strategischer Unternehmensziele
Betriebliches Vorschlagswesen	System der Initiierung, Nutzung und Belobigung von Verbesserungsvorschlägen aus dem Kreis der Mitarbeiterinnen und Mitarbeiter
Wertanalyse	Systematisches Durchdringen von Produkten, Prozessen und Funktionen mit dem Ziel der Kostensenkung und / oder Nutzensteigerung
Innerbetriebliche Berichte	Regelmäßige Berichterstattung und Auswertung von Kennzahlen über Termintreue, Durchlaufzeiten, Maschinenbelegung, Kosten, Produktqualität, Arbeitsunfälle, Fehlzeiten, Fluktuation, Umweltstandards, Maschinenausfälle, Instandhaltungskosten usw.
Technik-Beobachtung	Auswertung von Fachzeitschriften, wissenschaftlichen Dokumentationen, Messebesuchen, Kontakten mit Hochschulen usw., um frühzeitig auf Innovationen (Produkt-, Verfahrens- und Prozessinnovationen) aufmerksam zu werden
Externe Quellen	Z.B. Betriebsvergleiche, Branchenanalysen und Aufbereitung von Informationen der Wirtschaftsfachverbänden, des Rationalisierungskuratoriums der deutschen Wirtschaft (RKW) usw.

2.4.4 Investitionsprüfung

▶ **Prüfung der Realisierbarkeit:** Die nächste Phase der Investitionsplanung besteht in der Prüfung (Beurteilung, Bewertung) der Investitionsvorschläge. Sie beginnt mit der Feststellung der Realisierbarkeit. Hierbei ist zu klären, ob die Investition den externen Vorschriften (Umweltschutzrecht, Arbeitsrecht, Arbeitsschutzrecht, behördlichen Auflagen usw.), den internen Vorgaben (z. B. Budgetgrenzen) und den technischen, organisatorischen und personellen Rahmenbedingungen entspricht. Evtl. stellt sich heraus, dass die Investitionsvorschläge überarbeitet werden müssen, um sie den Restriktionen anzupassen.

▶ **Strategische Prüfung:** Die Investitionen prägen die Unternehmung für längere Zeit. Sie bestimmen die materiellen und immateriellen Rahmenbedingungen, unter denen das Unternehmen eine bestimmte Bandbreite von Leistungen realisieren kann. Die geschaffenen Strukturen haben großen Einfluss auf die leistungswirtschaftlichen Prozesse (in Produktion, Vertrieb, Verwaltung usw.) und auf die Kosten der Leistungserstellung. Die Investitionen müssen deshalb langfristigen Anforderungen entsprechen und die Wettbewerbsfähigkeit der Unternehmung nachhaltig unterstützen.

Beispiel zur strategischen Beurteilung: Ein Unternehmen der Büromöbelindustrie plant zur Produktion seiner hochwertigen Produkte ein neues Fertigungssystem. Man ist davon überzeugt, dass man in dem belieferten Marktsegment auf Dauer nur wettbewerbsfähig sein wird, wenn man die Kosten senkt, die Qualität steigert und trotz eines differenzierten Sortiments schnell auf Kundenwünsche eingehen und auf Änderungen der Nachfrage reagieren kann. Das Finanzierungsrisiko der Investition soll trotzdem begrenzt bleiben. Aus dieser strategischen Zielsetzung wurden konkrete Handlungsziele abgeleitet, die bei der Beurteilung der alternativen Fertigungssysteme zugrunde gelegt werden (Abbildungen 10 und 11, Vorspalte). Es stehen drei Investitionsalternativen (Systemkonzepte) zur Wahl:

1. Flexibles, hoch automatisiertes Fertigungssystem mit Integration aller Fertigungsstufen unter Einschluss der Konstruktion
2. Flexibles, halbautomatisches Fertigungssystem
3. Fließbandfertigung

Die Systemalternativen werden anhand der Beurteilungskriterien bewertet und mit ihren Vor- und Nachteilen einander gegenübergestellt. Um den Vergleich zu erleichtern, wird ein Polaritätenprofil erstellt und den Entscheidungsträgern vorgelegt. Die Abbildungen 10 bis 13 zeigen beispielhaft das Ergebnis und die optische Aufbereitung einer solchen Bewertung. Alternative 1 bietet die größten

2.4 Investitionsplanung, -durchführung und -kontrolle

Abbildung 10: Strategische Chancen der Alternativen

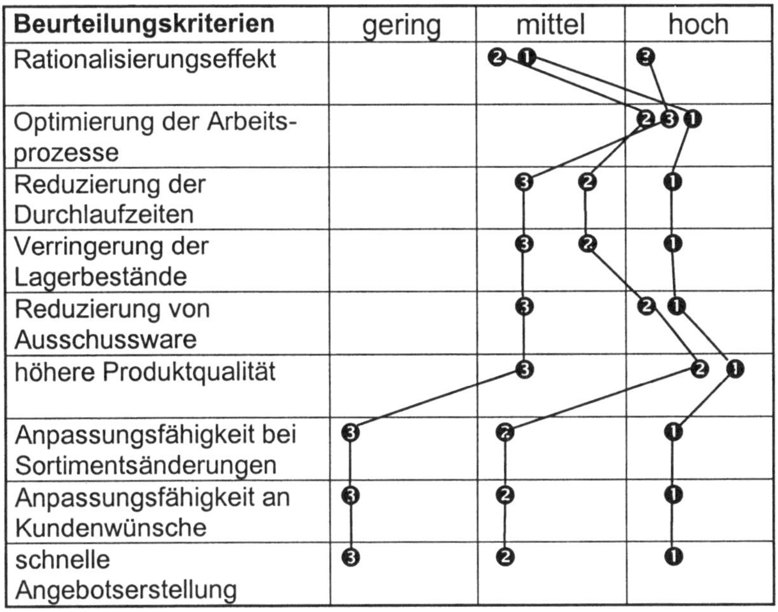

Beurteilungskriterien	gering	mittel	hoch
Rationalisierungseffekt		❷❶	❸
Optimierung der Arbeitsprozesse			❷❸❶
Reduzierung der Durchlaufzeiten		❸	❷	❶
Verringerung der Lagerbestände		❸	❷	❶
Reduzierung von Ausschussware		❸	❷❶
höhere Produktqualität		❸	❷❶
Anpassungsfähigkeit bei Sortimentsänderungen	❸	❷	❶
Anpassungsfähigkeit an Kundenwünsche	❸	❷	❶
schnelle Angebotserstellung	❸	❷	❶

Abbildung 11: Strategische Risiken der Alternativen

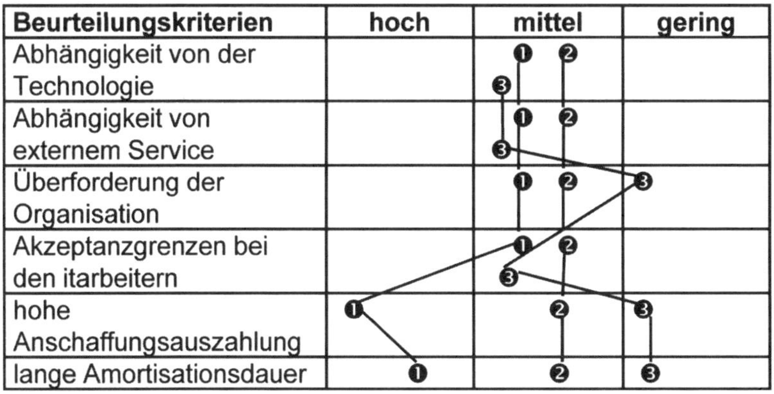

Beurteilungskriterien	hoch	mittel	gering
Abhängigkeit von der Technologie		❶ ❷ ❸	
Abhängigkeit von externem Service	❸	❶ ❷	
Überforderung der Organisation		❶ ❷	❸
Akzeptanzgrenzen bei den itarbeitern	❸	❶ ❷	
hohe Anschaffungsauszahlung	❶	❷	❸
lange Amortisationsdauer	❶	❷	❸

Abbildung 12: Chancen-Risiken-Matrix

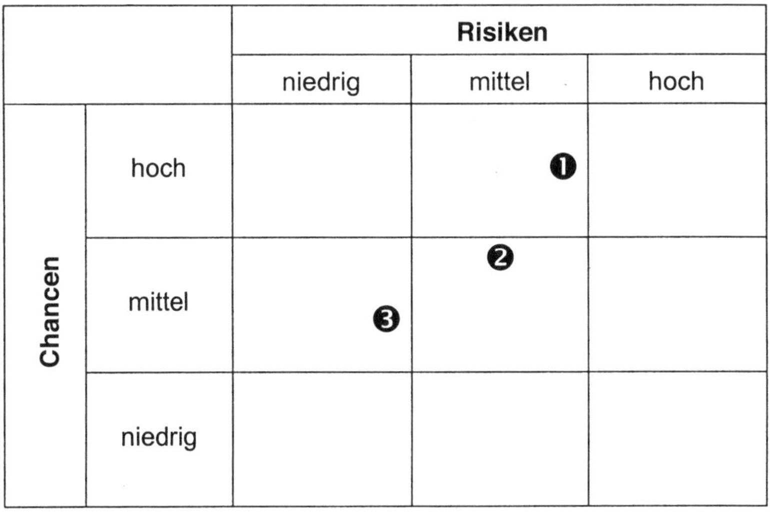

		Risiken		
		niedrig	mittel	hoch
Chancen	hoch		❶	
	mittel		❷	
		❸		
	niedrig			

Chancen, enthält aber auch das größte Risiko. Welche Alternative letztlich gewählt wird, hängt von der detaillierten Analyse der Einzelrisiken und den Präferenzen der Entscheidungsträger ab.

▶ **Rechnerische Prüfung:** Mit der rechnerischen Prüfung werden die finanziellen Wirkungen der Investitionen analysiert und zu Kennziffern (Gewinn, Rentabilität, Amortisationsdauer und dergleichen) verdichtet. Hierbei kommen Methoden der **Investitionsrechnung** zum Einsatz, die in den folgenden Kapiteln ausführlich erläutert werden. Voraussetzung der rechnerischen Prüfung sind quantitative Prognosedaten (Kosten, Erlöse, Auszahlungen, Einzahlungen), die den finanzwirtschaftlichen Investitionserfolg ausmachen.

▶ **Nicht-rechnerische Prüfung:** Die Investitionsrechnung setzt voraus, dass man die Konsequenzen der geplanten Investitionen monetär erfassen kann. Die Erfahrung zeigt, dass diese Voraussetzung in vielen Fällen nur unvollständig erfüllt ist. Deshalb muss die rechnerische Prüfung durch qualitative Beurteilungen der Vorteile und Nachteile der Investitionen ergänzt werden. Einflussgrößen, die in einer monetären Entscheidungsrechnung nicht berücksichtigt werden können, nennt man **Imponderabilien**. Eine Methode, mit der man Imponderabilien erfassen und bewerten kann, ist die **Nutzwertanalyse.** (Hierzu werden empfohlen Blohm/Lüder/Schaefer 2006, S. 153 ff., Hoffmeister 2000, S. 276 ff. und Zangemeister 1976.)

2.4.5 Abstimmung der Investitionen im Investitionsprogramm

Je mehr Investitionsvorschläge im Unternehmen gleichzeitig bearbeitet werden und je mehr sich die damit beschäftigten Personen auf die Details ihres jeweiligen Projekts konzentrieren, desto wichtiger wird eine Projektkoordination. Notwendig ist diese Abstimmung aus folgenden Gründen:

▶ **Synergieeffekte:** Durch geschickte Verknüpfung einzelner Vorhaben können Synergieeffekte genutzt werden. Die Kräfte werden gebündelt und zur Lösung der Probleme eingesetzt, die im Unternehmen dringlich sind. Die Projektgruppen, die sich mit einzelnen Vorhaben befassen, können voneinander lernen, Rivalitäten offen diskutieren, Doppelarbeiten vermeiden und auf gemeinsam recherchierte Basisdaten zurückgreifen.

▶ **Risikomischung:** Investitionen, die jede für sich zu risikoreich sind, können sich im Verbund so ergänzen, dass das Gesamtrisiko nicht erhöht wird. Dieser Effekt wird beispielsweise im Wertpapiergeschäft genutzt, wenn in einem Wertpapierfonds Aktien unterschiedlicher Risikoklasse und Risikoart zusammengestellt werden. Ähnlich kann man sich die Risikomischung auch mit Sachinvestitionen vorstellen. Die Risikomischung gelingt leichter, wenn die Unternehmung in verschiedenen Märkten aktiv ist und die Nachfrage auf diesen Märkten nicht im gleichen Rhythmus schwankt. Die in vielen Unternehmen üblich gewordene Konzentration auf ein Kerngeschäft ohne diversifizierende Streuung der Aktivitäten entspricht dem Gedanken der Risikokompensation in der Regel nicht.

▶ **Abstimmung mit dem Finanz-, Erfolgs- und Bilanzplan:**
Die Auszahlungen und Einzahlungen, die von den Investitionen ausgehen, beeinflussen das finanzielle Gefüge der Unternehmung in der Regel sehr deutlich. Deshalb ist die Einbindung dieser Auszahlungen und Einzahlungen der Investitionen in den kurz-, mittel- und langfristigen **Finanzplan** besonders wichtig. Der Finanzplan ist das zentrale Instrument zur Darstellung und Steuerung der künftigen Liquidität. Er erfasst die für einen bestimmten Zeitraum gewollten bzw. erwarteten Auszahlungen und Einzahlungen der Unternehmung. Er bildet die erwarteten finanziellen Konsequenzen der Unternehmensaktivitäten ab und wirkt koordinierend auf diese Aktivitäten zurück. Die primäre Aufgabe des Finanzplans ist die betragliche und zeitliche Abstimmung der Zahlungsströme zur Sicherung der Zahlungsfähigkeit. Er soll Liquiditätsgefahren so früh zu erkennen geben, dass gegensteuernde Maßnahmen rechtzeitig vorbereitet und eingeleitet werden können.

Erst im Finanzplan wird der Kapitalbedarf sichtbar, den alle Investitionsvorschläge im Fall ihrer Realisierung gemeinsam hervorrufen. Nur so ist eine Abstimmung zwischen dem Investitionsprogramm und dem Finanzierungsprogramm, den Laufzeiten und Tilgungsmodalitäten, möglich. Erst in dieser Gesamtschau kann entschieden werden,

▶ welche Investitionen aus dem Investitionsprogramm gestrichen werden, wenn das Geld nicht reicht,
▶ ob noch zusätzliches Kapital für vorteilhafte Investitionen beschafft werden soll und
▶ welche Finanzierungsquellen im einzelnen genutzt werden sollen.

Werden bestimmte Investitionen separat finanziert, so können auch **Finanzierungsregeln** helfen, die Gefahren für das finanzielle Gleichgewicht zu mindern:

1. Zinsen und Tilgung der Finanzierung sollen nicht eher und höher fällig sein als entsprechende Einzahlungen aus der Investition.
2. Innovative, langfristige Investitionen sollten mit einem ihrem Risiko entsprechenden Anteil an Eigenkapital finanziert werden.

Stellt man die geplanten Investitionen eines Zeitabschnitts in die auf das gesamte Unternehmen bezogene Finanz-, Erfolgs- und Bilanzplanung ein, dann können die Konsequenzen für die Liquidität, den Unternehmensgewinn und die Bilanzstrukturen simultan erkannt werden. (Ausführlich informiert über solche Prinzipien und Regeln die Literatur zur Unternehmensfinanzierung.)

2.4.6 Investitionsentscheidung

Im theoretischen Modell hat die Investitionsentscheidung die mit Abbildung 13 vorgezeichnete Struktur. Die im Verlauf des Planungsprozesses entdeckten Investitionsalternativen werden auf Vollständigkeit geprüft, systematisch aufbereitet und beschrieben. Außerdem werden die Ziele präzisiert, die man mit dem Investitionsvorhaben erreichen möchte. Werden mehrere, konkurrierende Ziele verfolgt, sind auch Angaben über Zielgewichte erforderlich. Schließlich sind Informationen über die mit den Investitionen erwarteten Investitionsfolgen (Chancen, Risiken, Gewinne, Amortisationszeiten usw.) nötig. Sind alle Informationen beieinander, können die Investitionsalternativen in eine Rangfolge gebracht werden, um eine Auswahl zu treffen.

Theoretisch müssen alle Informationen, die nach Abbildung 13 für die Investitionsentscheidung benötigt werden – Alternativen, Ziele, Folgen – schon im Verlauf der Investitionsplanung ermittelt und in der Planungsstufe „Investitionsbeurteilung" aufbereitetet worden sein. In der Entscheidungsphase sind diese Informationen dann nur noch zu überprüfen, zu werten und zu verknüpfen.

Abbildung 13: Modell der Entscheidungssituation

		Investitionsziele			
		Z_1	Z_2	....	Z_j
Investitionsalternativen	A_1				
	A_2				
	⋮				
	A_i				

Investitionsfolgen

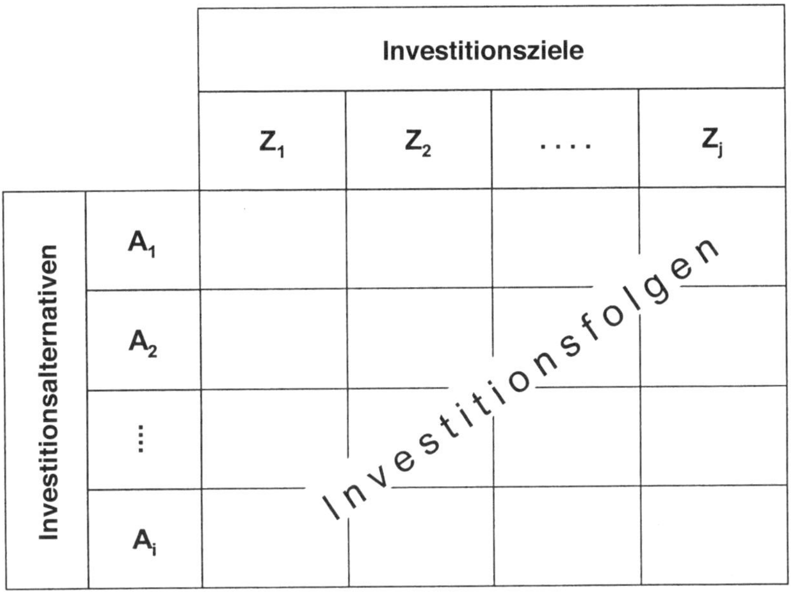

Derart modellhaft und rational läuft der Entscheidungsprozess in der Praxis aber nicht ab. Dafür gibt es vor allem folgende Gründe:

1. Die **Informationen** über die Ziele, Handlungsalternativen und Investitionsfolgen sind unvollständig und ungewiss. Dadurch bleiben Spielräume für subjektive Schätzungen, Interpretationen und Wertungen. Die Personen, die an der Entscheidung beteiligt sind, machen sich ein Bild von der Realität. Das Bild wird nicht nur von den Fakten und objektiv überprüfbaren Prognosen geprägt, sondern auch von subjektiven Wahrnehmungsgewohnheiten und Denkmustern. Positive wie negative Erfahrungen aus früheren Entscheidungssituationen wirken unbewusst nach.
2. Die **Aufnahmekapazität** des menschlichen Geistes ist begrenzt. In komplexen Entscheidungssituationen ist es unmöglich, alle Informationen über die Handlungsalternativen, über die Ziele und Zielgewichtungen sowie über die weit in die Zukunft reichenden Investitionsfolgen simultan zu verarbeiten und auszuwerten. Man wehrt sich gegen die Komplexität durch gefilterte Wahrnehmung. Aspekte, die einem im Moment wichtig erscheinen, rücken in den Vordergrund, andere werden zum Teil unbewusst unterdrückt. Vor allem so genannte Neben- und Spätwirkungen der Investitionen können dabei vernachlässigt oder verzerrt wahrgenommen werden.

3. Weil nicht alle Informationen zugleich zu bewältigen sind, geht man im Entscheidungsprozess schrittweise vor: Zunächst entwickelt man Vorstellungen, welchen Ansprüchen, gemessen an den verfolgten Zielen, die Investition genügen soll. Z. B. legt man eine maximale Amortisationsdauer oder einen Mindestgewinn fest. Daraufhin begibt man sich auf die Suche nach einer Investitionsmöglichkeit, die den Ansprüchen gerecht wird. Findet man eine, gibt man sich zufrieden oder – falls noch Zeit ist – hebt man die Ansprüche auf ein höheres Niveau und sucht weiter. Ist keine befriedigende Lösung in Sicht, gibt man die Suche entweder auf oder man senkt die Ansprüche. Hat man auf diesem Weg eine Investitionsvariante gefunden, die allen Ansprüchen genügt, wird sie akzeptiert. Am Schluss ist man allerdings nicht sicher, ob man tatsächlich die beste aller Entscheidungsalternativen gefunden hat. Man weiß nur, dass man eine **zufrieden stellende Lösung** hat, das heißt eine Lösung, die den Anspruchsniveaus entspricht.
4. Wird die Entscheidung in einem **Gremium** gefällt, kommen folgende Punkte hinzu: Die Ziele der einzelnen Gruppenmitglieder bleiben teilweise verborgen. Hinter scheinbar rationalen Argumenten können sich persönliche Interessen verstecken. Individuelle Neigungen, Stimmungen, Interessen, unterschiedliche Vorerfahrungen und verschiedene Denkgewohnheiten kommen ins Spiel. Einen großen Einfluss haben auch die Machtstruktur in der Gruppe und die Überzeugungskraft einzelner Gruppenmitglieder.

Je komplexer die Entscheidungssituation ist und je weniger Informationen vorliegen, desto mehr Einfluss gewinnen Erfahrung, Instinkt, Phantasie, Überzeugungsvermögen, Weitsicht, Entschlusskraft und andere Formen emotionaler Intelligenz. Der Investitionserfolg ist aber letztlich davon abhängig, dass die Entscheidungsträger Mut und unternehmerische Tatkraft mobilisieren, um die sich bietenden Chancen wahrzunehmen, ohne unkalkulierbare Risiken einzugehen. Tröstlich mag folgende Aussage eines dem Autor bekannten Vorstands eines großen Unternehmens sein: „Ach wissen Sie, oft wissen wir wirklich nicht, ob wir richtig entscheiden. Wenn wir die Investition aber schließlich auf den Weg gebracht haben, setzen wir alle Energie ein, um ihr auch zum Erfolg zu verhelfen."

2.4.7 Steuerung der Investitionsdurchführung

Ist die Investitionsentscheidung gefallen, so gilt es, die Projekte zu realisieren und so in den betrieblichen Alltag zu integrieren, dass sie ordnungsgemäß funktionieren und die gewünschten Erfolge liefern. Schon manches perfekt geplante Investitionsvorhaben ist an einem Mangel an Aufmerksamkeit bei der Investitionsdurchführung gescheitert.

Die Steuerung der Durchführung fällt in die Teilschritte:
1. Organisatorische, technische, personelle und finanzielle Vorbereitung,
2. Definition der Erfolgskriterien, nach denen die Realisation überwacht werden soll (Termine, Funktionstüchtigkeit, Einhaltung der Vertragsbedingungen, Kosten- und Finanzbudgets usw.),
3. fortlaufende Überwachung der Prozesse und
4. korrigierende Maßnahmen bei Soll-Ist-Abweichungen.

Je komplexer das Investitionsprojekt ist und je stärker es in die bestehenden technischen, organisatorischen und sozialen Strukturen eingreift, desto mehr muss man sich auf folgende Punkte konzentrieren:
▶ Exakte Definition der Realisationsziele (Sollgrößen);
▶ Zeitplan für die ineinander greifenden Aktivitäten (z. B. mit Unterstützung der Netzplantechnik);
▶ Gespräche mit den von der Investition betroffenen Personen, um Durchsetzungswiderstände frühzeitig zu erkennen und zu berücksichtigen;
▶ vertragliche Bindung der beteiligten Handwerker, Lieferanten usw. (evtl. mit Konventionalstrafen);
▶ betragliche und zeitliche Vorschau auf die notwendigen Auszahlungen sowie Sicherung entsprechender Finanzmittelbereitstellungen;
▶ Checklisten und Richtlinien zur Überwachung;
▶ Abschluss von Versicherungen zur Risikobegrenzung;
▶ Zusammenstellung potenzieller Maßnahmen, auf die bei Eintritt ungewollter Ereignisse zurückgegriffen werden kann (Schubladenpläne).

2.4.8 Prämissenkontrolle

Die Prämissenkontrolle begleitet die Zielfindung, die Planung, die Entscheidung und die Steuerung der Realisation (Abbildung 8). Sie soll sicherstellen, dass die Annahmen, die zu Beginn oder während des Planungsprozesses gesetzt wurden, laufend überwacht und ggf. aktualisiert werden. Sie bezieht sich auf
▶ die **Zielprämissen** (Unternehmensziele, Bereichsziele, Projektziele) und
▶ die **Datenprämissen** (Annahmen über die Nachfrageentwicklung, die Konkurrenzsituation, die Entwicklung der Technik, die Steuersätze, Kapitalkosten usw.).

Zwei Beispiele mögen den Sinn der Prämissenkontrolle verdeutlichen:
(1) Eine Projektgruppe befasste sich intensiv mit der Planung eines neuen DV-Konzepts und legte schließlich einen entscheidungsreifen Plan vor. Der Vorstand, dem das Konzept vorgelegt wurde, lehnte es mit der Begründung ab, die Rah-

menbedingungen des Unternehmens hätten sich verändert. Die DV-Systeme seien nunmehr mit denen der Obergesellschaft abzustimmen. Das Konzept passe nicht mehr „in die Landschaft". Die Projektgruppe war nicht rechtzeitig über die Änderung der Unternehmensziele (eine Prämisse ihrer Arbeit) informiert worden. Die Folge: Demotivation bei den Mitarbeitern, Zeitverlust, hohe Planungskosten.

(2) In einem mittelständischen Unternehmen wurde auf Basis einer Marktanalyse eine neue Produkt-, Produktions- und Vermarktungsstrategie entwickelt. Die Planungen bis zur Realisierung dauerten gut ein Jahr, die Aufbauzeit der Anlagen nahm ein weiteres Jahr in Anspruch. Als die Unternehmung mit den neuen Produkten am Markt war, hatten sich Nachfrage- und Konkurrenzsituation bereits geändert. Die Investition war nicht mehr marktgerecht. Man hätte den Fehler vermeiden können, wenn man die Marktentwicklung (die Datenprämissen) während der Planung beobachtet und durch eine Änderung der Projektkonzeption berücksichtigt hätte.

Eine **flexible Planung**, die für Änderungen der Ziel- und Datenprämissen offen bleibt, wird vor allem in der Investitionsplanung immer wichtiger:
▶ Einerseits braucht man für die Investitionsplanung zunehmend mehr Zeit, weil die rechtlichen, technischen, ökologischen, sozialen und wirtschaftlichen Fragen, die eine Investition aufwirft, immer schwieriger und komplexer werden.
▶ Andererseits ändern sich die Umfeldbedingungen, unter denen Unternehmen operieren, immer schneller. Die Lebenszyklen der Produkte und Verfahrenstechniken werden dramatisch kürzer. Die Konkurrenzverhältnisse ändern sich sprunghaft, ebenso das Kundenverhalten. „Der Wandel wird zur Konstante".

2.4.9 Ergebniskontrolle

Inhalt der Ergebnis- oder Erfolgskontrolle ist die Beantwortung der Frage, inwieweit man bei der Investitionsentscheidung die formulierten Investitionsziele (Gewinne, Amortisation des eingesetzten Kapitals, Kostensenkung, Qualitätsverbesserung der Produkte, Marktanteile usw.) tatsächlich erreicht hat.
Leider wird die Investitionskontrolle (im Gegensatz zu der in der Regel gut funktionierenden Kostenkontrolle) in der Praxis vernachlässigt. Eigentlich unverständlich, wenn man sich folgenden Nutzen vor Augen führt:

1. **Laufende Anpassungs- und Korrekturmaßnahmen:** Wenn die Ergebniskontrolle und die zugehörige Abweichungsanalyse zeitnah durchgeführt werden, kann man die Erkenntnisse nutzen, um den laufenden Realisationsprozess zu korrigieren. Am besten, man hält ein Bündel von Maßnahmen und

Finanzierungsreserven im Hintergrund, die den schnellen Eingriff ermöglichen.
2. **Neuplanung:** Besteht die Möglichkeit des Eingriffs in die laufenden Prozesse nicht mehr oder sind die Zielabweichungen sehr groß, muss die Entscheidung u. U. revidiert werden. Evtl. ist „ein Ende mit Schrecken besser als ein Schrecken ohne Ende".
3. **Verhaltensbeeinflussung:** Das Wissen um eine spätere Ergebniskontrolle wird die am Investitionsprozess beteiligten Personen veranlassen, sorgfältig zu planen.
4. **Erfahrungsgewinn:** Die Abweichungsanalyse ist eine wertvolle Informationsquelle für zukünftige Planungs- und Entscheidungsprozesse. Dass Planung „scheitert", ist angesichts der vielen Unsicherheiten und Störgrößen, die auf die Realisation einwirken, „normal". Wichtig ist, dass man aus den Abweichungen lernt, um in ähnlichen Situationen besser zu handeln.

2.5 Zusammenfassung

▶ Investitionsentscheidungen sind zielgerichtete Wahlhandlungen, mit denen die knappen Finanzmittel an bestimmte Zwecke gebunden und damit anderen Verwendungen entzogen werden. Ob sich eine Investition durchsetzt, die gesetzten Ziele erreicht und das eingesetzte Geld zurückgewonnen wird, ist ungewiss.
▶ Aus Sicht der Finanzwirtschaft wird eine Investition beschrieben als Vorgang, der mit einer Auszahlung beginnt und (hoffentlich) in der Folgezeit Einzahlungen nach sich zieht.
▶ Die Investitionsplanung und die Investitionsentscheidung beziehen sich in der Regel auf komplexe Projekte, in denen verschiedene Handlungselemente zur Erreichung der angestrebten Ziele verbunden sind.
▶ Das Investitionsmanagement umfasst die Entscheidungs- und Leitungskompetenzen in Bezug auf die Investitionsziele, den Ablauf der Investitionsplanungsprozesse, die Frage, welche Investitionen wann realisiert werden sollen, die Steuerung der Realisation und die Überwachung der Investitionserfolge.
▶ Das Investitionscontrolling unterstützt das Investitionsmanagement. Es begleitet und koordiniert die Teilschritte der Investitionsplanung, -entscheidung, -durchführung und -kontrolle, sorgt für die notwendigen Informationen und kümmert sich mit dem Investitionsmanagement darum, dass die Unternehmensziele in der Investitionswirtschaft beachtet werden.
▶ Die Investitionsplanung ist ein Arbeitsprozess zur Vorbereitung von Investitionsentscheidungen. Sie umfasst alle Aufgaben, die mit der Beschaffung, Auf-

bereitung und Weitergabe aller zweckdienlicher Informationen über die Investitionsziele und die erwarteten Investitionswirkungen zusammenhängen.

▶ Ein Modell zur Gestaltung des Planungsprozesses, ergänzt um die Phasen der Investitionsentscheidung, der Investitionsdurchführung sowie der Prämissen- und der Erfolgskontrolle zeigt Abbildung 8.

Aufgabe 1: Beschreiben Sie, welche Vorgänge man in einem Unternehmen, das Sie kennen, mit dem Begriff Investition erfasst. Gibt es Abweichungen zu der in diesem Buch gewählten Definition?
Warum kann es für die Praxis der Investitionswirtschaft sinnvoll sein, den Investitionsbegriff weit zu fassen?

Aufgabe 2: Überprüfen Sie anhand einer **routinemäßigen** Investitionsentscheidung in Ihrem persönlichen Umfeld (z.B. Ersatz eines PKW oder einer Waschmaschine), inwieweit Sie nach dem Modell der Abbildung 8 vorgehen. Vielleicht kommen Sie zu einem anderen, evtl. verkürzten Ablaufschema.
Überprüfen Sie anhand einer **innovativen** Investitionsentscheidung in Ihrem persönlichen Umfeld, inwieweit Sie nach dem Modell der Abbildung 8 vorgehen. Vielleicht kommen Sie zu einem anderen, evtl. erweiterten Ablaufschema. (Eine innovative Entscheidung ist eine Entscheidung, die für den Entscheidungsträger neu ist und deshalb nicht routinemäßig ablaufen kann.)

3. Die dynamischen Methoden der Investitionsrechnung

Lehrziele

Die kritische Lektüre dieses Kapitels soll Sie befähigen,
▶ die verschiedenen Arten von Investitionsrechnungen zu ordnen,
▶ die für eine Investitionsrechnung notwendigen Daten zu identifizieren und
▶ die dynamische Investitionsrechnung in ihrem ökonomischen Gehalt zu verstehen und selbstständig anzuwenden.

Die dynamischen Methoden greifen auf die Finanzmathematik zurück. Die rechnerischen Prozesse werden jedoch mit Hilfe von Tabellen so erklärt, dass Leser ohne finanzmathematische Vorbildung an die später unumgänglichen Formeln schrittweise herangeführt werden.

Die Unsicherheit der Prognosedaten bleibt zunächst ausgeblendet. Es wird vorausgesetzt, dass die Daten, die in die Rechnung eingehen, „einwertig" sind. Aus den alternativ möglichen Datenkonstellationen, die angesichts der Unsicherheit möglich sind, wird die wahrscheinlichste (glaubwürdigste) Konstellation für die Rechnung ausgesucht. Es hat sich hierfür auch der Begriff „Investitionsrechnungen bei sicheren Erwartungen" eingebürgert, was zu Missverständnissen führen kann, weil Investitionsentscheidungen immer Entscheidungen unter Unsicherheit sind. Zweckmäßiger spricht man von „Investitionsrechnungen auf Basis der glaubwürdigsten Zukunftslage". Eine weitere Einschränkung betrifft die steuerlichen Investitionswirkungen. Sie werden ebenfalls mit Rücksicht auf die Verständlichkeit auf ein späteres Kapitel verschoben.

3.1 Zwecke der Investitionsrechnung

Die Investitionsrechnung dient der Vorbereitung und zukunftsbezogenen Begründung von Investitionsentscheidungen. Sie soll helfen festzustellen, ob und inwieweit ein Investitionsvorhaben im Hinblick auf bestimmte Ziele, z. B. Gewinn-, Rendite- oder Amortisationsziele, vorteilhaft ist.
Die Ergebnisse der Investitionsrechnung können insbesondere bei der Beantwortung folgender Fragen helfen:

1. **Einzelproblem:** Ist es vorteilhaft, einen einzelnen Investitionsvorschlag durchzuführen oder ihn zu unterlassen?
2. **Vorteilsproblem:** Welcher Vorschlag von konkurrierenden, einander ausschließenden vorteilhaften Investitionsvorschlägen ist der beste?
3. **Ersatzproblem:** Welches ist der günstigste Ersatzzeitpunkt für eine Investition?
4. **Nutzungsdauerproblem:** Welche ist die optimale Investitionsdauer?
5. **Bewertungsproblem:** Was kann für ein Objekt, z. B. ein Wohngrundstück, maximal bezahlt werden?
6. **Programmproblem:** Welche Investitionen sollen für einen bestimmten Planungszeitraum in das Investitionsprogramm aufgenommen werden?

Investitionsrechnungen können im Planungsprozess, der die Investitionsentscheidung vorbereitet, mehrfach zum Zuge kommen. In der Frühphase der Planung genügen überschlägige Rechnungen. Sie sollen zeigen, welche Investitionsvorschläge es weiter zu untersuchen lohnt bzw. welche Vorschläge offensichtlich unwirtschaftlich sind. Im Verlauf voranschreitender Detailplanung sind zunehmend genauere Rechnungen nötig, bis schließlich die vorteilhaftesten Investitionen gefunden sind.

3.2 Formen der Investitionsrechnung

3.2.1 Einzel- und gesamtwirtschaftliche Investitionsrechnungen

Abbildung 14 gibt einen Überblick über die Investitionsrechenverfahren. Dabei werden einzel- und gesamtwirtschaftliche sowie finanzielle und nicht finanzielle Methoden unterschieden.
Von **einzelwirtschaftlichen Investitionsrechnungen** spricht man, wenn in der Investitionsrechnung nur solche Investitionswirkungen erfasst werden, die sich

auf die Zielsetzungen einer Einzelwirtschaft, insbesondere Unternehmen, auswirken. Investitionswirkungen, die sich außerhalb der Einzelwirtschaft abspielen und sie nicht unmittelbar betreffen, nennt man **externe Effekte**. Beispiele für externe Effekte privater Investitionen sind:
▶ Schaffung bzw. Bedrohung von Arbeitsplätzen in einer Region,
▶ Verbesserung oder Beeinträchtigung der Luftqualität,
▶ verstärkte bzw. verminderte Belastung der Wohnbevölkerung durch Verkehrsaufkommen,
▶ dem Staat abverlangte Infrastrukturen (z. B. Bau von Straßen) usw.

Werden externe Effekte in die Investitionsrechnung einbezogen, spricht man von **gesamtwirtschaftlichen Investitionsrechnungen**. Auch private Investoren können externe Effekte in einer selbst auferlegten gesellschaftlichen Verantwortung berücksichtigen. Jedoch ist dies im Gegensatz zu Investitionen im öffentlichen Sektor eher selten.

Bei Entscheidungen über öffentliche Investitionen kommen zwar auch einzelwirtschaftliche Investitionsrechnungen zum Zuge, zum Beispiel wenn die Kosten- und Erlöswirkungen einer Investition in einem kommunalen Nahverkehrsbetrieb zu prüfen ist. Jedoch sind zusätzlich externe Wirkungen, beispielsweise die Versorgung der Bevölkerung mit öffentlichen Gütern und die städtische Luftqualität, von Bedeutung. Deshalb werden bei Investitionen im öffentlichen Sektor, insbesondere bei größeren Infrastrukturinvestitionen, gesamtwirtschaftliche Investitionsrechnungen eingesetzt.

Der Ausdruck gesamtwirtschaftliche Investitionsrechnung bedeutet nicht, dass alle über die Einzelwirtschaft hinausgehenden Investitionseffekte erfasst werden. Meist interessiert in Bezug auf die Entscheidung nur ein bestimmter Ausschnitt von Bewertungskriterien und nur ein bestimmter Wirkungsrahmen, z. B. nur die direkten und indirekten Arbeitsplatzeffekte eines Flughafens in einer Wirtschaftsregion.

Wir konzentrieren uns in diesem Buch auf die einzelwirtschaftlichen Verfahren. Die gesamtwirtschaftlichen Verfahren bauen auf diesen auf; das Literaturverzeichnis hilft bei der Suche nach diesbezüglichen Quellen weiter.

3.2.2 Finanzielle und nicht finanzielle Investitionsrechnungen

Die Einzel- wie auch die gesamtwirtschaftlichen Methoden unterteilt man in finanzielle und nicht finanzielle Investitionsrechnungen. Mit **finanziellen Investitionsrechnungen** werden monetär-quantitative Investitionswirkungen erfasst, die in Kennziffern wie Gewinn, Kosten, Rentabilität, Amortisation usw. verdichtet werden. Finanzielle Investitionsrechnungen setzen die Kenntnis der zukünftigen, durch die Investition ausgelösten Auszahlungen und Einzahlungen voraus.

Eine **nicht finanzielle Investitionsrechnung** erlaubt die Berücksichtigung qualitativer Investitionswirkungen. Da die qualitativen Effekte nach verschiedenen Kriterien differenziert werden, spricht man auch von Investitionsrechnungen bei mehrfacher Zielsetzung. Eine wichtige Methode der nicht finanziellen Investitionsrechnung ist die Nutzwertanalyse (siehe Blohm/Lüder/Schaefer 2006, S. 153 ff., Hoffmeister 2000, S. 276 ff. und Zangemeister 1997).

3.2.3 Verfahren der einzelwirtschaftlichen monetären Investitionsrechnung

In Theorie und Praxis haben sich über die Jahrzehnte hinweg die in Abbildung 15 genannten Methoden der monetären einzelwirtschaftlichen Investitionsrechnung herausgebildet.

Abbildung 14: Einzel- und gesamtwirtschaftliche Investitionsentscheidungen (vergl. Blohm/Lüder/Schaefer 2006, S. 42)

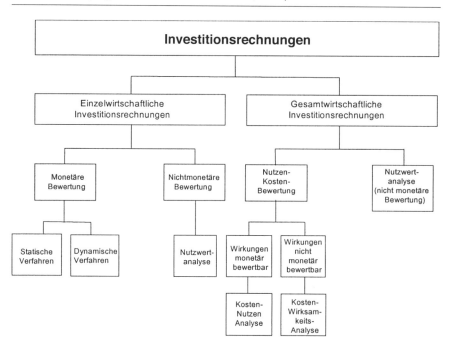

3.2 Formen der Investitionsrechnung

Abbildung 15: Methoden der monetären Investitionsrechnung

Die **dynamischen Methoden** basieren auf den Auszahlungen und Einzahlungen, die von einer geplanten Investition ausgelöst und im Zeitpunkt der Investitionsentscheidung für die Nutzungsdauer erwartet werden. Die Auszahlungen und Einzahlungen werden zeitlich differenziert erfasst und zu einer Kennziffer – Kapitalwert, interner Zinssatz, Amortisationsdauer usw. – verdichtet. Weil dabei die Zinseszinsrechnung zum Zuge kommt, werden die dynamischen Methoden auch finanzmathematische Verfahren genannt.

Bei den **statischen Methoden** wird die Tatsache, dass die von der Investition ausgelösten Auszahlungen und Einzahlungen im Zeitablauf schwanken können, nicht beachtet. Man wählt aus den Jahren, in denen man das Investitionsobjekt nutzen möchte, ein für die Investitionsbeurteilung typisches Jahr aus und rechnet diesem Jahr durchschnittliche (typische/repräsentative) Kosten und Leistungen zu. Man vernachlässigt dabei, dass sich die Kosten und Leistungen im zeitlichen Prozess der Investition verändern können.

Die folgenden Abschnitte behandeln ausführlich die Kapitalwertmethode, die Annuitätenmethode, die Amortisationsmethode, die Interne-Zinssatz-Methode und die Kritische-Sollzinssatz-Methode. Es wird sich herausstellen, dass die Methoden sich zum Teil ergänzen, zum Teil aber auch ersetzen können. Zuvor werden die Daten erläutert, die für die Investitionsrechnung notwendig sind.

3.3 Datenbasis

3.3.1 Die Zahlungsreihe der Investition als Ziel der Datenermittlung

Die Methoden der dynamischen Investitionsrechnung sind durch die folgenden **Merkmale** gekennzeichnet:

1. Sie basieren auf den durch die Investition ausgelösten Auszahlungen und Einzahlungen,
2. die Zahlungen werden zeitlich differenziert für die gesamte Nutzungsdauer der Investition berücksichtigt,
3. die Zahlungen werden mit Hilfe der Zinseszinsrechnung auf einen definierten Zeitpunkt auf- oder abgezinst.

Die **Auszahlungen** ergeben sich aus der Anschaffung der Investitionsgegenstände und beim laufenden Einsatz dieser Gegenstände für Personal, Material, Energie usw. Durch die Auszahlungen wird Kapital gebunden. Die **Einzahlungen** basieren z. B. auf dem Verkauf der Güter, die infolge der Investition am Markt angeboten werden können. Im Fall einer Rationalisierungsinvestition tritt an die Stelle der Einzahlungen die durch die Investition bewirkte Ersparnis an Auszahlungen. Durch die Einzahlungen bzw. Auszahlungsersparnisse wird Kapital freigesetzt.

Die Gesamtheit der Auszahlungen und Einzahlungen, die während der Nutzungsdauer der Investition im Zeitablauf anfallen, nennt man die **Zahlungsreihe der Investition**. Sie festzustellen ist das Ziel der Datenermittlung.

Beispiel (Apfelmus-Fall): Ein Obstkonservenhersteller sieht die Chance, zusätzliche Apfelmuskonserven abzusetzen. Um Aufträge annehmen zu können, muss ein Engpass bei den Schäl- und Kochmaschinen beseitigt werden, wozu Ingenieure bereits einen Gestaltungsvorschlag ausgearbeitet haben. Damit das Vorhaben mit der dynamischen Investitionsrechnung beurteilt werden kann, wurden die in Tabelle 1 niedergelegten Daten zusammengestellt.

Um den Aufwand für die Datenerfassung in Grenzen zu halten, differenziert man die Zahlungsreihe nicht nach Tagen oder Monaten, sondern nach Jahren. Die Zahlungen, die während eines Jahres anfallen, werden gebündelt dem Jahresende zugeordnet. Bei großen Investitionsvorhaben, deren Realisierung sich über mehrere Jahre hinzieht, kann jedoch eine vierteljährliche Gliederung der Zahlungen nützlich sein.

Am Rande sei vermerkt: In der kurzfristigen Liquiditätsplanung, die sich an die Investitionsentscheidung anschließt und die hier nicht zur Debatte steht, ist die feinere zeitliche Unterteilung der Aus- und Einzahlungen zwingend notwendig,

3.3 Datenbasis

Tabelle 1: Daten für den Apfelmus-Fall

Zwecke der Investition: Kapazitätserweiterung, Erhöhung des Marktanteils, Rationalisierungseffekte Kapazität: 20.000 Mengeneinheiten/Jahr		Startzeitpunkt: xx.xx.xx Kalkulationszinssatz: 7% Geplante Nutzungsdauer: 4 Jahre			
Jahresende		0	1	2	3	4

		0	1	2	3	4
1	Auszahlungen für das Anlagevermögen (€)	-100.000				
2	Auszahlungen für das Umlaufvermögen (€)	-5.000				
3	Liquidationseinzahlungen Anlagevermögen (€)					3.000
4	Liquidationseinzahlungen Umlaufvermögen (€)					5.000
5	Summe Anschaffungsauszahlungen u. Liquidationseinzahlungen (€)	Summe (1) bis (4)	-105.000				8.000
6	geplanter Verkaufspreis (€/ME)			6,00	6,00	6,00	6,00
7	variable Auszahlungen (€/ME)			-3,00	-2,90	-2,90	-2,80
8	Stück-Deckungsbeitrag (€/ME)	(6)+(7)		3,00	3,10	3,10	3,20
9	erwartete Verkaufsmengen (ME)			22.200	18.258	15.032	8.938
10	Deckungsbeitragsvolumen (€)	(8)·(9)		66.600	56.600	46.600	28.600
11	laufende Auszahlungen fix, ohne Zinsen (€)			-6.600	-6.600	-6.600	-6.600
12	Saldo der laufenden Zahlungen (€)	(10)+(11)		60.000	50.000	40.000	22.000
13	**Zahlungsreihe der Investition (€)**	(5)+(12)	**-105.000**	**60.000**	**50.000**	**40.000**	**30.000**

um Liquiditätsengpässe während der Investitionsdurchführung zu vermeiden. Abbildung 16 gibt eine Übersicht über die Daten, die zur Aufstellung der Zahlungsreihe der Investition notwendig sind. Die Einzelheiten werden anschließend erläutert.

Abbildung 16: Komponenten für die Zahlungsreihe der Investition

Investitionsdauer
Auszahlungen für die Bereitstellungen der Anlagegüter
Auszahlungen für die Wiederbeschaffung von Komponenten
Auszahlungen für die Bereitstellung der Umlaufgüter
laufende Auszahlungen während der Investitionsnutzung
laufende Einzahlungen während der Investitionsnutzung
Liquidationsrestwerte

3.3.2 Investitionsdauer

Die Investitionsdauer ist der Zeitraum zwischen der ersten und der letzten für die Investition ins Auge gefassten Zahlung. Sie kann im Jahr t = 0 beginnen, z.B. mit Auszahlungen für Maschinen und Einrichtungen. t = 0 ist der Zeitpunkt vor Beginn der Investitionsnutzung. Auch vor t = 0, also in t = –1, t = –2 usw., können Auszahlungen anfallen, beispielsweise für die Projektplanung, einen Grundstückskauf, Umbauten, Lizenzkäufe, Schulungen usw.

Die Investitionsdauer endet theoretisch mit der letzten Zahlung, die mit der Investitionsnutzung entstehen kann, z.B. beim Verkauf der letzten mit einer Fertigungsanlage hergestellten Produkte oder bei Verschrottung verbliebener Maschinen. Die Investitionsdauer ist in diesem Fall identisch mit der wirtschaftlichen Nutzungsdauer der Investition.

In der Praxis gelingt es jedoch oft nicht, die Ein- und Auszahlungen für die gesamte Investitionsdauer vorauszusagen. Jenseits eines bestimmten Prognosezeitraums können die Informationen so dürftig werden, dass zuverlässige Datenschätzungen kaum noch möglich sind oder ihre Beschaffung unverhältnismäßig aufwendig wäre. Man lässt dann die Betrachtung zu einem Zeitpunkt enden, hinter dem eine rechnerische Fixierung der Prognosedaten nicht mehr zweckmäßig ist.

Man muss dabei aber Folgendes beachten: Unterschreitet die Betrachtungsdauer die Investitionsdauer wesentlich, läuft man Gefahr, dass die Investitionsrechnung den Nutzen der Investition unterschätzt. Denn die Erfolgsbeiträge, die hinter der Betrachtungsgrenze anfallen können, werden nicht in die Rechnung einbezogen. Man sollte sich deshalb um möglichst weit reichende Prognosen bemühen. Gelingt dies nur in Spannbreiten (Von-bis-Werten), so rechnet man zunächst mit den Daten, denen nach Überzeugung des Investors die höchste Eintrittswahrscheinlichkeit zukommt. Anschließend analysiert man Abweichungsrisiken und Schwellenwerte (hierzu mehr in Kapitel 7).

3.3.3 Bereitstellung der Anlagegüter

Bereitstellungsauszahlungen für Gegenstände des Anlagevermögens sind alle Auszahlungen, die für den Kauf, den Aufbau und die Vorbereitung der Leistungsbereitschaft des geplanten Systems notwendig sind. Auszahlungen für Sachgüter sind ebenso zu erfassen wie Auszahlungen für immaterielle Gegenstände und Dienstleistungen.

Bei manchen Investitionen sind nicht nur Güterbeschaffungen im engeren Umfeld des Projekts notwendig, sondern auch Folgeanschaffungen in anderen Unternehmensbereichen. Zum Beispiel können sich aus einer Erweiterung der Produktionseinrichtungen Maßnahmen in der Energieversorgung, in der Lagerhaltung, in der Verwaltung oder im Vertrieb ergeben. Im Prinzip sind alle unmittelbaren und mittelbaren von der Investition im Unternehmen verursachten Wirkungen zu erfassen. Wenn es schwierig ist, den Konsequenzen bis in die entfernten Wirkungsfelder nachzuspüren, muss man sich mit Schätzungen begnügen.

Auszahlungen, die unabhängig davon anfallen, ob die geplante Investition durchgeführt wird oder nicht, dürfen nicht in die Rechnung einbezogen werden. Sie haben mit der anstehenden Entscheidung nichts zu tun.

Falls vorhandene Gegenstände aus Anlass der Investition verkauft werden sollen, sind die mit dem Verkauf erzielten Einzahlungen von den Auszahlungen der Investition abzusetzen.

3.3.4 Wiederbeschaffungen von Komponenten

Wenn die Nutzungszeiten der einzelnen Investitionskomponenten (verschiedene Maschinen, Anlagen, Fahrzeuge, Lizenzen, Software usw.) kürzer sind als die Investitionsdauer für das Gesamtprojekt, dann müssen zu den Zeitpunkten, zu denen Wiederbeschaffungen nötig sind, entsprechende Anschlusszahlungen berücksichtigt werden. Erstreckt sich beispielsweise die Nutzungsdauer der Gesamtinvestition über 8 Jahre und ist im Jahr 4 z. B. ein Fahrzeug zu erneuern, dann sind die wahrscheinlichen Auszahlungen für die Ersatzbeschaffung des Fahrzeugs im Jahr 4 zu erfassen.

Die **wirtschaftliche Nutzungsdauer** einer Sachanlage ist dann erreicht, wenn der Nutzen einer Ersatzanlage unter Berücksichtigung der zusätzlichen Zinsbelastung größer wird als der Nutzen der Altanlage. Vor allem vermehrte Ausfallzeiten, wachsende Reparaturen und ein erhöhter Energieverbrauch fallen ins Gewicht. Die Frage, wie lange ein Gegenstand im Unternehmen verbleiben soll, ist eine Frage der Wirtschaftlichkeit. Genau genommen müsste deshalb zusammen mit der zu treffenden Projektentscheidung auch die optimale Nutzungsdauer der Anlagekomponenten berechnet werden. Die Rechenverfahren hierzu bietet die Betriebswirtschaftslehre auch an. Jedoch ist die Unsicherheit der hierzu notwendigen Daten im Planungszeitpunkt meistens so groß, dass man in der Praxis auf diese Rechnung verzichtet. Vielmehr wird die Nutzungsdauer der Anlagekomponenten in der Regel geschätzt. (Ist eine Anlage bereits in Gebrauch, so kann man allerdings Rechenverfahren heranziehen, um festzustellen, wann angesichts sinkender Leistungsfähigkeit und steigender Reparaturen ein Ersatz anzuraten ist; siehe Abschnitt 3.6.6.)

Die **Schätzung der Nutzungsdauer** einer Anlage sollte sich an Erfahrungen ausrichten, die mit ähnlichen Gegenständen gemacht wurden. Hilfsweise kann man sich grob an den Abschreibungszeiten orientieren, die für die Aufstellung der Handels- oder Steuerbilanz maßgeblich sind. Jedoch haben die Investitionsrechnung (als Entscheidungsrechnung) und der Jahresabschluss (als Gewinnermittlungsrechnung im Rahmen rechtlicher Vorschriften) im Prinzip nichts miteinander zu tun. Lediglich mittelbare Zusammenhänge gibt es. So kann z. B. die bilanzielle Abschreibung Steuerersparnisse nach sich ziehen, die in die Investitionsrechnung eingehen (hierzu mehr in Kapitel 5).

3.3.5 Bereitstellung der Umlaufgüter

Eine Investition kann auch Bestandsveränderungen im Umlaufvermögen auslösen. Beispielsweise werden Lagerbestände für Material und für Fertigfabrikate aufgebaut. Außerdem können zusätzliche Forderungsbestände gegenüber Kunden (Debitoren) entstehen. Der Bestandsaufbau bewirkt zu Beginn der Investitionsdauer Finanzmittelbindungen, die während der Investitionsdauer anhalten und zum Ende als Liquidationsrestwerte freigesetzt werden. In der Regel sind die Finanzmittelbindungen während der Investitionsdauer nicht konstant. Zum Beispiel wachsen sie infolge von Umsatzsteigerungen. Zur Vereinfachung geht man in der Praxis der Investitionsrechnung in der Regel aber davon aus, dass die Finanzmittelbindungen konstant bleiben. Dadurch entsteht in der Zahlungsreihe der Investition zu Beginn eine Finanzmittelbindung und zum Ende eine Finanzmittelfreisetzung in gleicher Höhe (Tabelle 1, Zeilen 2 und 4).

3.3.6 Laufende Auszahlungen

Laufende Auszahlungen entstehen für Material, Energie, Löhne, Abgaben usw., d. h. für alle Güter und Dienstleistungen, die mit der Nutzung der Investition periodisch wiederkehrend auftreten. Auch hier ist das Verursachungsprinzip zu beachten: Auszahlungen, die im Unternehmen infolge der Investition an irgendeiner Stelle ausgelöst werden, sind zu berücksichtigen; Auszahlungen, die auch ohne die Investition anfallen, sind zu vernachlässigen.

Nicht zu beachten sind Abschreibungen, Wertberichtigungen und andere nicht liquiditätswirksame Aufwendungen. Sie stellen keine Auszahlungen dar. Zinsen werden zunächst weggelassen; sie werden erst im Rechenprozess selbst erfasst.

3.3.7 Laufende Einzahlungen

Mit der Hoffnung auf Einzahlungen werden die Investitionen letztlich durchgeführt. Direkt oder indirekt sollen sie dazu beitragen, den Absatz zu stabilisieren, Wachstumsziele zu realisieren, zusätzliche Produkte zu verkaufen oder die Verkaufspreise zu erhöhen. Im Fall einer Rationalisierungsinvestition treten an die Stelle der Einzahlungen die erwarteten Auszahlungsersparnisse.

Es gilt der Grundsatz, dass die dynamische Investitionsrechnung mit Auszahlungen und Einzahlungen operieren muss. Dieser Grundsatz wird in der Praxis der Investitionsrechnung durchbrochen, wenn es nur auf überschlägige Rechnungen ankommt. Man berechnet beispielsweise den Saldo der laufenden Auszahlungen und Einzahlungen (Cash-flow) vergröbernd wie folgt:

für die Investition erwarteter Gewinn
+ im Gewinn verrechnete Zinsen
+ im Gewinn verrechnete Abschreibungen
− im Gewinn verrechnete Zuschreibungen
+ im Gewinn verrechnete Erhöhungen der Rückstellungen
− im Gewinn verrechnete Minderungen der Rückstellungen

= **für die Investition erwarteter Cash-flow (ohne Zinsen)**

3.3.8 Liquidationsrestwerte im Anlagevermögen

Liquidationsrestwerte im Anlagevermögen entstehen, wenn am Ende der Investitionsdauer noch wirtschaftlich verwertbare Gegenstände vorhanden sind. Sollen die Gegenstände verkauft werden, ist eine entsprechende Einzahlung zu schätzen. Im Beispiel der Tabelle 1 wird Ende t = 4 ein Verkaufserlös von 3.000 € erwartet.

Soll der Gegenstand nach Ablauf der Investitionsdauer im Unternehmen weiter verwendet werden, ist ein **fiktiver Restwert** zu bestimmen und wie eine Einzahlung in die Rechnung einzubeziehen.

Beispiel: Im Rahmen einer Produktionserweiterung wird ein Gebäude errichtet, dessen Nutzung auf 40 Jahre geschätzt wird. Die Investitionsrechnung wird aber auf 10 Jahre begrenzt, weil die Produktionsanlage (bis auf das Gebäude) dann vollständig erneuert werden müsste und im Übrigen eine weiter reichende Prognose für die Produktverkäufe zu spekulativ würde. Man ist aber sicher, das Gebäude nach Ablauf der 10 Jahre weiter nutzen zu können. In der Praxis begnügt man sich damit, die Restwerte zu schätzen, weil genaue Anhaltspunkte für das in den Gegenständen noch vorhandene wirtschaftliche Potenzial fehlen. Als grobe

Schätzung wählt man oft den bei Ende der Betrachtungsdauer (im Beispiel t = 10) wahrscheinlich erzielbaren Marktpreis.

In den Beispielen dieses Buches werden aus Gründen der Anschaulichkeit in der Regel Sachanlageinvestitionen unterstellt. Bezieht man die Rechnung auf andere Investitionstypen, zum Beispiel immaterielle Investitionen oder Finanzinvestitionen, dann sind die erläuterten Prinzipien der Datenermittlung und die Tabellen entsprechend anzupassen.

3.3.9 Kalkulationszinssatz

Der **Kalkulationszinssatz** ist die vom Investor geforderte Mindestverzinsung des in der Investition gebundenen Kapitals.

Die theoretisch exakte Festlegung des Kalkulationszinssatzes basiert auf folgender Grundüberlegung: Die geplante Investition verdrängt mit ihrer Realisierung eine alternativ mögliche Geldverwendung. Das eingesetzte Kapital muss mindestens die Rendite der verdrängten Investition abwerfen. Belastet man die Investitionsrechnung für die geplante Investition mit der entgangenen Alternativverzinsung, dann zeigt das Rechenergebnis den Gewinn, den das Investitionsvorhaben über die alternative Geldverwendung hinaus erwirtschaftet. Ist diese Gewinnziffer größer als null, dann ist die geplante Investition gegenüber der verdrängten Geldanlage vorteilhaft.

Im Hintergrund steht das auch in der Kostenrechnung bekannte **Opportunitätskostenprinzip**. Unter Opportunitätskosten (Alternativkosten) versteht man den durch eine Kapitalbindungsentscheidung verdrängten Gewinn der Alternativinvestition.

In der Praxis kann es allerdings aus folgenden Gründen schwierig sein, die beste alternative Geldverwendung herauszufinden:

Im Unternehmen werden meistens mehrere Investitionsvorhaben parallel geplant und berechnet. Am Ende eines Planungsabschnitts werden alle vorteilhaften Investitionen zusammengestellt und als „Investitionsprogramm" zur Realisierung freigegeben. Das gerade noch in das Programm aufgenommene Vorhaben verdrängt ein weiteres, aufgrund knapper Finanzmittel nicht mehr realisierbares Projekt. Das verdrängte Projekt ist die alternative Geldverwendung, deren Rendite den Kalkulationszinssatz stellen müsste. Man kennt dieses Projekt aber erst nach vollzogener Rechnung, d. h. nach Feststellung des **optimalen Investitionsprogramms**. Das bedeutet: Der theoretisch richtige Kalkulationszinssatz ist nur festzustellen, wenn man alle Investitionsvorhaben eines Planungsabschnitts simultan (gleichzeitig) betrachtet und rechnerisch verarbeitet. Die Betriebswirtschaftslehre hat folgerichtig Modelle entwickelt, mit denen die simultane Inves-

titionsprogrammplanung unter Einbeziehung aller Real- und Finanzinvestitionen eines Planungsabschnitts möglich ist. Diese Modelle haben sich aber in der Praxis aus vier Gründen nicht durchgesetzt:
▶ Die Verfahren sind relativ kompliziert.
▶ Die Datenermittlung ist ziemlich aufwendig.
▶ Alle Investitionsvorschläge müssten zentral geplant und berechnet werden.
▶ Die Komplexität der Planungsaufgabe nähme zu. Die Möglichkeit, über Investitionsvorschläge dezentral, nacheinander und unabhängig voneinander zu entscheiden, würde entfallen.

In der Praxis kommt deshalb der theoretisch exakte Kalkulationszinssatz selten zum Zuge. Es haben sich **pragmatische Regeln zur Ermittlung des Kalkulationszinssatzes** durchgesetzt, die zu akzeptablen Ergebnissen führen. Folgendes Vorgehen ist zu empfehlen:

1. Vor Beginn eines Planungszyklus wird das in etwa beabsichtigte Investitionsvolumen festgelegt oder geschätzt.
2. Sind mehr Finanzmittel vorhanden als für das beabsichtigte Investitionsvolumen notwendig sind, so kann das übrig bleibende Geld am Kapitalmarkt in einer Finanzinvestition untergebracht werden. Die berechnete oder geschätzte Rendite dieser „Basisinvestition" bildet den Kalkulationszinssatz. Falls mit dem übrig bleibenden Geld ein vorhandener Kredit getilgt werden könnte, so ist der durch die Rückzahlung gesparte Effektivzinssatz maßgeblich.
3. Ist das Volumen der vorhandenen Finanzmittel kleiner als das beabsichtigte Investitionsvolumen, so muss zusätzliches Kapital beschafft werden. In diesem Fall übernimmt der Effektivzinssatz des zusätzlichen Kapitals die Rolle des Kalkulationszinssatzes. Die Alternativinvestition („Basisinvestition") wäre in diesem Fall die Nichtaufnahme zusätzlichen Kapitals. Vermiedene Zinsen, z. B. für einen Kredit, wirken in der Logik der Entscheidungsfindung genauso wie erzielbare Zinsen, z. B. für eine Finanzanlage.
4. Ist aufgrund der Vielfalt der Finanzanlagen und Finanzierungsmöglichkeiten nicht genau auszumachen, welche Zinsen alternativ erzielt oder vermieden werden können, so nimmt man vereinfacht die durchschnittliche Rendite für langfristige Geldanlagen am Kapitalmarkt bzw. den Effektivzinssatz für langfristige Darlehen.
5. Ist eine Mischfinanzierung anzunehmen, so wird ein gewogenes arithmetisches Mittel gebildet.
Beispiel: Eine Investition im Umfang von 100.000 € wird zu 20 % aus vorhandenen Eigenmitteln finanziert, die zu 6 % angelegt werden könnten, zu

30 % aus Fremdkapital zu 7 % und zu 50 % aus Fremdkapital zu 8 % finanziert. Der Kalkulationszinssatz wäre dann 7,3 %:

$i = 0{,}2 \cdot 0{,}06 + 0{,}3 \cdot 0{,}07 + 0{,}5 \cdot 0{,}08 = 0{,}073$

Meistens sind die **Risiken**, die man mit einer geplanten Realinvestition eingeht, nicht vergleichbar mit den Risiken der Basisinvestition, aus der man den Kalkulationszinssatz ableitet. Die Praxis behandelt auch dieses Problem pragmatisch: Der mit obigen Regeln ermittelte Zinssatz wird nur als Ausgangsgröße verstanden. Je nach dem Risiko der Realinvestition, für die man die Investitionsrechnung durchführt, wird der Basiszinssatz um einen **Risikozuschlag** erhöht. Maßstab für den Zuschlag ist die Risikoklasse, der die geplante Investition zugeordnet werden kann. Tabelle 2 zeigt ein Beispiel für nach Risikoklassen differenzierte Zuschläge.

Tabelle 2: Beispiel für Risikozuschläge im Kalkulationszinssatz

Risikoeinschätzung	sehr groß	groß	mittel	klein	sehr klein
Risikozuschlag	10%	8%	6%	4%	2%

Für die Höhe der Zuschläge gibt es keine festen Regeln. In der Praxis gibt es markante Unterschiede, aus der Hilflosigkeit, zuweilen Willkür abzulesen sind. Das liegt nicht nur an unterschiedlichen Risiken in den einzelnen Branchen und am variierenden Sicherheitsbedürfnis der Entscheidungsträger, sondern auch daran, dass dem Kalkulationszinssatz Funktionen aufgebürdet werden, mit denen er eigentlich überfordert ist: Die meisten Risiken einer Investition liegen in den erwarteten Auszahlungen und Einzahlungen. Diese Risiken werden pauschal auf den Kalkulationszinssatz übertragen, ohne dass es für die Höhe des Risikozuschlags einen nachprüfbaren Mechanismus gibt.

In der betrieblichen Praxis findet man Kalkulationszinssätze zwischen 6 % und 15 %. Die meisten Unternehmen konzentrieren sich auf die Spanne zwischen 8 % und 12 %. Zunehmend verbreitet sich die Auffassung, dass der Kalkulationszinssatz den **Renditeerwartungen der Eigenkapitalgeber** entsprechen muss, die zu beachten sind, um den Anteilskurs zu stabilisieren und zu steigern.

Damit sind die Hinweise zur Datenermittlung abgeschlossen. Wir kommen nun zu den einzelnen Methoden der dynamischen Investitionsrechnung.

3.4 Endkapitalwertmethode

Die Endkapitalwertmethode legt die Basis für das Verständnis aller dynamischen Verfahren der Investitionsrechnung. Deshalb nehmen wir uns für diese Methode Zeit und setzen uns nicht nur mit der Rechentechnik auseinander, sondern beschäftigen uns auch ausführlich mit der Interpretation der Ergebnisse. Die Methode wird zunächst anhand von Tabellen dargestellt, so dass die später benötigten Formeln leichter zu verstehen sind.

Die Endkapitalwertmethode ist eine Sonderform der Endwertmodelle (Blohm/Lüder/Schaefer 2006, S. 76 ff.; Kruschwitz 2007, S. 59 ff.). Der Begriff Endkapitalwert oder Vermögensendwert deutet darauf hin, dass die Vorteilhaftigkeit der Investition im erwarteten Vermögenszuwachs am Ende der Investitionsdauer gemessen wird.

3.4.1 Berechnung und Interpretation des Endkapitalwerts

Zur Erklärung kommen wir auf das **Apfelmus-Beispiel** zurück, für das die Zahlungsreihe mit Tabelle 1 bereits ermittelt wurde.

Wir wollen zunächst davon ausgehen, dass der Investor die zur Finanzierung notwendigen 105.000 € bereits angesammelt hat. Er steht vor der Wahl, das Geld für die Erweiterungsinvestition zu mobilisieren oder es am Kapitalmarkt zu 7% Zinsen anzulegen. Die Anlage am Kapitalmarkt ist die für ihn mögliche **Basisinvestition**.

Tabelle 3 zeigt, wie sich das Guthaben von 105.000 € bei Anlage des Geldes zu 7% in vier Jahren entwickeln würde. Dabei wird vorausgesetzt, dass der Zinssatz während der Investitionsdauer konstant bleibt und die Zinsen jeweils am Jahresende für das abgelaufene Jahr berechnet und gutgeschrieben werden. Die Summe des Vermögensbestands am Jahresanfang und der am Jahresende gutgeschriebenen Zinsen ergibt jeweils den Vermögensbestand am Jahresende. Dieser ist wieder die Basis für die Zinsberechnung des Folgejahres. Am Ende des Jahres t = 4 ist das Anfangskapital mit Zinsen und Zinseszinsen insgesamt auf 137.634 € angewachsen. (Wenn sich der Zinssatz im Laufe der Jahre ändert, kann man dies ohne Weiteres berücksichtigen.)

Tabelle 3: Endwert der Basisinvestition (Beträge in €)

	0	1	2	3	4
Zinsgutschrift		7.350	7.865	8.415	9.004
Vermögensbestand	105.000	112.350	120.215	128.630	137.634

Nutzt der Investor das Geld nicht für die Basisinvestition, sondern für das Apfelmus-Vorhaben, würden ihm im Laufe der vier Jahre sukzessive Rückflüsse von 60.000, 50.000, 40.000 und 30.000 € zufließen (aus Tabelle 1). Die in den Jahren t = 1, t = 2 und t = 3 eintreffenden Geldbeträge würde er nicht nutzlos liegen lassen, sondern wieder anlegen. Welche Wiederanlagemöglichkeiten sich ihm bieten werden, ist ihm im Planungszeitpunkt in der Regel nicht genau bekannt. Nur wenn er einen weit in die Zukunft ragenden Investitionsplan aufstellen würde, in dem nicht nur die gegenwärtigen, sondern auch alle zukünftig geplanten Investitionen enthalten wären, könnte er nähere Angaben über die Wiederanlage der jährlich verfügbaren Gelder machen. Weil hierfür die Informationsbasis in der Regel fehlt, geht man in der Praxis der Investitionsrechnung vereinfachend von der Annahme aus, dass die Rückflüsse der Investition in beliebiger Stückelung **in der Basisinvestition** wieder angelegt werden können.

Unter dieser Voraussetzung ergeben sich in Tabelle 4 folgende Zahlen: Ende t = 1 treffen 60.000 € ein, die sich während des Jahres t = 2 mit 7 % verzinsen, was 4.200 € ergibt. Ende t = 2 ist das Guthaben auf

60.000 + 4.200 + 50.000 = 114.200 €

angewachsen. Kumuliert man die Rückflüsse, die Zinsen und die Zinseszinsen auf diese Weise von Jahr zu Jahr weiter, hat man Ende t = 4 einen Endwert von 203.548 € angesammelt.

Tabelle 4: Endwert der Apfelmus-Investition (Beträge in €)

	0	1	2	3	4
Rückflüsse der Investition		60.000	50.000	40.000	30.000
Zinsgutschrift			4.200	7.994	11.354
Vermögensbestand		60.000	114.200	162.194	203.548

Der Vergleich zwischen der Basisinvestition (Tabelle 3) und dem Apfelmus-Vorhaben (Tabelle 4) zeigt, dass die Apfelmus-Investition 203.548 − 137.634 = 65.914 € mehr bringt als die Geldanlage zu 7 %. Diesen Mehrbetrag nennen wir **Endkapitalwert**.

Die Berechnung des Endkapitalwerts kann man vereinfachen, indem man die Tabelle 3 in die Tabelle 4 integriert. Als Ergebnis entsteht Tabelle 5.

Die Werte in der letzten Zeile entwickeln sich wie folgt: Die Investition löst Ende t = 0 eine Kapitalbindung von 105.000 € aus. Das negative Vorzeichen signalisiert: Es steckt Geld in der Investition.

Ende t = 1 ergibt sich eine Kapitalbindung von
−105.000 · 1,07 + 60.000 = −52.350.

3.4 Endkapitalwertmethode

Tabelle 5: Endkapitalwert der Apfelmus-Investition (Beträge in €)

	0	1	2	3	4
Anlagegegenstände	-100.000				3.000
Umlaufgegenstände	-5.000				5.000
Saldo der laufenden Zahlungen		60.000	50.000	40.000	22.000
Zahlungsreihe der Investition	-105.000	60.000	50.000	40.000	30.000
Vermögensbestand	-105.000	-52.350	-6.015	33.564	**65.914**

Das bedeutet: Das am Ende der Vorperiode in der Investition gebundene Kapital wird mit dem Aufzinsungsfaktor multipliziert, d. h. mit den Zinsen für ein Jahr belastet. Das Produkt besteht aus dem anfänglichen Kapitalbetrag und der Zinsbelastung für das erste Jahr. Zum Ergebnis wird der Einzahlungsüberschuss von 60.000 € addiert.

In den folgenden Jahren geht es entsprechend weiter:
$-52.350 \cdot 1{,}07 + 50.000 = -6.015$ usw.

Auszahlungen und Einzahlungen, Zinsen und Zinseszinsen werden auf diese Weise fortlaufend kumuliert. Sobald der Kapitalbetrag positiv ist (hier in t = 3), sind alle eingesetzten Gelder einschließlich der kumulativ eingerechneten Zinsen durch Einzahlungen zurückgewonnen (amortisiert). Von hier an wird weiter mit dem Kalkulationszinssatz aufgezinst: $33.564 \cdot 1{,}07 + 30.000 = 65.914$.

Aufgrund der vorangehenden Erläuterungen kann der Endkapitalwert wie folgt interpretiert werden:

Der Endkapitalwert ist die durch eine Investition bewirkte Netto-Geldvermögensänderung, festgestellt am Ende der Investitionsdauer.

Netto-Geldvermögensänderung heißt es, weil der finanzielle Nutzen, der dem Investor durch die Nicht-Wahl der Basisalternative entgeht, im Endkapitalwert bereits abgezogen ist. Der Endkapitalwert ist also der Mehrwert (oder der Minderwert) der geplanten Investition gegenüber der Basisalternative.

3.4.2 Endkapitalwertrechnung mit Formel

Die tabellarische Endkapitalwertrechnung ist recht anschaulich und lässt sich in der Praxis mit einem Tabellenkalkulationsprogramm leicht umsetzen. Man kommt ohne Formel aus und kann im Vorbeigehen auch feststellen, in welchem Jahr sich die Investition amortisiert.

Trotz dieser Vorteile der Tabellentechnik herrscht in der Literatur und in der Praxis das Rechnen mit Formeln vor. Die Formellösung führt für den Fall eines im Zeitablauf konstanten Kalkulationszinssatzes zum gleichen Endkapitalwert wie Tabelle 5. Auf das Apfelmus-Beispiel bezogen lautet die Rechnung:

3. Die dynamischen Methoden der Investitionsrechnung

$C_4 = -105.000 \cdot 1{,}07^4 + 60.000 \cdot 1{,}07^3 + 50.000 \cdot 1{,}07^2 + 40.000 \cdot 1{,}07 + 30.000$
$= 65.914$

Abbildung 17 veranschaulicht, Tabelle 6 erleichtert die Berechnung.

Abbildung 17: Veranschaulichung der Berechnung des Endkapitalwerts

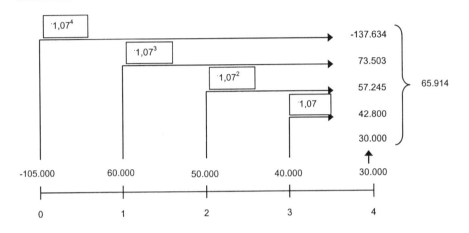

Tabelle 6: Berechnungshilfe für den Endkapitalwert

Jahr	Nettozahlungen der Investition	Aufzinsungsfaktor $(1+i)^{T-t}$ für $i=0{,}07$	Endwert der Nettozahlungen
0	- 105.000	1,310796	- 137.634
1	60.000	1,225043	73.503
2	50.000	1,144900	57.245
3	40.000	1,070000	42.800
4	30.000	1,000000	30.000
			65.914

Allgemein wird der Endkapitalwert ermittelt mit **Formel 1**:

$$C_T = \sum_{t=0}^{T} Z_t \cdot (1+i)^{T-t}$$

C_T Endkapitalwert am Ende des Jahres T
T   Investitionsdauer
Z_t Nettozahlungen jeweils am Ende der Jahre t
i   Kalkulationszinssatz

Aufgrund der Formel 1 gilt: **Der Endkapitalwert entsteht als Summe der mit dem Kalkulationszinssatz auf das Ende der Investitionsdauer aufgezinsten Nettozahlungen der Investition.**

3.4.3 Vorteilsregel für Einzelinvestitionen

Für die Frage, ob ein Investitionsvorschlag realisiert werden soll, gilt auf Basis der Endkapitalwertmethode folgende **Vorteilsregel**:
Eine Investition ist vorteilhaft, wenn der Endkapitalwert nicht negativ ist. Die durch den Kalkulationszinssatz vorgegebene Mindestverzinsung wird in diesem Fall erreicht oder überschritten. Ist der Endkapitalwert kleiner als Null, dann ist es besser, die Investition zu unterlassen und das Geld zum Kalkulationszinssatz in der Basisinvestition anzulegen.

Der Investor identifiziert mit dieser Regel alle Investitionsvorschläge als vorteilhaft, deren finanzieller Nutzen mindestens dem Nutzen entspricht, den der Kalkulationszinssatz repräsentiert. Das gesamte Investitionsprogramm, das heißt alle vorteilhaften Vorhaben eines Planungsabschnitts, wird durch den Kalkulationszinssatz begrenzt.

Es kann natürlich sein, dass eine Investition abgelehnt wird, obwohl ihr Endkapitalwert positiv ist, z.B. weil dem Investor das Risiko zu hoch ist. Auch ist denkbar, dass eine Investition gewählt wird, obwohl ihr Endkapitalwert negativ ist, weil sie aus strategischen Gründen für wichtig gehalten wird. Die Investitionsrechnung zeigt nur den **finanziellen** Nutzen eines Investitionsvorhabens an, und zwar auf Basis der zugrunde gelegten Zahlungsreihe. Das Rechenergebnis geht in den Planungs- und Entscheidungsprozess ein und wird dort mit nicht rechenbaren Wertungen verknüpft.

3.4.4 Vorteilsregel für konkurrierende Investitionen

Konkurrieren mehrere Investitionsvorschläge miteinander, dann lautet die **Vorteilsregel: Die Investition mit dem höchsten nicht negativen Endkapitalwert ist vorzuziehen.**
Auf die Problematik dieses so genannten Vorteils- oder Alternativenvergleichs kommen wir im Zusammenhang mit der Barkapitalwert- und der Annuitätenmethode noch zurück.

3.4.5 Eignung der Endkapitalwertmethode

Anhand der Endkapitalwertmethode haben wir bereits die wesentlichen Merkmale aller dynamischen Methoden der Investitionsrechnung kennen gelernt.

52   3. Die dynamischen Methoden der Investitionsrechnung

Deshalb wollen wir kurz innehalten, die Methode werten und dabei ergänzende Hinweise zur praktischen Anwendung geben.

▶ **Vorteile:**

(1) Entscheidungshilfe: Die Endkapitalwertmethode zeigt, ob ein Investitionsvorhaben im Rahmen der finanziellen Zielsetzung vorteilhaft ist. Ihr Ergebnis geht in den Planungs- und Entscheidungsprozess ein und wird dort mit Gesichtspunkten, die nicht in Aus- und Einzahlungen abzubilden sind, verknüpft.

(2) Transparenz: Die Methode basiert auf der Zahlungsreihe der Investition. Diese gibt zu erkennen, wie sich die Kapitalbindung (infolge der Auszahlungen) und Kapitalfreisetzung (infolge der Einzahlungen) im Zeitablauf entwickeln. Bei der tabellarischen Form der Endkapitalwertrechnung wird zudem deutlich, wie sich die Wertigkeit der Investition von Jahr zu Jahr bis zum Ende der Investitionsdauer darstellt; dabei kann auch die Amortisationsdauer abgelesen werden.

(3) Zwang zu langfristiger Prognose: Um die Zahlungsreihe aufstellen zu können, müssen sich die Planungsbeteiligten mit den langfristigen Konsequenzen der Investition und dem Verlauf dieser Konsequenzen auseinander setzen.

(4) Zeitpräferenz: Die Endkapitalwertmethode berücksichtigt in Form des Kalkulationszinssatzes die „Zeitpräferenz" des Investors: Je früher eine Auszahlung anfällt, desto länger wird sie durch Zinsen und Zinseszinsen bis zum Ende der Investitionsdauer belastet. Je früher eine Einzahlung eintrifft, desto mehr Zinsen und Zinseszinsen werden ihr bis zum Ende der Investitionsdauer gutgeschrieben. Die Zeitpräferenz findet im Kalkulationszinssatz ihren Niederschlag.

Am besten erkennt man diesen Effekt, wenn man zwei in der Summe gleiche, aber in der Zeitstruktur unterschiedliche Zahlungsreihen vergleicht (Tabelle 7). Im ersten Fall ergibt sich ein höherer Endkapitalwert, weil die großen Rückflüsse sich im Gegensatz zur zweiten Zahlungsreihe auf den vorderen Teil der Investitionsdauer konzentrieren. Je höher der Kalkulationszinssatz, desto stärker werden die Unterschiede zwischen den Kapitalwerten.

Tabelle 7: Auswirkungen von Zeitstruktur und Kalkulationszinssatz auf den Endkapitalwert

	Zahlungsreihen					Endkapitalwerte	
	t=0	t=1	t=2	t=3	t=4	i=7%	i=10%
A	-105.000	60.000	50.000	40.000	30.000	65.914	60.630
B	-105.000	30.000	40.000	50.000	60.000	58.414	49.600

(5) Anpassungsfähigkeit: Die Fixierung auf einen Kalkulationszinssatz, der während der gesamten Investitionsdauer konstant bleibt, ist nicht zwingend.

Man kann

a) die Zinssätze im Zeitablauf variieren,
b) den Kalkulationszinssatz zerlegen in einen „Sollzinssatz" auf Auszahlungen und einen „Habenzinssatz" auf Einzahlungen oder
c) die Tilgungspläne der Fremdfinanzierung in die Investitionsrechnung integrieren.

Zu b): Entsprechende Modelle sind in der Literatur unter dem Begriff „Vermögensendwertmethode" oder „Endwertmodelle" zu finden (Blohm/Lüder/Schaefer 2006, S. 76 ff.; Kruschwitz 2007, S. 59 ff.).
Zu c): In Kapitel 6 wird ein solches Instrument vorgestellt.

▶ **Voraussetzungen und Grenzen:**

(1) Zurechnung der Zahlungsreihe: Die Berechnung des Endkapitalwerts setzt voraus, dass die durch die Investition ausgelösten Zahlungen isoliert erfasst und der Investition zugerechnet werden können. Dies ist umso leichter möglich, je weniger Verbundbeziehungen (Interdependenzen) zu vorhandenen oder noch geplanten anderen Projekten und deren Zahlungsreihen vorliegen.
Geringe Verbundwirkungen gibt es beispielsweise bei der Schaffung neuer oder der Erweiterung vorhandener Produktionskapazitäten, denen bestimmte Leistungen zugeordnet werden können.
Unproblematisch sind in der Regel auch Investitionsrechnungen für Rationalisierungsinvestitionen. **Beispiel:** Im „Flaschenkeller" einer Brauerei soll eine neue Abfüllstation für Flaschenbier eingerichtet werden. Vorgeschlagen sind die Varianten A und B. Variante B ist in der Anschaffung teurer als A, im laufenden Betrieb aber billiger. In Tabelle 8 sind die Auszahlungsreihen für die Anschaffung (t = 0) und den laufenden Betrieb (t = 1 bis 4) dokumentiert. Einzahlungen wurden nicht ermittelt. Sie sind bei beiden Varianten gleich hoch.
Die Variante mit den geringsten Anschaffungsauszahlungen (A) wird zur „Referenzinvestition". Die teurere Variante (hier B) wird an ihr relativiert. Die Differenzzahlungsreihe zeigt, welche Veränderungen durch Realisierung von B anstelle von A herbeigeführt würden. Der Endkapitalwert der Differenzreihe beträgt bei einem unterstellten Kalkulationszinssatz von 8 % 11.120 €. Variante B

Tabelle 8: Zahlungsreihen zweier Rationalisierungsvarianten (in €)

	t=0	t=1	t=2	t=3	t=4
Variante A	- 250.000	- 95.000	- 100.000	-105.000	- 110.000
Variante B	- 320.000	- 75.000	- 75.000	- 80.000	- 85.000
Differenz (B-A)	- 70.000	20.000	25.000	25.000	25.000

bringt also trotz der höheren Anschaffungsauszahlungen einen höheren finanziellen Nutzen als A.

Die Grundfrage, ob das Thema (Produkt, Bereich, Funktion), in das man investiert, überhaupt rentabel ist, muss allerdings vorher geklärt sein. Die Nützlichkeit einer Rationalisierungsmaßnahme kann den Betrachter beispielsweise derart blenden, dass er das tiefer liegende Problem übersieht. Hierzu ein **Beispiel:** In einem Unternehmen für Tierfutter wurden wegen anhaltender Gewinnschwäche umfangreiche Rationalisierungsmaßnahmen durchgeführt, die jede für sich sinnvoll erschien. Zwei Jahre lang erreichten die Unternehmensgewinne wieder ein zufrieden stellendes Niveau, um danach auf kümmerliche Werte zurückzufallen. Man hatte übersehen, dass die Produkte und die Absatzwege des Unternehmens auf Dauer nicht konkurrenzfähig waren. Nun war das Geld für Rationalisierungsinvestitionen verbraucht, das viel dringender zur Beseitigung der strategischen Schwächen hätte eingesetzt werden müssen.

Grundsätzlich kann man alle Situationen, in denen das Zurechnungsproblem auftritt, durch folgende Differenzbetrachtung lösen:

Aus- und Einzahlungen des gesamten Unternehmens mit der Investition
− Aus- und Einzahlungen des gesamten Unternehmens ohne die Investition

= der Investition zuzurechnende Aus- und Einzahlungen

Diese Differenzrechnung stößt jedoch an Grenzen. Zum einen ist es aufwendig, die gesamten Zahlungen des Unternehmens zu ermitteln. Zum anderen können die Gesamtzahlungen davon abhängig sein, welche Investitionen, über die noch keine Entscheidung gefallen ist, sonst noch realisiert werden. Sind solche Erfolgswirkungen parallel geplanter Investitionsvorhaben stark voneinander abhängig, muss man die Einzelbeurteilung aufgeben. Man muss stattdessen die voneinander abhängigen Vorhaben zu einem Gesamtprojekt bündeln und die Investitionsrechnung für das gesamte Bündel (das Projekt) durchführen. Jede Änderung in der Zusammensetzung des Projekts, z. B. durch Hereinnahme oder Außerachtlassung einer Einzelmaßnahme, ergibt eine neue Entscheidungsvariante.

(2) Unsicherheit der Zahlungsreihe: Die Daten, aus denen sich die Zahlungsreihe der Investition ergibt, müssen nicht nur nach ihrer Höhe, sondern auch nach den Zeitpunkten ihrer Entstehung prognostiziert werden. Dies gelingt nicht immer mit der gewünschten Genauigkeit und Zuverlässigkeit. Vor allem langfristige, innovative und strategische Investitionen sind mit diesem Problem belastet. Deshalb sollte man die Investitionsrechnung nicht gleich aufgeben. Eine Rechnung mit Bandbreiten, ergänzt um die Beschreibung der Unsicherheiten, ist immer noch besser, als eine Entscheidung, die sich nicht an Zahlen orientiert.

Die Risiken der Investitionsentscheidung müssen allerdings in jedem Fall sorgfältig analysiert und durch gezielte Maßnahmen begrenzt werden (hierzu mehr in Kapitel 7).

(3) Einheitlicher Kalkulationszinssatz: Die Endkapitalwertmethode setzt in der vorgestellten Form voraus, dass der Investor zu einem bestimmten, einheitlichen und ihm bekannten Kalkulationszinssatz finanzielle Mittel in beliebiger Stückelung aufnehmen oder anlegen kann. Dies ist auch die Standardprämisse der Barkapitalwert- und der Annuitätenmethode, deren Darstellung noch folgt. Wie oben unter „Vorteile" (Punkt 5) ausgeführt, lässt sich die Strenge der Prämisse eines einheitlichen Kalkulationszinssatzes jedoch durch Varianten der Endkapitalwertmethode durchbrechen.

Lösen Sie jetzt Aufgabe 3a am Ende des Kapitels.

3.5 Kapitalwertmethode

3.5.1 Berechnung und Interpretation des Kapitalwerts

Die Barkapitalwertmethode (Kapitalwertmethode, Nettobarwertmethode, Diskontierungsmethode, Gegenwartsmethode, discounted-cash-flow-method, net-present-value-method) ist das in der Praxis am meisten verbreitete Verfahren der dynamischen Investitionsrechnung. Sie ist der Endkapitalwertmethode sehr ähnlich. Der Unterschied besteht im Bezugszeitpunkt: Während die Endkapitalwertmethode den Vermögenszuwachs der Investition zum Ende der Investitionsdauer feststellt, wird er bei der Kapitalwertmethode auf den Beginn der Investitionsdauer, auf t = 0, bezogen. Wir wollen im Folgenden anstelle von Barkapitalwert einfach von Kapitalwert sprechen; diese Bezeichnung hat sich in Literatur und Praxis eingebürgert.

Der Kapitalwert entsteht als Summe der mit dem Kalkulationszinssatz auf den Beginn der Investitionsdauer abgezinsten Nettozahlungen der Investition.

Es gilt **Formel 2**:

$$C_0 = \sum_{0}^{T} \frac{Z_t}{(1+i)^t}$$

C_0 Kapitalwert Ende t = 0
Z_t Nettozahlungen jeweils Ende der Jahre t
T Investitionsdauer
i Kalkulationszinssatz

56   3. Die dynamischen Methoden der Investitionsrechnung

Mit den Zahlen des bereits bekannten Apfelmus-Beispiels (siehe Tabelle 1):

$$C_0 = -105.000 + \frac{60.000}{1,07^1} + \frac{50.000}{1,07^2} + \frac{40.000}{1,07^3} + \frac{30.000}{1,07^4} = 50.286$$

Abbildung 18 veranschaulicht, Tabelle 9 erleichtert den Vorgang der Abzinsung.

Abbildung 18: Veranschaulichung der Berechnung des Kapitalwerts

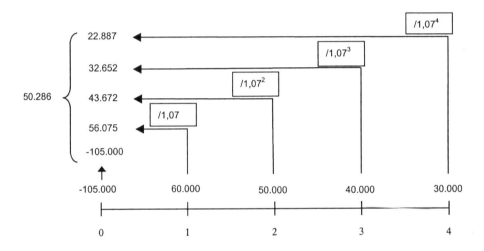

Tabelle 9: Berechnungshilfe für den Kapitalwert

Jahr	Nettozahlungen der Investition	Abzinsungsfaktor $(1+i)^{-t}$ für i=0,07	Barwerte der Nettozahlungen
0	- 105.000	1,000000	- 105.000
1	60.000	0,934579	56.075
2	50.000	0,873439	43.672
3	40.000	0,816298	32.652
4	30.000	0,762895	22.887
			50.286

Mit einem **Tabellenkalkulationsprogramm** geht es leichter, beispielsweise mit der NBW-Formel in MS-EXCEL aus der Abteilung „Einfügen, Funktion, Finanzmathematik". Für das Beispiel ergibt sich ein NBW-Wert von 46.996 €. Da EXCEL den Wert zu Anfang des Jahres t = 0 feststellt, bei der Kapitalwertrechnung aber üblicherweise als Bezugszeitpunkt Ende t = 0 gewählt wird, muss das Ergebnis noch mit (1 + i), im Beispiel also 1,07, multipliziert werden: 46.996 · 1,07 = 50.286.

3.5.2 Barkapitalwert und Endkapitalwert

Was der Kapitalwert aussagt, kann man sich besser vorstellen, wenn man ihn mit dem Endkapitalwert in Verbindung bringt. Denn der Barkapitalwert ist der mit dem Kalkulationszinssatz auf den Gegenwartszeitpunkt abgezinste Endkapitalwert. **Formel 3**:

$$C_0 = \frac{C_T}{(1+i)^T}$$

Im Beispiel (Endkapitalwert aus Tabelle 5):

$$\frac{65.914}{1,07^4} = 50.286$$

Endkapitalwert und Barkapitalwert sind äquivalent (gleichwertig): Legt man 50.286 € vier Jahre lang zu einem Zinssatz von 7 % mit Zinseszinsen an, so ergibt sich nach vier Jahren ein Vermögen von 65.914 €.

Die Barkapitalwertmethode führt deshalb zur gleichen Aussage über die Vorzugswürdigkeit von Investitionen wie die Endkapitalwertmethode. Ist der Endkapitalwert größer als null, dann ist es auch der Barkapitalwert. Für die Praxis braucht man also nur eine der beiden Methoden. Die Barkapitalwertmethode wird häufiger benutzt; die Endkapitalwertmethode ist demgegenüber anschaulicher.

3.5.3 Vorteilsregel für Einzelinvestitionen

Der Kapitalwert ist die durch eine Investition bewirkte Netto-Geldvermögensänderung zu Beginn der Investitionsdauer. Von Netto-Geldvermögensänderung wird gesprochen, weil der finanzielle Nutzen, der dem Investor durch die Nicht-Wahl der Basisalternative entgeht, im Kapitalwert bereits abgezogen ist. Der Kapitalwert ist also der Mehrwert (oder der Minderwert) der geplanten Investition gegenüber der Basisalternative.

Die **Vorteilsregel** für Einzelinvestitionen lautet demnach:
Eine Investition ist vorteilhaft, wenn der Kapitalwert nicht negativ ist. Die durch den Kalkulationszinssatz vorgegebene Mindestverzinsung wird in diesem Fall erreicht oder überschritten. Ist der Kapitalwert kleiner als Null, dann ist es besser, die Investition zu unterlassen und das Geld zum Kalkulationszinssatz in der Basisinvestition anzulegen.

Der Investor identifiziert mit dieser Regel alle Investitionsvorschläge als vorteilhaft, deren finanzieller Nutzen über dem Nutzen liegt, der im Kalkulationszins-

58 3. Die dynamischen Methoden der Investitionsrechnung

satz zum Ausdruck kommt. Das gesamte Investitionsprogramm, das heißt die Zusammenstellung aller vorteilhaften Vorhaben eines Planungsabschnitts, wird durch den Kalkulationszinssatz begrenzt.

3.5.4 Vorteilsregel für konkurrierende Investitionen

Konkurrieren mehrere Investitionsvorschläge miteinander, dann lautet die **Vorteilsregel: Die Investition mit dem höchsten (nicht negativen) Kapitalwert ist vorzuziehen.**

Diese Regel klingt einfach, ist aber nicht ohne Tücken. Denn die Rangfolge konkurrierender Investitionen ist nicht mehr eindeutig, wenn

1. der Kalkulationszinssatz variiert oder
2. die Investitionsalternativen unterschiedliche Laufzeiten haben.

Zur Erläuterung verwenden wir folgende Erweiterung des Apfelmus-Beispiels. Neben dem bereits bekannten Investitionsvorschlag (Variante A) werden im Unternehmen die Alternativvorschläge B und C eingebracht. B besitzt die etwas höhere Kapazität, was einerseits zu höheren Anschaffungsauszahlungen, andererseits zu höheren Rückflüssen führt. C könnte im Vergleich zu A und B länger genutzt werden, hätte aber pro Jahr die geringeren Rückflüsse. Die Zahlungsreihen und die daraus berechneten Kapitalwerte der Varianten sind in Tabelle 10 zusammengefasst.

Tabelle 10: Zahlungsreihen und Kapitalwerte konkurrierender Investitionen

	Nettozahlungen in den Jahren:							Kapitalwert
	0	1	2	3	4	5	6	
A	-105.000	60.000	50.000	40.000	30.000	-	-	50.286
B	-124.000	40.000	50.000	60.000	70.000	-	-	59.436
C	-105.000	34.000	34.000	34.000	34.000	34.000	35.000	57.729

▶ **Der Einfluss des Kalkulationszinssatzes auf die Rangfolge**

Vergleichen wir zunächst nur die konkurrierenden Investitionen A und B. Sie unterscheiden sich durch die Höhe der Anschaffungsauszahlungen sowie durch die Höhe und die zeitliche Struktur der Rückflüsse. Für einen bestimmten Kalkulationszinssatz, z.B. von 7%, ist die Rangfolge eindeutig: B rangiert mit einem Kapitalwert von 59.436 € vor A mit einem Kapitalwert von 50.286 €.

Steigt der Kalkulationszinssatz, so sinken die Kapitalwerte beider Investitionen. Tabelle 11 und Abbildung 19 zeigen den Verlauf.

Der Kapitalwert von B sinkt mit steigendem Zinssatz schneller als der Kapitalwert von A. Das hat folgende Ursachen:

Tabelle 11: Kapitalwerte in Abhängigkeit vom Kalkulationszinssatz

Kalkulations-zinssatz	Kapitalwert Investition A	Kapitalwert Investition B
5%	56.729	68.866
7%	50.286	59.436
9%	44.270	50.702
11%	38.645	42.600
13%	33.376	35.071
14,628%	*29.330*	*29.330*
15%	28.434	28.063
17%	23.792	21.531
19%	19.425	15.433
21%	15.312	9.732
23%	11.432	4.395
25%	7.768	-608
27%	4.304	-5.304
29%	1.025	-13.871
31%	-2.083	-17.784

1. Die Investitionsauszahlungen sind bei B höher als bei A, d. h. B bindet mehr Kapital. Mit steigendem Zinssatz (mit steigenden Kapitalkosten) wird B mehr belastet als A.
2. Je weiter eine Zahlung in der Zukunft liegt, desto stärker wirkt sich ihre Abzinsung auf den Kapitalwert aus. Die Rückflüsse bei B kommen mehrheitlich später als bei A. Mit steigendem Kalkulationszinssatz macht sich deshalb die Abzinsung bei B deutlicher bemerkbar als bei A.

Abbildung 19: Kapitalwerte in Abhängigkeit vom Kalkulationszinssatz

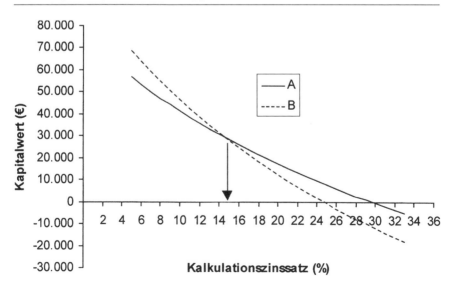

Bei einem Kalkulationszinssatz von 14,628 % sind die Kapitalwerte beider Investitionen gleich. Wird ein Kalkulationszinssatz vorgegeben, der kleiner (größer) ist als 14,628 %, dann ist Investition B vorteilhafter als A (A vorteilhafter als B). Daraus ist für die Praxis folgender Schluss zu ziehen:
Unterscheiden sich konkurrierende Investitionen im Kapitaleinsatz und/oder in der zeitlichen Struktur der Rückflüsse und ist man nicht sicher, welchen Kalkulationszinssatz man der Kapitalwertrechnung zugrunde legen soll, dann sollte man den Kalkulationszinssatz variieren, um auszutesten, bei welchem kritischen Kalkulationszinssatz sich die Rangfolge der Investitionen ändert. Mit diesem Wissen muss man den Kalkulationszinssatz nicht exakt festlegen; man muss nur entscheiden, ob er unter oder über dem kritischen Wert liegen soll.

▶ **Der Einfluss der Investitionsdauer auf die Rangfolge**
Die Investitionen A und C in Tabelle 10 unterscheiden sich durch die Investitionsdauer (4 bzw. 6 Jahre). Bei einem Kalkulationszinssatz von beispielsweise 7 % rangiert C mit einem Kapitalwert von 57.729 € vor A mit einem Kapitalwert von 50.286 €. Die Aussage, C sei vorteilhafter als A, basiert auf der (in der Methodik versteckten) Annahme, dass nach Abschluss der Investition A (Ende t = 4) eine Wiederanlage der mit der Investition angesammelten Geldwerte zum angesetzten Kalkulationszinssatz bis t = 6, dem gemeinsamen Planungshorizont mit C, möglich ist. (Dieselbe Annahme enthält die Endkapitalwertrechnung, wenn man die Zahlungsreihe von A bis t = 6 aufzinst.) Entspricht diese Prämisse im konkreten Fall der Realität, dann sind unterschiedliche Laufzeiten kein Problem, und die Investitionen können auf der Basis ihrer Kapitalwerte verglichen werden.
Wenn aber davon auszugehen ist, dass nach Abschluss der Investition A, also Ende t = 4, eine Anschlussinvestition möglich ist, die ihrerseits einen positiven Kapitalwert bringt, dann sollte man diese Anschlussinvestition in die Rechnung einbeziehen. In der Regel wird man die wirkliche Anschlussinvestition im Planungszeitpunkt noch nicht kennen. Um die Rechnung trotzdem halbwegs realistisch zu gestalten, schlägt die Investitionstheorie folgendes vor: Man vergleiche nicht mehr die Kapitalwerte der einzelnen Investitionen, sondern die Kapitalwerte von **Investitionsketten**. Dabei nehme man an, dass sich die Kapitalwerte der Investitionen in den Ketten identisch wiederholen.
Es werden also nach Ablauf der jeweiligen Investitionsdauern Anschlussinvestitionen unterstellt, die denselben Nutzen bringen wie die zugehörige Ausgangsinvestition in t = 0.
Beispiel: Um die Investitionen A und C vergleichen zu können, werden Investitionsketten bis zum gemeinsamen Planungshorizont von 12 Jahren gebildet. A

Abbildung 20: Investitionsketten

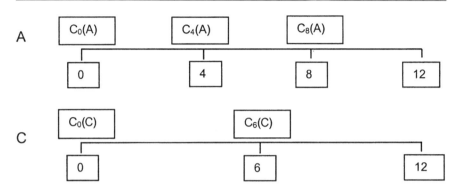

wird in diesem Zeitraum zweimal wiederholt, C einmal. Die Kapitalwerte der Kettenglieder sind jeweils gleich. Abbildung 20 veranschaulicht diese Situation. Die Kapitalwerte der Kettenglieder dürfen nicht einfach addiert werden. Denn sie fallen zu verschiedenen Zeitpunkten an. Sie müssen vielmehr alle auf den selben Zeitpunkt, am besten t = 0, bezogen werden. Bei einem Kalkulationszinssatz von 7 % ergibt sich:

$$C_0(A) = 50.286 + \frac{50.286}{1{,}07^4} + \frac{50.286}{1{,}07^8} = 117.915$$

$$C_0(C) = 57.729 + \frac{57.729}{1{,}07^6} = 96.196$$

Aufgrund dieser Rechnung wird der Investor die Investitionsalternative A bevorzugen. Sie bringt in der Kette mehr als die Investition C, obwohl ihr Einzelkapitalwert kleiner ist.

Für die Praxis des Kettenvergleichs liefert die Finanzmathematik eine Erleichterung: Statt eine endliche Kette aufzubauen, im Beispiel bis zum Jahr 12, kann man auch von der Annahme unendlich häufiger Wiederholung der Kettenglieder ausgehen. Diese Annahme scheint zwar auf den ersten Blick seltsam, basiert aber auf der mathematisch nachweisbaren Erkenntnis, dass sich die Rangfolge der Investitionen nicht ändert, wenn man von der endlichen zur unendlichen Kette wechselt. Der Vorteil der unendlichen Kette liegt in der Vereinfachung der Rechnung. Denn die Finanzmathematik bietet für den Kapitalwert der unendlichen Wiederholung folgende **Formel 4** an:

$$^{\infty}C_0 = C_0 \cdot \frac{(1+i)^T}{(1+i)^T - 1}$$

Auf das Beispiel bezogen:

$$^\infty C_0(A) = 50.286 \cdot \frac{1{,}07^4}{1{,}07^4 - 1} = 212.081$$

$$^\infty C_0(C) = 57.729 \cdot \frac{1{,}07^6}{1{,}07^6 - 1} = 173.018$$

Die Aussage, A ist vorteilhafter als C, hat sich also mit dem Übergang von endlichen auf unendliche Ketten nicht verändert.
Es muss dem Praktiker überlassen bleiben, ob er diesen Vorschlag zur Vergleichbarkeit von Investitionen unterschiedlicher Laufzeiten übernimmt. Im Vorgriff auf ein späteres Kapitel sei erwähnt, dass die Annuitätenmethode immer zur selben Rangfolge der Investitionen kommt wie die gerade dargestellte Kapitalwertmethode auf der Basis von Investitionsketten.

3.5.5 Kapitalwertrechnung bei konstanten Rückflüssen

In der Praxis kommt es vor, dass die Rückflüsse der Investition von Jahr zu Jahr als gleich hoch eingeschätzt werden. Entweder fehlen genaue Daten für eine zeitliche Differenzierung oder die Betragsunterschiede fallen nicht ins Gewicht.
Beispiel: Eine Investition verursacht Ende t = 0 eine Anfangsauszahlung von 105.000 €. Es wird erwartet, dass die Investition während der Investitionsdauer von 6 Jahren jährlich Einzahlungsüberschüsse von 34.000 € erwirtschaftet. Am Ende der Investitionsdauer wird noch ein Liquidationsrestwert von 1.000 € erwartet. Der Kalkulationszinssatz wird mit 7 % angegeben.
Die Rechnung kann mit folgender Formel durchgeführt werden:

$$C_0 = -105.000 + 34.000 \cdot \frac{1{,}07^6 - 1}{0{,}07 \cdot 1{,}07^6} + \frac{1.000}{1{,}07^6}$$

$$C_0 = -105.000 + 34.000 \cdot 4{,}76654 + 666 = 57.729$$

Der Betrag von 34.000 bildet eine „Rente", eine jährlich gleich große Zahlung. Sie wird mit dem so genannten Rentenbarwertfaktor (oder Abzinsungssummenfaktor) multipliziert. Abzinsungssummenfaktor ist der zweckmäßigere Name, denn der Faktor ergibt sich aus der Summe der einzelnen Abzinsungsfaktoren:

$$\frac{1}{1{,}07^0} + \frac{1}{1{,}07^1} + \frac{1}{1{,}07^2} + \frac{1}{1{,}07^3} + \frac{1}{1{,}07^4} + \frac{1}{1{,}07^5} = \frac{1{,}07^6 - 1}{0{,}07 \cdot 1{,}07^6} = 4{,}76654$$

Allgemein gilt für den Kapitalwert bei gleich großen jährlichen Rückflüssen **Formel 5**:

$$C_0 = -I_0 + Z \cdot \frac{(1+i)^T - 1}{i \cdot (1+i)^T} + \frac{L_T}{(1+i)^T}$$

C_0 Kapitalwert
I_0 Investitionsauszahlungen Ende t = 0
Z jährlich gleich große Nettozahlungen von t = 1 bis t = T
L_T Liquidationseinzahlungen Ende T
T Investitionsdauer
i Kalkulationszinssatz

3.5.6 Kapitalwertrechnung bei unbegrenzter (ewiger) Investitionsdauer

Es mag verwundern, dass in der diesseitigen Welt der Ökonomie die Kategorie „ewig" auftaucht. In der Praxis ist jedoch folgende **„kaufmännische Kapitalisierungsformel"** verbreitet, die die Annahme ewig fließender jährlich gleich großer Rückflüsse enthält, ohne dass die Anwender es immer wissen. **Formel 6**:

$$G_0 = \frac{Z}{i}$$

G_0 ist der heutige Wert der ewig fließenden jährlichen Nettoeinzahlungen Z bei einem vorgegebenen Kalkulationszinssatz i.
Beispiel: Arnold Möchtegern erwartet aus einer Finanzanlage jährliche Nettoeinzahlungen von 54.000 €. Mangels genauer Recherchen geht er davon aus, dass die Nettoeinzahlungen im Zeitablauf kaum schwanken. Er will das Geld sehr langfristig festlegen; aus heutiger Sicht kann er kein Ende absehen. Er möchte wissen, was die Nettoeinzahlungen in der Summe heute wert sind. Er rechnet mit einem Kalkulationszinssatz von 6 %.
Nach der kaufmännischen Kapitalisierungsformel ergibt sich ein Gegenwartswert von 900.000 €:

$$G_0 = \frac{54.000}{0,06} = 900.000$$

Das heißt: Jährlich gleich große, ab t = 1 fließende Nettoeinzahlungen von 54.000 € haben bei einem Zinssatz von 6 % Ende t = 0 einen Wert von 900.000 €. Mit steigendem Zinssatz würde der Gegenwartswert sinken, mit fallendem Zinssatz würde er steigen.

64   3. Die dynamischen Methoden der Investitionsrechnung

Zahlt der Investor Ende t = 0 für seine Geldanlage beispielsweise 820.000 €, so bringt ihm die Investition einen Kapitalwert von 80.000 €. Denn er würde rechnen:

$$C_0 = -820.000 + \frac{54.000}{0,06} = 80.000$$

Allgemein gilt für den Kapitalwert bei unbegrenzt fließenden jährlich gleich großen Nettozahlungen Z **Formel 7**:

$$C_0 = -I_0 + \frac{Z}{i}$$

Dass diese Formel ewige Nettoeinzahlungen unterstellt, kann wie folgt bewiesen werden: Im letzten Abschnitt hatten wir die Kapitalwertformel für endlich fließende, jährlich gleich große Nettoeinzahlungen kennen gelernt. Wenn wir in dieser Formel die Investitionsdauer T nach unendlich wandern lassen, so entsteht daraus:

$$C_0 = -I_0 + Z \cdot \lim_{T \to \infty} \frac{(1+i)^T - 1}{i \cdot (1+i)^T} + \lim_{T \to \infty} \frac{L_T}{(1+i)^T}$$

$$C_0 = -I_0 + Z \cdot \lim_{T \to \infty} \frac{\frac{(1+i)^T}{(1+i)^T} - \frac{1}{(1+i)^T}}{\frac{i \cdot (1+i)^T}{(1+i)^T}} + \lim_{T \to \infty} \frac{L_T}{(1+i)^T}$$

$$C_0 = -I_0 + Z \cdot \frac{1-0}{i} + 0 = -I_0 + \frac{Z}{i}$$

Formel 7 kann vor allem bei Investitionen verwendet werden, für die eine unbegrenzte Investitionsdauer beabsichtigt ist und die keinem Verschleiß unterliegen. Beispiele: Kauf von Grundstücken, Wertpapieren, Edelmetallen.
Sie wird in der Praxis aber auch benutzt, wenn

1. die Investition für eine längere Zeit beabsichtigt ist und
2. vereinfachend unterstellt wird, dass der Verschleiß oder die Wertminderung, die während der Laufzeit eintritt, durch jährlich wiederkehrende Regenerationsauszahlungen (für Reparaturen, Erneuerungen, Modernisierungen usw.) kompensiert wird.

Dies kommt vor allem vor
▶ beim Kauf eines ganzen Unternehmens,
▶ beim Kauf eines bebauten Wohngrundstücks,

▶ bei langfristigen Infrastrukturinvestitionen (z. B. Haus-, Straßen-, und Brückenbau).

Steht zum Beispiel ein Unternehmen als Ganzes zum Verkauf, so bemühen sich Käufer und Verkäufer vor Beginn und während der Verhandlungen um möglichst viele Informationen, um das zu kaufende bzw. verkaufende Objekt zu bewerten. Der Käufer versucht eine maximal akzeptable Kaufpreisobergrenze, der Verkäufer eine Verkaufspreisuntergrenze zu definieren. Für die Bewertung kommen verschiedene Methoden zum Einsatz. Die wichtigste dieser Methoden ist die so genannte **Ertragswert- oder Zukunftserfolgswertmethode**. In der schlichtesten, aber häufigsten Anwendungsform geht man dabei wie folgt vor: Man schätzt den Jahresüberschuss, der nachhaltig vom Unternehmen erzielt werden kann. In die geschätzten Auszahlungen werden auch Beträge für Ersatz- und Anpassungsinvestitionen eingerechnet, mit denen man glaubt die Ertragskraft langfristig sichern zu können. Nach Maßgabe der kaufmännischen Kapitalisierungsformel dividiert man den geschätzten nachhaltigen Jahresüberschuss durch den Kalkulationszinssatz (der die Alternativ- oder Basisinvestition vertritt) und erhält so den Zukunftserfolgswert des Unternehmens. Je nachdem, von welchen Annahmen und Kalkulationszinssätzen Käufer und Verkäufer ausgehen, können sehr unterschiedliche Wertgrößen entstehen.

In den Verhandlungen spielen neben den errechneten Werten natürlich noch andere Gesichtspunkte (Einschätzung der Risiken, Machtinteressen, Konzernpolitik usw.) eine Rolle. Wir wollen den Einzelheiten hier nicht weiter nachgehen. Denn für die Bewertung ganzer Unternehmen gibt es gesonderte Literatur, die man bei Bedarf zu Rate ziehen kann (z. B. Ballwieser 1993; Lutz 2007; Matschke/Brösel 2005).

Nun noch zu der Frage, inwieweit die Annahme unbegrenzter Investitionsdauer überhaupt realistisch ist. Wenn die Investitionsdauer sehr lang ist, sagen wir länger als 80 Jahre, dann kommt das Rechenergebnis mit Formel 7 dem Rechenergebnis mit Formel 5 sehr nahe. Das liegt daran, dass die Nettozahlungen umso stärker abgezinst werden, je weiter sie in der Zukunft liegen. Die Zahlungen jenseits der 80 Jahre tragen nur noch so wenig zum Kapitalwert bei, dass man sie mit Formel 7 ruhig einbeziehen kann, ohne dass sie das Ergebnis stark verfälschen. Im Beispiel würde bei einer Investitionsdauer von 80 Jahren und einem Zinssatz von 6 % mit Formel 5 ein Kapitalwert von 71.500 € entstehen:

$$C_0 = -820.000 + 54.000 \cdot \frac{1{,}06^{80} - 1}{0{,}06 \cdot 1{,}06^{80}} = 71.500$$

Angesichts der langen Investitionsdauer und der Unsicherheit der Erfolgsschätzung ist der Unterschied zum Ergebnis mit Formel 7 (80.000 €) zu vernachlässigen. Je höher der Kalkulationszinssatz ist, desto eher kann man die Annahme der Unendlichkeit akzeptieren. Zum Beispiel liegt die akzeptable Grenze bei einem Zinssatz von 10% je nach gewünschter Genauigkeit bei etwa 50 Jahren. Tabelle 12 gibt einen Einblick, wie stark die Abzinsungsfaktoren $\frac{1}{(1+i)^T}$ mit zunehmendem T und mit zunehmendem i abnehmen.

Tabelle 12: Abzinsungsfaktoren in Abhängigkeit von Zeit und Zinssatz

		Zinssätze					
		i=6%	i=8%	i=10%	i=12%	i=14%	i=16%
Jahre	10	0,55839	0,46319	0,38554	0,32197	0,26974	0,22668
	20	0,31180	0,21455	0,14364	0,10367	0,07276	0,05139
	30	0,17411	0,09938	0,05731	0,03338	0,01963	0,01165
	40	0,09722	0,04603	0,02209	0,01075	0,00529	0,00264
	50	0,05429	0,02132	0,00852	0,00346	0,00143	0,00060
	60	0,03031	0,00988	0,00328	0,00111	0,00039	0,00014

Eine letzte Anmerkung: Bei langfristigen Investitionen kann sich eine Änderung des Kalkulationszinssatzes krass auf den Kapitalwert auswirken. Dabei ist es gleichgültig, ob man die Formel für unbegrenzt oder begrenzt fließende Zahlungen benutzt. Rechnet Arnold Möchtegern bei seiner Finanzanlage mit einem Kalkulationszinssatz von 6%, ergibt sich ein Kapitalwert von 80.000 € (s.o.) Hebt er den Kalkulationszinssatz lediglich auf 7% an, fällt der Kapitalwert gleich auf −48.600 €.

An diesem Beispiel kann man erkennen, dass mit steigenden Zinssätzen nicht nur der Umfang der Investitionstätigkeit nachlässt, sondern dass sich auch die Struktur der Investitionsprogramme verändert: Investitionen mit hohem Kapitaleinsatz und langer Nutzungsdauer sind von steigenden Zinssätzen stärker betroffen als Investitionen mit geringerem Kapitaleinsatz und kürzerer Investitionsdauer. Diesen Effekt muss beispielsweise die Europäische Zentralbank mit berücksichtigen, wenn sie mit ihren Instrumenten der Geldpolitik das Zinsniveau beeinflusst.

Die unüberlegte Anwendung der einfachen Formel 7, wie es in der Praxis ohne Kenntnis der Hintergründe vorkommt, kann im Einzelfall zu groben Ungenauigkeiten führen. Dem nun in die Hintergründe eingeweihten Leser wird dies aber nicht passieren und er wird im Zweifel auf Formel 5 oder – bei unterschiedlich hohen Nettozahlungen – auf Formel 2 zurückgreifen.

3.5.7 Eignung der Kapitalwertmethode

Die wertenden Aussagen für die Endkapitalwertmethode (Abschnitt 3.4.5) gelten auch bei der Kapitalwertmethode. Sie lauten zusammengefasst:

▶ **Vorteile:**

(1) Entscheidungshilfe: Die Kapitalwertmethode zeigt, ob ein Investitionsvorhaben im Rahmen der finanziellen Zielsetzung vorteilhaft ist. Ihr Ergebnis geht in den Planungs- und Entscheidungsprozess ein und wird dort mit Gesichtspunkten, die nicht in Aus- und Einzahlungen zu erfassen sind, verknüpft.

(2) Transparenz: Die Methode basiert auf der Zahlungsreihe der Investition. Diese gibt zu erkennen, wie sich Kapitalbindung (in Folge der Auszahlungen) und Kapitalfreisetzung (in Folge der Einzahlungen) im Zeitablauf entwickeln.

(3) Zwang zu langfristiger Prognose: Um die Zahlungsreihe aufstellen zu können, müssen sich die Planungsbeteiligten mit den langfristigen Konsequenzen der Investition und dem Verlauf dieser Konsequenzen auseinander setzen.

(4) Zeitpräferenz: Die Kapitalwertmethode berücksichtigt in Form des Kalkulationszinssatzes die „Zeitpräferenz" des Investors: Je früher eine Einzahlung oder Auszahlung anfällt, desto weniger wird sie abgezinst. Die Zeitpräferenz findet im Kalkulationszinssatz ihren Niederschlag.

▶ **Voraussetzungen und Grenzen:**

(1) Zurechnung der Zahlungsreihe: Die Berechnung des Endkapitalwerts setzt voraus, dass die durch die Investition ausgelösten Zahlungen isoliert erfasst und der Investition zugerechnet werden können.

(2) Unsicherheit: Die Daten, aus denen sich die Zahlungsreihe der Investition ergibt, müssen nicht nur nach ihrer Höhe, sondern auch nach den Zeitpunkten ihrer Entstehung prognostiziert werden. Dies gelingt nicht immer mit der gewünschten Genauigkeit und Zuverlässigkeit. Vor allem langfristige, innovative und strategische Investitionen sind mit diesem Problem belastet.

(3) Kalkulationszinssatz: Die Kapitalwertmethode setzt voraus, dass der Investor zu einem bestimmten, einheitlichen und ihm bekannten Kalkulationszinssatz finanzielle Mittel in beliebiger Stückelung aufnehmen oder anlegen kann.

Lösen Sie jetzt die Aufgaben 3b und 4a.

3.6 Annuitätenmethode

3.6.1 Berechnung und Interpretation der Annuität

Die Endkapitalwertmethode und die Kapitalwertmethode stellen die Vorteilhaftigkeit einer Investition in einer Summe am Ende bzw. am Anfang der Betrachtungsdauer dar. Dem Praktiker ist das Denken in Totalerfolgen (z. B. Kapitalwerten) jedoch nicht so geläufig, wie das Denken in Periodenerfolgen. Mit der Annuitätenmethode hat man deshalb eine Spielart der Kapitalwertmethode entwickelt, die der Gewohnheit des Praktikers entgegen kommt. Die Annuitätenmethode ist eine Variante so genannter Entnahmemodelle (Kruschwitz 2007, S. 66 ff.)

Die Annuität einer Investition ist der auf Basis des Kalkulationszinssatzes in gleich große Jahreswerte („Renten") umgerechnete Endkapitalwert bzw. Kapitalwert.

Beispiel: Der Investor erwartet für die Apfelmus-Investition einen Kapitalwert von 50.286 € (siehe Abschnitt 3.5.1). Er fragt, welcher jährliche Betrag während der vierjährigen Investitionsdauer dem Kapitalwert entspricht. Die Umrechnung erfolgt nicht durch die Division des Kapitalwerts durch die Zahl der Jahre, sondern mit Hilfe der Finanzmathematik:

$$AN = 50.286 \cdot \frac{1{,}07^4 \cdot 0{,}07}{1{,}07^4 - 1} = 50.286 \cdot 0{,}29523 = 14.846$$

Abbildung 21 veranschaulicht den Vorgang. Die jährliche Annuität von 14.864 € jeweils am Ende der Jahre t = 1,2,3,4 ist dem einmaligen Betrag von 50.286 € Ende t = 0 äquivalent (gleichwertig).

Als Verständnishilfe kann man sich folgendes vorstellen: Man erwartet mit der Investition Ende t = 0 einen Kapitalwert von 50.286 €. Angenommen, man hat

Abbildung 21: Beziehung zwischen Annuitäten und Kapitalwert

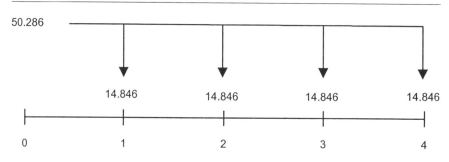

den Betrag tatsächlich, legt ihn zu 7 % Jahreszinsen auf ein Konto und entnimmt dem Konto jährlich 14.846 €, dann kommt man genau 4 Jahre lang mit dem Geld aus.

Allgemein gilt für die Annuität **Formel 8**:

$$AN = C_0 \cdot \frac{(1+i)^T \cdot i}{(1+i)^T - 1}$$

AN Annuität der Investition
C_0 Kapitalwert der Investition
i Kalkulationszinssatz
T Investitionsdauer

Der Faktor, mit dem C_0 multipliziert wird, nennt man „Kapitalwiedergewinnungsfaktor". Aussagekräftiger ist der Begriff „Periodisierungsfaktor".

3.6.2 Annuitätenrechnung bei konstanten Rückflüssen

Beispiel: Eine Investition verursacht Ende t = 0 eine Auszahlung für Maschinen von 105.000 €. Es wird erwartet, dass die Investition 6 Jahre lang Nutzen bringt und in diesem Zeitraum jährlich Einzahlungsüberschüsse von 34.000 € erwirtschaftet. Am Ende der Investitionsdauer wird noch ein Liquidationsrestwert von 1.000 € erwartet. Der Kalkulationszinssatz wird mit 7 % angegeben.
Die Annuität kann in diesem Fall konstanter Rückflüsse direkt aus den Beträgen der Zahlungsreihe wie folgt berechnet werden:

$$AN = 34.000 - (105.000 - \frac{1.000}{1,07^6}) \cdot \frac{1,07^6 \cdot 0,07}{1,07^6 - 1}$$

$$AN = 34.000 - (105.000 - 666) \cdot 0,2098$$

$$AN = 34.000 - 21.889 = 12.111$$

Die laufenden Überschüsse von 34.000 € müssen nicht umgerechnet werden, da es sich bereits um Jahreswerte handelt. Von ihnen wird der so genannte Kapitaldienst in Höhe von 21.889 € abgezogen. Der Kapitaldienst entsteht, indem man die Anschaffungsauszahlungen abzüglich des abgezinsten Liquidationsrestwerts mit dem Wiedergewinnungsfaktor multipliziert („verrentet"). Den Kapitaldienst kann man interpretieren als gleichmäßig auf die Investitionsdauer verteilte Jahressumme von Tilgung und Verzinsung des eingesetzten Kapitals.

70 3. Die dynamischen Methoden der Investitionsrechnung

Allgemein wird die Investitionsannuität bei konstanten Rückflüssen mit **Formel 9** berechnet:

$$AN = Z - (I_0 - \frac{L_T}{(1+i)^T}) \cdot \frac{(1+i)^T \cdot i}{(1+i)^T - 1}$$

AN Annuität der Investition
I_0 Investitionsauszahlungen Ende t = 0
Z jährlich gleich große Nettozahlungen
L_T Liquidationseinzahlungen Ende T
T Investitionsdauer
i Kalkulationszinssatz

Nebenbemerkung: Der Kapitaldienst, der in der Investitionsrechnung errechnet wird, muss nicht identisch sein mit dem Kapitaldienst (der Annuität) der zugehörigen Fremdfinanzierung. Denn
▶ der Fremdfinanzierungsbetrag kann kleiner sein als die Investitionsausgaben,
▶ die Laufzeit der Finanzierung kann von der Investitionsdauer abweichen,
▶ der Fremdfinanzierungszinssatz kann vom Kalkulationszinssatz abweichen.

Um den Unterschied zwischen der Annuität der Investitionsrechnung und der Annuität der Finanzierungsrechnung hervorzuheben, sollte man im ersten Fall besser von „Investitionsannuität", im zweiten Fall von „Finanzierungsannuität" sprechen (siehe auch Abschnitt 6.1).

3.6.3 Annuitätenrechnung bei unbegrenzter (ewiger) Investitionsdauer

Bei unbegrenzter Investitionsdauer vereinfacht sich Formel 9 weiter. Für T nach unendlich gilt **Formel 10**:

$$AN = Z - (I_0 - \lim_{T \to \infty} \frac{L_T}{(1+i)^T}) \cdot \lim_{T \to \infty} \frac{(1+i)^T \cdot i}{(1+i)^T - 1}$$
$$AN = Z - I_0 \cdot i$$

Beispiel: Arnold Möchtegern erwartet aus einer Finanzanlage von 820.000 € jährliche Nettoeinzahlungen von 54.000 €. Mangels genauer Recherchen geht er davon aus, dass die Nettoeinzahlungen im Zeitablauf kaum schwanken. Er will das Geld sehr langfristig festlegen; aus heutiger Sicht kann er kein Ende absehen. Er möchte wissen, was die Nettoeinzahlungen in der Summe heute wert sind. Er rechnet mit einem Kalkulationszinssatz von 6 %. Die Annuität beträgt 4.800 €/Jahr:

$AN = 54.000 - 820.000 \cdot 0,06 = 4.800$

Zum Realitätsbezug der Annahme unendlicher Investitionsdauer siehe Abschnitt 3.5.6.

3.6.4 Vorteilsregel für Einzelinvestitionen

Die **Vorteilsregel** der Annuitätenmethode für einzelne Investitionen lautet:
Eine Investition ist vorteilhaft, wenn ihre Annuität nicht negativ ist. Die durch den Kalkulationszinssatz vorgegebene Mindestverzinsung wird in diesem Fall erreicht oder überschritten. Ist die Annuität kleiner als Null, dann ist es besser, die Investition zu unterlassen und das Geld in der Basisinvestition anzulegen.
Die Annuitätenmethode kommt bei der Frage, ob ein einzelnes Investitionsvorhaben vorteilhaft ist oder nicht, immer zur selben Empfehlung wie die Endkapitalwert- und die Kapitalwertmethode: Ist die Annuität größer als Null, dann sind auch Endkapitalwert und Kapitalwert größer als Null.

3.6.5 Vorteilsregel für konkurrierende Investitionen

Das **Vorteilskriterium** für alternative Investitionsvorschläge lautet:
Die Investition mit der höchsten (nicht negativen) Annuität ist vorzuziehen.
Mit dieser Regel kommt man zur selben Rangfolge zwischen Investitionsalternativen wie mit der Kapitalwertmethode. Voraussetzung ist jedoch, dass man die Kapitalwerte für Investitionsalternativen unterschiedlicher Laufzeiten nach der Kettenmethode bestimmt, die in Abschnitt 3.5.4 erläutert wurde. Tabelle 13 greift das Beispiel aus Abschnitt 3.5.4 noch einmal auf. In den letzten beiden Spalten sind auf der Basis der voranstehenden Zahlungsreihen die Kapitalwerte und Annuitäten ausgewiesen. Kapitalwerte und Annuitäten kommen zur selben Rangfolge: B>A>C. Dieser Zusammenhang zwischen den mit Investitionsketten berechneten Kapitalwerten und den Annuitäten gilt, wie man mathematisch nachweisen kann, generell.
Schlussfolgerung für die Praxis: Beim Vergleich von Investitionen mit unterschiedlicher Laufzeit kommt es auf die Erwartungen an, die der Investor in Bezug auf die Differenzjahre (im Beispiel die Jahre 5 und 6) hegt:

Tabelle 13: Kapitalwerte und Annuitäten konkurrierender Investitionen

	Nettozahlungen in den Jahren:							Kapital-wert *)	Annui-tät
	0	1	2	3	4	5	6		
A	-105.000	60.000	50.000	40.000	30.000	-	-	212.081	14.846
B	-124.000	40.000	50.000	60.000	70.000	-	-	250.673	17.547
C	-105.000	34.000	34.000	34.000	34.000	34.000	35.000	173.018	12.111

* unter der Annahme unendlicher Investitionsketten (siehe Abschnitt 3.5.4)

1. Ist anzunehmen, dass je Investitionsalternative Anschlussinvestitionen folgen, die in etwa die gleichen Kapitalwerte wie die Ausgangsinvestitionen aufweisen, dann sollte der Vorteilsvergleich auf der Basis der Kapitalwerte mit Investitionsketten (Formel 4, Abschnitt 3.5.4) oder auf Basis der Annuitäten durchgeführt werden.
2. Ist anzunehmen, dass keine Anschlussinvestitionen folgen, sollte der Vorteilsvergleich auf der Basis der Kapitalwerte ohne Investitionsketten (Formel 2, Abschnitt 3.5.1) durchgeführt werden.

3.6.6 Vorteilsregel für den optimalen Ersatztermin

Die Nutzungsdauer (Investitionsdauer) einer Investition kann
▶ rechtlich (z. B. bei Finanzanlagen, Patenten, Lizenzen, Leasingverträgen),
▶ technisch (z. B. Brenndauer einer Glühlampe),
▶ wirtschaftlich (z. B. durch steigende Reparaturkosten)

begrenzt sein. Die rechtliche bzw. die technische Nutzungsdauer bildet die Obergrenze. Die **wirtschaftliche Nutzungsdauer** muss nach Optimierungskriterien ermittelt werden. Durch vorbeugende Wartung, Großreparaturen oder Ersatz verschlissener Teile (z. B. des Motors oder der Energieversorgungsleitungen) lässt sich die technische Funktionalität in der Regel beliebig bewahren. Ob dies wirtschaftlich sinnvoll ist, ist jedoch fraglich und im Einzelfall zu prüfen.

Die Investitionsrechnung steht hierbei für zwei Aufgaben zur Verfügung:

1. die Berechnung der wirtschaftlichen Nutzungsdauer vor Durchführung der Investition,
2. die Berechnung des optimalen Ersatzzeitpunkts nach Durchführung der Investition.

Zur Beantwortung der ersten Frage ist wie folgt zu verfahren: Für die geplante Investition werden für alternative Nutzungsdauern die Kapitalwerte oder Annuitäten errechnet. Die Nutzungsdaueralternative mit dem höchsten Kapitalwert bzw. der höchsten Annuität ist die vorteilhafteste. In der Praxis wird diese Optimierungsrechnung selten durchgeführt. Vielmehr wird die Investitionsdauer für das geplante Vorhaben aufgrund von Erfahrungen geschätzt (siehe Abschnitte 3.3.2 und 3.3.4).

Häufig besteht dagegen in der Praxis der Wunsch, den **optimalen Ersatzzeitpunkt** einer in Betrieb befindlichen Anlage zu bestimmen. Hierzu sind sowohl die Kapitalwertmethode (auf Basis der Investitionsketten) als auch die Annuitätenmethode geeignet. Wir wollen hier auf die leichter zu praktizierende Annuitätenmethode zurückgreifen. Nehmen wir das Problem noch einmal unter die

3.6 Annuitätenmethode

Lupe. (Siehe auch Blohm/Lüder/Schaefer 2006, S. 58 ff. und Kruschwitz 2007, S. 213 ff.)
Bereits vor dem Zeitpunkt der Funktionsuntüchtigkeit einer Anlage kann ihre Erneuerung zweckmäßig sein. Denn mit zunehmender Anlagenutzung verstärken sich in der Regel folgende Tendenzen:
▸ steigende Reparatur-, Energie- und Materialeinsatzkosten,
▸ steigende Kosten durch Maschinenausfall und Lieferverzögerungen,
▸ steigende Kosten durch Produktionsfehler und notwendige Nachbesserungen,
▸ zunehmende Umweltbelastung,
▸ größere Unfallgefahr,
▸ sinkende Produktivität,
▸ sinkende Liquidationserlöse,
▸ Wegfall steuerlicher Vorteile durch Beendigung der „betriebsgewöhnlichen Nutzungsdauer".

Mit fortlaufender Nutzungszeit der alten Anlage erscheinen die Vorzüge einer neuen Anlage in immer strahlenderem Glanz. Von einem bestimmten Zeitpunkt an macht es nichts mehr aus, dass die neue Anlage Anschaffungsauszahlungen und Zinsbelastungen auslöst. Der Druck auf das Altaggregat verstärkt sich, wenn durch technischen Fortschritt bereits leistungsfähigere Anlagen auf dem Markt sind. Technischer Fortschritt, der **für die Zukunft** vermutet wird, kann dagegen den Ersatz der Altanlage hemmen, weil man die neue Technik abwarten möchte. Die Investitionsrechnung kann nur Einflussfaktoren berücksichtigen, die als Auszahlungen oder Einzahlungen zu quantifizieren sind. Die anderen Bestimmungsgrößen, z. B. die zukünftige Entwicklung der Technik, die Imagevorteile einer Neuanlage oder das Risiko der Beherrschbarkeit einer Neuanlage, müssen neben dem Rechenergebnis in den Entscheidungsprozess eingehen.
Bevor man den Ersatz der Altanlage in Erwägung zieht, sollte man prüfen, ob und wie lange der Unternehmensbereich, in den das Aggregat integriert ist, in der vorliegenden Ausgestaltung überhaupt aufrecht erhalten werden soll. Es kann sich beispielsweise aus der zukünftigen Unternehmensstrategie eine grundlegende Änderung des Produktionsprogramms, der Produktionstiefe oder des ganzen Produktionssystems ankündigen. In manchem Betrieb wird Geld für kurzfristig zwar sinnvolle Ersatzbeschaffungen ausgegeben, die aber mittelfristig nicht mehr ins Unternehmenskonzept passen.
Wir konzentrieren uns mit Hilfe der Annuitätenmethode auf folgende Frage: Ist es rechnerisch vorteilhaft, während des kommenden Jahres mit der vorhandenen Anlage weiter zu arbeiten, oder ist es besser, sie sofort durch eine neue, funktionsgleiche Anlage zu ersetzen? Kommt man zu dem Schluss, dass der sofor-

tige Ersatz nicht zweckmäßig ist, stellt man die Neuanschaffung zurück und prüft die Frage bei nächster Gelegenheit, z. B. nach einem Jahr, auf's Neue.

In den Annuitätenvergleich sind folgende Elemente einzubeziehen:

▶ **bei der Neuanlage:**
– die Anschaffungsauszahlungen,
– die jährlichen Auszahlungen für den laufenden Betrieb (für Löhne, Material, Energie, Werkzeuge usw.),
– die geschätzte Nutzungsdauer,
– der mögliche Liquidationserlös am Ende der Nutzungsdauer und
– die Erhöhung der laufenden Einzahlungen im Vergleich zum Weiterbetrieb der Altanlage (durch höhere Kapazität, bessere Produktqualität usw.).

▶ **bei der Altanlage:**
– die Auszahlungen für den laufenden Betrieb im kommenden Jahr und
– die Abnahme des Liquidationserlöses während des kommenden Jahres.

Außerdem muss der Kalkulationszinssatz bekannt sein.

Der Rest**buch**wert der Altanlage spielt in der Investitionsrechnung keine Rolle. Er ist das Ergebnis früherer Nutzungsdauerschätzungen und hat mit der anstehenden Ersatzentscheidung nichts zu tun. Würde man der Altanlage den Restbuchwert anlasten, dann müsste man ihn auch im Fall der Neuanschaffung berücksichtigen. Denn der Restbuchwert löst sich mit dem Ersatz der Anlage nicht in Luft auf. Beträge, die man sowohl beim Weiterbetrieb der alten Anlage als auch bei ihrem Ersatz durch eine neue Anlage ansetzt, kann man aber von vornherein aus dem Vergleich heraus lassen. (Anmerkung: Der Restbuchwert kann allerdings indirekt Einfluss nehmen, wenn man die steuerlichen Effekte der Investitionsrechnung berücksichtigt (siehe Kapitel 5)).

Beispiel: Zur Verarbeitung von Preiselbeeren zu Preiselbeerkompott steht seit einiger Zeit eine Anlage in Dienst, die zwar noch gut funktioniert, in den letzten Monaten jedoch durch steigende Reparaturen aufgefallen ist. Es stellt sich die Frage, ob die Anlage durch eine neue ersetzt werden soll, die infolge des technischen Fortschritts kostengünstiger und mit geringerem Ausfallrisiko produzieren könnte. Außerdem könnte infolge der höheren Kapazität eine leichte Umsatzsteigerung erreicht werden. Die Daten sind in Tabelle 14 aufgelistet.

Im Fall der sofortigen Erneuerung wird von der neuen Anlage folgende Annuität erzielt (mit Formel 9):

$$AN(neu) = 330.000 - 275.000 - (112.000 - \frac{2.000}{1,1^5}) \cdot \frac{1,1^5 \cdot 0,1}{1,1^5 - 1}$$

$$AN(neu) = 55.000 - 29.218 = 25.782$$

3.6 Annuitätenmethode

Tabelle 14: Daten der Annuitätenrechnung zur Bestimmung des optimalen Ersatztermins

		alte Anlage	neue Anlage
1	Kapazität (Mengeneinheiten/Jahr)	20.000	24.000
2	Kapazitätsauslastung (ME/Jahr)	20.000	21.000
3	Anschaffungsauszahlungen (€)	-	- 112.000
4	Nutzungsdauer neue Anlage (Jahre)	-	5
5	Liquidationserlös neue Anlage am Ende der Nutzungsdauer (€)	-	2.000
6	Liquidationserlös alte Anlage zu Beginn des kommenden Jahres (€)	1.000	-
7	Liquidationserlös alte Anlage am Ende des kommenden Jahres (€)	300	-
8	laufende Auszahlungen für Löhne, Energie, Reparaturen usw. (€/Jahr)	- 290.000	- 275.000
9	laufende Einzahlungen aus Umsatz (€/Jahr)	320.000	330.000

Im vorliegenden Beispiel wird davon ausgegangen, dass die laufenden Ein- und Auszahlungen der neuen Anlage in jedem Jahr der zehnjährigen Nutzungsdauer gleich hoch sind. Deshalb konnte die vereinfachte Berechnung nach Formel 9 zum Einsatz kommen. Sind die Zahlungen von Jahr zu Jahr unterschiedlich, so müsste man aus der Zahlungsreihe zunächst den Kapitalwert berechnen und daraus die Annuität ableiten (Formel 8).

Wird die Anlage nicht ersetzt, so würde im kommenden Jahr vom Altaggregat folgende Annuität verursacht:

$AN\ (alt) = 320.000 - 290.000 - 1.000 \cdot 0,1 - (1.000 - 300)$
$AN\ (alt) = 29.200$

Allgemein mit **Formel 11**:

$AN\ (alt) = Z_1 - L_0 \cdot i - (L_0 - L_1)$

Z_1 Nettozahlungen des nächsten Jahres
$L_{0/1}$ Liquidationsrestwert am Anfang bzw. am Ende des nächsten Jahres
i Kalkulationszinssatz

Die Rechnung des Beispiels ist wie folgt zu interpretieren: $1.000 \cdot 0,1 = 100$ € sind die Zinsen, die dadurch anfallen, dass man die Anlage noch ein Jahr nutzt und den Liquidationserlös in $t = 0$ nicht sofort freisetzt, sondern noch ein Jahr lang bindet. Die Differenz $1.000 - 300 = 700$ € entspricht dem Wertverlust der Anlage im kommenden Jahr.

Ein sofortiger Ersatz ist rechnerisch nicht günstig, da AN(neu) kleiner ist als AN(alt). Bezogen auf das kommende Jahr würde der sofortige Ersatz einen Nachteil von 29.200 – 25.782 = 3.418 € bedeuten.

Allgemein lautet die **Vorteilsregel** zur Bestimmung des optimalen Ersatztermins:

Ist die auf das kommende Jahr bezogene Annuität einer vorhandenen Anlage niedriger als die Annuität der günstigsten Ersatzanlage, dann ist die Altanlage sofort zu ersetzen. Ist die Annuität der Altanlage höher als die Annuität der Neuanlage, dann ist der Ersatz noch nicht zu empfehlen.

Im vorstehenden Beispiel bewirkt die Neuanlage eine Erhöhung der Einzahlungen aus Produktverkäufen. Falls Einzahlungseffekte nicht zu erwarten sind, braucht man sie in der Rechnung nicht zu berücksichtigen, d. h. man muss auch die Daten nicht ermitteln. Die Annuitäten sowohl der Altanlage als auch der Neuanlage werden dann negativ. Im vorliegenden Beispiel würden die Annuitäten lauten:

AN (neu) = –304.218 €
AN (alt) = –290.800 €

Ein sofortiger Ersatz wäre nicht vorteilhaft.

Die hier erläuterte Methode zur Bestimmung des optimalen Ersatztermins geht davon aus, dass bei der Altanlage die Einzahlungsüberschüsse und die Restwerte bei Nutzungsverlängerung sinken. Falls z. B. die Restwerte steigen, was bei Grundstücken möglich ist, kann man den Vergleich nicht auf die Betrachtung des kommenden Jahres beschränken, sondern man muss mehrere alternative Ersatzzeitpunkte nacheinander durchrechnen. (Ergänzungen und weitere Beispiele zu diesem Thema sind zu finden bei Däumler 1996, Kapitel 8)

3.6.7 Eignung der Annuitätenmethode

▶ Die Annuitätenmethode enthält dieselben Prämissen und Anwendungsbedingungen wie die Kapitalwertmethode (siehe Abschnitte 3.4.5 und 3.5.7). Sie mag für manchen Praktiker aber anschaulicher sein, weil sie dem gewohnten Denken in Periodengewinnen entspricht.

▶ Beim Vergleich konkurrierender Investitionen unterschiedlicher Investitionsdauer und bei der Bestimmung des optimalen Ersatztermins bietet die Annuitätenmethode gegenüber der Kapitalwertmethode rechnerische Vorteile.

Lösen Sie jetzt die Aufgaben 3c, 4b, 5a, 6, 7 und 8.

3.7 Methode der dynamischen Amortisationsdauer

3.7.1 Berechnung und Interpretation der dynamischen Amortisationsdauer

Die Amortisationsdauermethode, auch Kapitalrückflussrechnung, pay-off-, payback- oder pay-out-method genannt, dient der Abschätzung des finanziellen Investitionsrisikos. Die Methode gibt es in einer dynamischen und einer statischen Variante. Hier behandeln wir die dynamische Form, in Kapitel 4 die statische Ausprägung.

Die dynamische Amortisationsdauer (Amortisationszeit, Kapitalwiedergewinnungszeit oder Kapitalrückflusszeit) einer Investition ist die Zeitspanne, in der das für die Investition eingesetzte Kapital durch Rückflüsse der Investition zurückgewonnen wird.

Rückflüsse sind die jährlichen Differenzen der Ein- und Auszahlungen (bei Neu- und Erweiterungsinvestitionen) oder Auszahlungsersparnisse (bei Rationalisierungs- und Ersatzinvestitionen).

Folgende Varianten der Amortisationsrechnung sind möglich:

(1) einschließlich der Rückgewinnung der Zinsen,
(2) ohne die Rückgewinnung der Zinsen.

(1) Einschließlich der Rückgewinnung der Zinsen
Die Berechnung der dynamischen Amortisationsdauer greift auf die Daten der Kapitalwertmethode zurück. Am anschaulichsten lässt sich das Verfahren mit der tabellarischen Endkapitalwertrechnung erklären und handhaben (Tabelle 15 = Tabelle 5, übernommen aus Abschnitt 3.4.1).

Die Amortisationsdauer ergibt sich aus der Zeile „Vermögensbestand". Diese Zeile zeigt an, wie viel Kapital von Jahr zu Jahr noch in der Investition gebunden ist, und zwar einschließlich der parallel zur Kapitalbindung berechneten Zinsbelastung. Im Apfelmus-Fall amortisiert sich die Investition im dritten Jahr. In diesem Jahr ist die Kapitalbindung beendet; zum ersten Mal ergibt sich ein positiver Vermögensbestand.

Tabelle 15: Dynamische Amortisationsrechnung mit Wiedergewinnung der Zinsen

Jahresende	0	1	2	3	4
Anlagegegenstände	-100.000				3.000
Umlaufgegenstände	-5.000				5.000
Saldo der laufenden Zahlungen		60.000	50.000	40.000	22.000
Zahlungsreihe der Investition	-105.000	60.000	50.000	40.000	30.000
Vermögensbestand	-105.000	-52.350	*-6.015*	*33.564*	65.914

3. Die dynamischen Methoden der Investitionsrechnung

Abbildung 22 zeigt die zeitliche Entwicklung des Vermögensbestands (letzte Zeile aus Tabelle 15). Der Schnittpunkt der Kurve mit der Zeitachse ergibt den Amortisationszeitpunkt d. Die Investition amortisiert sich nach gut zwei Jahren. Falls gewünscht, kann man den Amortisationszeitpunkt durch lineare Interpolation genauer berechnen:

$$d = 2 + \frac{6.015}{33.564 + 6.015} = 2{,}15$$

Allgemein mit **Formel 12**:

$$d = d_1 + \frac{|C_{T1}|}{C_{T2} + |C_{T1}|}$$

d   Amortisationsdauer
d_1 letztes Jahr mit negativem Vermögenswert
C_{T1} letzter negativer Vermögenswert
C_{T2} erster positiver Vermögenswert

Da in der kumulativen Vermögenswertrechnung der Tabelle 15 das gebundene Kapital fortlaufend verzinst wird, sind beim Erreichen der Amortisationszeit auch diese Zinsen durch Rückflüsse zurückgewonnen. Deshalb gilt folgende **Interpretation**:

Abbildung 22: Dynamische Amortisationsdauer

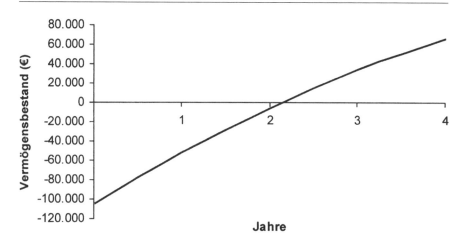

3.7 Methode der dynamischen Amortisationsdauer

Die dynamische Amortisationsdauer bezeichnet den Zeitpunkt, in dem der Endkapitalwert der Investition in Abhängigkeit von der Zeit den Wert null annimmt. Dieser „kritische" Zeitpunkt muss mindestens erreicht werden, damit die Investition keinen Vermögensverlust bringt – vorausgesetzt, die bis zu diesem Zeitpunkt prognostizierten Rückflüsse werden realisiert.

(2) Ohne die Rückgewinnung der Zinsen
Bei der Ermittlung der Amortisationszeit mit Tabelle 15 decken die Rückflüsse neben dem eingesetzten Kapital auch die fortlaufend berechneten Zinsen ab. Für die Berücksichtigung von Zinsen in der Amortisationszeit sprechen folgende Argumente:

▶ Im Fall der Fremdfinanzierung müssen Zinsen gezahlt werden, die das Investitionsvorhaben mit abdecken sollte.
▶ Im Fall der Eigenfinanzierung entspricht die in die Amortisationszeit eingerechnete Verzinsung der Alternativanlage des Geldes an derer Stelle, z. B. am Kapitalmarkt. Erst wenn das geplante Investitionsvorhaben diese Zinsen mit erwirtschaftet, ist eine Gleichstellung des Vorhabens mit der alternativen Geldanlage erreicht.
▶ Eine ganz andere Argumentation basiert auf dem Wunsch der realen Kapitalerhaltung: Setzt man den Kalkulationszinssatz in Höhe der erwarteten Geldentwertungsrate fest, dann ist im Zeitpunkt der Amortisation das Kapital nicht nur in seiner ursprünglichen (nominalen) Höhe zurückgewonnen, sondern zum realen Zeitwert.

Gegen die Einbeziehung der kalkulatorischen Eigenkapitalzinsen wird folgendermaßen argumentiert: Die Amortisationszeit dient der Abschätzung des Risikos, durch eine Investition Geld zu verlieren. Tatsächlich eingesetzt werden nur die mit der Investition verursachten Auszahlungen, nicht aber kalkulatorische Eigenkapitalzinsen. Folgt man diesem Argument, dann verfährt man wie folgt: Die Aus- und Einzahlungen werden einfach fortlaufend kumuliert, bis die Summe den Wert Null annimmt. Tabelle 16 zeigt das Ergebnis für das Apfelmus-Beispiel. Durch Interpolation ergibt sich der genaue Wert von 1,9 Jahren.

Tabelle 16: Dynamische Amortisationsrechnung ohne Wiedergewinnung der Zinsen

	0	1	2	3	4
Anlagegegenstände	-100.000				3.000
Umlaufgegenstände	-5.000				5.000
Saldo der laufenden Zahlungen		60.000	50.000	40.000	22.000
Zahlungsreihe der Investition	-105.000	60.000	50.000	40.000	30.000
kumulierte Nettozahlungen	-105.000	*-45.000*	*5.000*	45.000	75.000

Wird die Investition mit Fremdkapital finanziert und sollen neben dem eingesetzten Kapital auch die Fremdkapitalzinsen zurückgewonnen werden, dann sind sie im Saldo der laufenden Zahlungen abzuziehen.

Welche Variante der Amortisationsdauer man wählt, hängt von der Situation und vom Willen der Entscheidungsträger ab. Im Zweifel sollte die Version (1) „einschließlich der Rückgewinnung der Zinsen" bevorzugt werden.

3.7.2 Vorteilsregel für Einzelinvestitionen

Im Investitionszeitpunkt ist in der Regel nicht klar, wie lange die Investition ihre wertbestimmenden Wirkungen entfalten kann. Je weiter die Prognose in die Zukunft reicht, desto unbestimmter werden die Rückflüsse (Abbildung 23).

Je länger es dauert, bis das eingesetzte Kapital und die Zinsen durch Einzahlungsüberschüsse oder Auszahlungsersparnisse zurückgewonnen werden, desto größer ist das Risiko einer finanziellen Einbuße. Mit der Orientierung der Investitionsentscheidung an der Amortisationszeit soll dieses Risiko begrenzt werden. Lehnt man eine Investition mit dem Hinweis ab, die Amortisationsdauer sei angesichts der Unsicherheit der Prognosedaten zu lang, handelt man sicherheitsbetont. Man vernachlässigt bei der Entscheidung die Rückflüsse, die nach dem Amortisationszeitpunkt noch auftreten können.

Es gilt folgende **Vorteilsregel:**

Eine Investition ist vorteilhaft, wenn ihre Amortisationsdauer eine vom Entscheidungsträger festgelegte Amortisationszeit-Obergrenze nicht überschreitet.

Es besteht ein **Konflikt** zwischen dem Bedürfnis, das Verlustrisiko zu begrenzen (niedrige Amortisationszeit-Obergrenze), und dem Ziel, den Gewinn zu erhöhen (hohe Amortisationszeit-Obergrenze). Um in diesem Konflikt eine angemessene Norm für die Amortisationszeit-Obergrenze zu finden, kann sich der Entscheidungsträger an folgenden Gesichtspunkten orientieren:

Die **Amortisationszeit-Obergrenze** sollte umso höher angesetzt werden,

▶ je geringer die Unsicherheiten sind, die in den Rückflüssen der Investition verborgen sind,

▶ je mehr Möglichkeiten man hat, nach der getroffenen Entscheidung auf unvorhergesehene Entwicklungen zu reagieren, d. h. korrigierend einzugreifen,

▶ je höher die Liquidationsrestwerte (aus Anlagevermögen und Umlaufvermögen) sind, die im Fall des vorzeitigen Abbruchs der Investition noch realisiert werden könnten,

▶ je mehr die Risiken der betrachteten Investition durch Chancen bei einer anderen Investition im Unternehmen kompensiert werden können,

▶ je größer die Risikobereitschaft der Entscheidungsträger ist.

Das obere Limit für die Festlegung der Amortisationszeit-Obergrenze bildet die erwartete Investitionsdauer.

Abbildung 23: Zunehmende Unschärfe der Prognosedaten

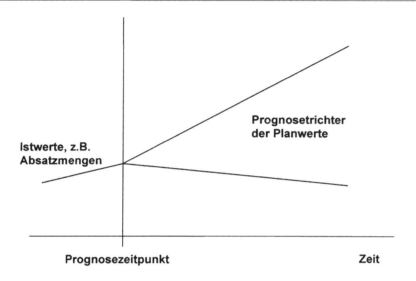

3.7.3 Vorteilsregel für konkurrierende Investitionen

Stehen konkurrierende Investitionsvorschläge zur Wahl, lautet die **Vorteilsregel: Von alternativen Investitionsvorschlägen, deren Amortisationszeiten eine zuvor festgelegte Amortisationszeit-Obergrenze nicht überschreiten, ist der Vorschlag mit der niedrigsten Amortisationsdauer am günstigsten.**

Die Befolgung dieser Regel kann jedoch zur Folge haben, dass eine Investition vorgezogen wird, die zwar die niedrigste Amortisationszeit aufweist, aber nicht zugleich den höchsten Gewinn (den höchsten Kapitalwert, die höchste Annuität).

Beispiel: Für zwei konkurrierende Investitionen A und B werden die in Tabelle 17 angegebenen Zahlungsreihen erwartet und die daraus abgeleiteten Kapitalwerte und die Amortisationszeiten ausgewiesen.

Aufgrund des Amortisationskriteriums wäre A, aufgrund des Gewinnkriteriums wäre B zu bevorzugen. Eine eindeutige Entscheidung folgt aus der Rechnung nicht; der Entscheidungsträger muss abwägen, ob die Begrenzung des Risikos oder die Chance auf Gewinn wichtiger ist. Letztlich wird ausschlaggebend sein, ob das Risiko, das mit der gewinnstärkeren Investition eingegangen wird, noch tragbar ist.

Tabelle 17: Kapitalwerte und Amortisationszeiten für die konkurrierenden Investitionen A und B

		t=0	t=1	t=2	t=3	t=4	C_0	d
A	Zahlungsreihe der Investition	-105.000	60.000	50.000	40.000	30.000		
	Vermögensbestand	-105.000	-52.350	-6.015	33.564	65.914	50.285	2,15
B	Zahlungsreihe der Investition	-124.000	40.000	50.000	60.000	70.000		
	Vermögensbestand	-124.000	-92.680	-49.168	7.391	77.908	59.436	2,87

Abbildung 24 enthält angenommene Kapitalwerte und Amortisationszeiten für vier Investitionsalternativen. In diesem Fall ist wie folgt zu argumentieren: D scheidet aus, da ihre Amortisationszeit jenseits der Amortisationszeit-Obergrenze liegt. B ist gegenüber C zu bevorzugen, da sie sowohl den höheren Kapitalwert als auch die niedrigere Amortisationsdauer hat. Der Zielkonflikt zwischen A und B muss vom Entscheidungsträger gelöst werden; wahrscheinlich wird B bevorzugt, da diese Investition im tolerierten Amortisationsbereich liegt und gegenüber A den höheren Kapitalwert aufweist.

3.7.4 Eignung der dynamischen Amortisationsdauermethode

▶ Die Amortisationsdauer ist eine grobe Kennzahl zur Einschätzung des finanziellen Investitionsrisikos. Sie ist das beliebteste Entscheidungskriterium der betrieblichen Praxis. Die einseitige Fixierung auf diesen Maßstab kann jedoch zu Fehlentscheidungen führen. Denn Nutzenbeiträge der Investition, die nach dem

Abbildung 24: Zielkonflikt bei konkurrierenden Investitionen

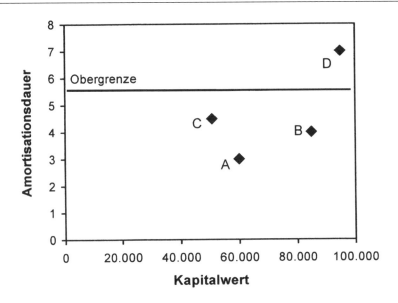

Erreichen der Investitionsdauer eintreten, werden ausgeblendet. Deshalb sollte die Amortisationsdauer nur in Verbindung mit einem gewinnorientierten Entscheidungskriterium (Kapitalwert, Annuität) verwendet werden.

▶ Die Bevorzugung des Amortisationskriteriums darf nicht dazu führen, dass strategisch notwendige Investitionen regelmäßig unterdrückt werden. Denn dies kann auf Dauer das Unternehmensrisiko sogar verstärken, weil das Unternehmen sukzessiv an Wettbewerbsfähigkeit einbüßt. Die projektbezogene, auf die Gefahr des Kapitalverlustes konzentrierte Risikoanalyse sollte in eine **Risikopolitik** eingebettet werden, die das gesamte Unternehmen umfasst und die strategischen Chancen und Risiken der Investitionen und der Nicht-Investitionen berücksichtigt. Dabei kann es sich im Einzelfall herausstellen, dass trotz eines großen Sicherheitsbedürfnisses Investitionen mit langer Amortisationszeit zugelassen werden. Das Unternehmen muss allerdings genügend Potenziale bereithalten, um bei unvorhergesehenen Ereignissen auf veränderte Bedingungen und Entwicklungen reagieren zu können. Zu diesen Potenzialen gehören vor allem Finanzierungsreserven, aber auch anpassungsbereite Unternehmensstrukturen (Produktionssysteme, Vertriebssysteme, Organisationsformen usw.).

Lösen Sie jetzt die Aufgabe 3d.

3.8 Interne-Zinssatz-Methode

3.8.1 Berechnung und Interpretation des internen Zinssatzes

Mit dem (Bar-)Kapitalwert, dem Endkapitalwert und der Annuität wird der geldwerte Nutzen eines Investitionsvorhabens in absoluten Beträgen erfasst, und zwar entweder zu Beginn, zum Ende oder pro Periode der Investitionsdauer. Renditerechnungen stellen den Nutzen der Investition dagegen in Relation zum gebundenen Kapital dar. In diesen Rahmen gehört aus dem Sortiment der dynamischen Methoden der Investitionsrechnung die Interne-Zinssatz-Methode.
Der interne Zinssatz (internal rate of return, discountet cash flow rate of return) ist derjenige Kalkulationszinssatz, bei dem sich ein Kapitalwert (ein Endkapitalwert, eine Annuität) von null ergibt.
Da diese Definition nicht ohne Weiteres verständlich ist, wollen wir mit einem sehr einfachen Beispiel beginnen. Dabei wird angenommen, dass die Zahlungsreihe der Investition lediglich eine Auszahlung zu Beginn und einen Rückfluss zum Ende der Investitionsdauer aufweist (**Zwei-Zeitpunkte-Fall**).
Beispiel: Heinrich Pumpernickel kauft aus angesammelten Eigenmitteln für 20.000 € edlen Rotwein. Er widersteht der Versuchung, den Wein zu trinken,

weil er damit rechnet, das Gebinde genau ein Jahr später für 22.500 € – nach Abzug der Transport- und Lagerkosten – wieder zu verkaufen. Alternativ könnte er das Geld zum Kalkulationszinssatz von 7% anlegen.
Der interne Zinssatz r (die Rendite auf das eingesetzte Kapital) dieser Investition errechnet sich aus:

$$20.000 \cdot (1 + r) = 22.500$$
$$0 = -20.000 + \frac{22.500}{1 + r}$$
$$r = \frac{22.500 - 20.000}{20.000} = 0{,}125 = 12{,}5\%$$

Die erste Gleichung ist wie folgt zu interpretieren: Gesucht ist der Aufzinsungsfaktor (1 + r), mit dem das eingesetzte Kapital nach einem Jahr den erwarteten Rückfluss ergibt. Die zweite Gleichung, die aus der ersten durch einfache Umstellung hervorgeht, besagt: Gesucht ist der Abzinsungsfaktor (1 + r), mit dem ein Kapitalwert von null entsteht. Die dritte Gleichung ergibt die Auflösung der Gleichung nach dem gesuchten internen Zinssatz r. Auf je 100 € Kapitaleinsatz gewinnt Heinrich Pumpernickel mit der Investition in einem Jahr 12,5 €. Da er sein Geld an anderer Stelle (zum Kalkulationszinssatz) nicht günstiger anlegen kann, wird er die Investition durchführen.

Diese an einem einfachen Beispiel entwickelte Erklärung des internen Zinssatzes ändert sich bei Investitionen mit längeren und komplizierteren Zahlungsreihen im Grundsatz nicht. Nur die Rechnung wird aufwendiger. Betrachten wir zunächst den Fall, dass sich die Investition nicht über ein Jahr, sondern über mehrere Jahre erstreckt, die Zahlungsreihe jedoch nach wie vor nur aus zwei Gliedern, einer Auszahlung in t = 0 und einer Einzahlung in t = T, besteht.

Beispiel: Heinrich Pumpernickel kauft für 20.000 € edlen Rotwein und vermutet, das Gebinde genau vier Jahre später nach Abzug der Transport- und Lagerkosten für 32.600 € verkaufen zu können. In diesem Fall ist wie folgt zu rechnen:

$$0 = -20.000 \cdot (1 + r)^4 + 32.600$$
$$20.000 \cdot (1 + r)^4 = 32.600$$
$$r = \sqrt[4]{\frac{32.600}{20.000}} - 1 = 0{,}13 = 13\%$$

Im Prinzip verfährt man genau so, wenn die Investition nicht nur am Ende der Investitionsdauer, sondern auch während der Laufzeit Rückflüsse abwirft

3.8 Interne-Zinssatz-Methode

(**Mehr-Zeitpunkte-Fall**). Zur Erläuterung greifen wir auf das wohl bekannte Apfelmus-Beispiel zurück (Tabelle 1). Zunächst stellen wir die Gleichung für den Kapitalwert auf, tauschen in dieser Gleichung den Kalkulationszinssatz i gegen den gesuchten internen Zinssatz r aus und setzen den Kapitalwert gleich Null. Für das Beispiel ergibt sich:

$$0 = -105.000 + \frac{60.000}{(1+r)} + \frac{50.000}{(1+r)^2} + \frac{40.000}{(1+r)^3} + \frac{30.000}{(1+r)^4}$$

$$105.000 \cdot (1+r)^4 = 60.000 \cdot (1+r)^3 + 50.000 \cdot (1+r)^2 + 40.000 \cdot (1+r) + 30.000$$

Die erste Gleichung folgt der Definition: Der interne Zinssatz ist der Kalkulationszinssatz, bei dem der Kapitalwert den Wert Null annimmt.

Die zweite Gleichung, die aus der ersten durch einfache Umstellung hervorgeht, soll Folgendes verdeutlichen: Auf der linken Seite steht der Kapitaleinsatz in t = 0, bis t = T mit dem gesuchten internen Zinssatz aufgezinst. Auf der rechten Seite stehen die Rückflüsse. Sie werden nicht einfach addiert. Denn dem Investor ist der Zeitpunkt, zu dem Zahlungen anfallen, nicht gleichgültig. Er kann sie vom Zeitpunkt ihres Eintreffens an wieder anlegen. Die Interne-Zinssatz-Methode unterstellt also eine Wiederanlage der Rückflüsse zum internen Zinssatz. Dies kommt in der obigen Gleichung darin zum Ausdruck, dass die Rückflüsse vom Zeitpunkt ihres Eintreffens bis zum Ende der Investitionsdauer zum internen Zinssatz aufgezinst werden. Man nennt diese Eigenart die **Wiederanlageprämisse der Interne-Zinssatz-Methode**.

Will man den internen Zinssatz als **Rendite** interpretieren, muss man formulieren: Das für die Investition eingesetzte Kapital rentiert sich zum internen Zinssatz, vorausgesetzt die Rückflüsse der Investition können zum internen Zinssatz wieder angelegt werden.

Wie findet man nun rechnerisch den internen Zinssatz im „Mehr-Zeitpunkte-Fall"? Eine Formel-Auflösung wie in den Zwei-Zeitpunkte-Situationen der Wein-Beispiele ist mathematisch nicht möglich. Man kommt nicht umhin, die Lösung durch Probieren herauszufinden. Zunächst stellt man aus der Zahlungsreihe der Investition die Gleichung auf, die zum Kapitalwert führen würde, ersetzt in dieser Gleichung den Kalkulationszinssatz durch die gesuchte Größe r und den Kapitalwert gleich Null:

$$0 = -105.000 + \frac{60.000}{(1+r)} + \frac{50.000}{(1+r)^2} + \frac{40.000}{(1+r)^3} + \frac{30.000}{(1+r)^4}$$

Nun werden versuchsweise Zahlen für r eingesetzt, bis die Gleichung den Wert Null annimmt. Tabelle 18 zeigt die Veränderung des Kapitalwerts mit steigenden

3. Die dynamischen Methoden der Investitionsrechnung

Tabelle 18: Einfluss des Kalkulationszinssatzes auf den Kapitalwert

Kalkulations-zinssatz (%)	Kapitalwert (€)
10	41.411
12	35.968
14	30.866
16	26.077
18	21.576
20	17.338
22	13.344
24	9.574
26	6.012
28	***2.642***
30	***-550***
32	-3.576
34	-6.449

Kalkulationszinssätzen zwischen 10% und 34%. Abbildung 25 veranschaulicht den funktionalen Zusammenhang grafisch.

Der interne Zinssatz liegt etwas unter 30%. Bei genauem Nachrechnen kommt man auf 29,65%. Da dieser Zinssatz weit über dem Kalkulationszinssatz von 7% liegt, ist die Investition vorteilhaft. Es ist nicht zu erwarten, dass der Kalkulationszinssatz auf über 29,65% steigen könnte.

Abbildung 25: Grafische Bestimmung des internen Zinssatzes

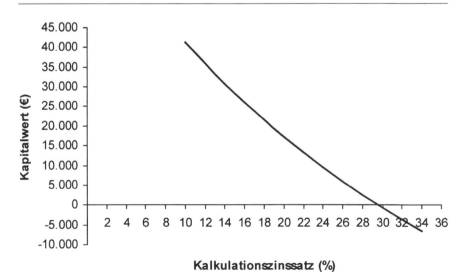

3.8 Interne-Zinssatz-Methode   87

Rechenerleichterung bieten Taschenrechner mit einem so genannten Cash-flow-Modus sowie **Tabellenkalkulationsprogramme** mit finanzmathematischen Formelfunktionen (z.B. EXCEL mit der IKV-Formel). Ist ein solches Instrument nicht verfügbar und will man langes Ausprobieren vermeiden, geht man wie folgt vor:

a) Wähle einen beliebigen Kalkulationszinssatz i_1 und berechne den zugehörigen Kapitalwert C_{01}. Beispiel: Für $i_1 = 20\%$ ergibt sich $C_{01} = 17.338$ €.

b) Ist C_{01} kleiner als Null, wähle einen Kalkulationszinssatz i_2, der kleiner ist als i_1, und berechne C_{02}. Ist C_{01} größer als Null, wähle einen Kalkulationszinssatz i_2, der größer ist als i_1, und berechne C_{02}. Beispiel: Für $i_2 = 26\%$ ergibt sich $C_{02} = 6.012$ €.

c) Berechne einen ersten Näherungswert r˜ aus i_1 und i_2 durch lineare Interpolation bzw. Extrapolation nach der **Formel 13**:

$$\tilde{r} = i_1 - C_{01} \cdot \frac{i_2 - i_1}{C_{02} - C_{01}}$$

Im Beispiel:

$$\tilde{r} = 0{,}20 - 17.338 \cdot \frac{0{,}26 - 0{,}20}{6.012 - 17.338} = 0{,}292 = 29{,}2\%$$

d) Berechne für den gefundenen Näherungswert r˜ den Kapitalwert (im Beispiel ergeben sich 730 €). Liegt dieser Wert genügend nahe bei Null, akzeptiere den Näherungswert. Anderenfalls setze das Näherungsverfahren fort.

Abschließend noch **Formel 14** zur Ermittlung des internen Zinssatzes in der allgemeinen Fassung (vergleiche Formel 2):

$$0 = \sum_{t=0}^{T} \frac{Z_t}{(1+r)^t}$$

r interner Zinssatz
Z_t Nettozahlungen der Investition t = 0 bis t = T
t Jahresende
T Investitionsdauer

3.8.2 Der interne Zinssatz bei konstanten Rückflüssen

Wenn die Investition durch eine Investitionsauszahlung zu Beginn der Investitionsdauer, ausschließlich gleich große Rückflüsse und einen Liquidationsrestwert gekennzeichnet ist, gilt **Formel 15** (abgeleitet aus Formel 5):

Abbildung 26: Näherung des internen Zinssatzes durch Interpolation

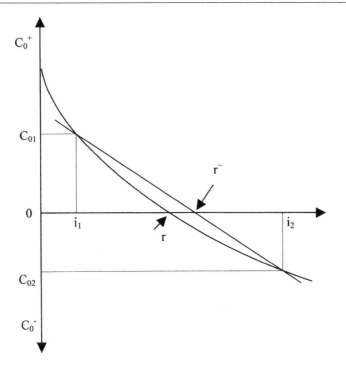

Abbildung 27: Näherung des internen Zinssatzes durch Extrapolation

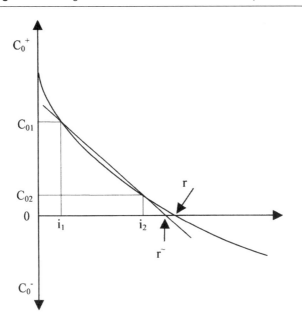

$$0 = -I_0 + Z \cdot \frac{(1+r)^T - 1}{(1+r)^T \cdot r} + \frac{L_T}{(1+r)^T}$$

I_0 Investitionsauszahlung Ende t = 0
Z jährlich gleich große Nettozahlungen t = 1 bis t = T
L_T Liquidationsrestwert
T Investitionsdauer
r interner Zinssatz

Beispiel: Eine Investition verursacht Anschaffungsauszahlungen von 125.000 €. Es werden 6 Jahre lang jährlich 34.000 € als Rückflüsse erwartet. Ein Liquidationsrestwert ist nicht wahrscheinlich. Lösung:

$$0 = -125.000 + 34.000 \cdot \frac{(1+r)^6 - 1}{(1+r)^6 \cdot r}$$

Durch systematisches Probieren kommt man auf einen internen Zinssatz von 16,08 %, vom Autor ermittelt mit der ZINS-Formel aus dem **Tabellenkalkulationsprogramm** EXCEL, Abteilung „Einfügen, Funktion, Finanzmathematik".

3.8.3 Der interne Zinssatz bei unbegrenzter (ewiger) Investitionsdauer

Bei der Darstellung der Kapitalwertmethode wurde in Abschnitt 3.5.6 auch der Fall behandelt, dass die Rückflüsse der Investition im Zeitablauf als unverändert und die Investitionsdauer als unendlich lang angenommen werden. Für diese Situation gilt **Formel 16** (abgeleitet aus Formel 7):

$$0 = -I_0 + \frac{Z}{r}$$
$$r = \frac{Z}{|I_0|}$$

Das heißt: Der interne Zinssatz ergibt sich in diesem Fall aus der Relation zwischen den jährlichen Rückflüssen und dem Kapitaleinsatz.
Beispiel: Frau Ohnegrund kauft ein Wohnhaus für 790.000 € und erwartet infolge der Vermietung jährlich konstante Rückflüsse von 90.000 €. Zu einer im Zeitablauf differenzierten Prognose der laufenden Ein- und Auszahlungen sieht sie sich nicht in der Lage. Die Restnutzungsdauer des Gebäudes wird auf 50 Jahre geschätzt. Ein Restwert wird nicht erwartet. Das Gebäude steht auf gepachtetem Boden. Der interne Zinssatz (die Rendite) auf Basis der obigen Formel beträgt:

$$r = \frac{90.000}{790.000} = 0{,}1139 = 11{,}39\%$$

In der Praxis rechnet man häufig auf diese Weise Renditen aus, ohne sich bewusst zu sein, dass neben konstanten Rückflüssen auch eine unendliche Investitionsdauer unterstellt wird. Je kürzer die tatsächliche Investitionsdauer ist, je weniger sie also durch die Annahme unendlicher Dauer vereinfacht werden kann, desto größer wird die Verzerrung der Rendite, die durch die Verwendung der obigen Formel entsteht.

3.8.4 Vorteilsregel für Einzelinvestitionen

Die Frage, ob eine einzelne Investition vorteilhaft ist, beantwortet die Interne-Zinssatz-Methode mit folgender **Vorteilsregel**:
Eine Investition ist vorteilhaft, wenn ihr interner Zinssatz nicht kleiner ist als der Kalkulationszinssatz. Ist der interne Zinssatz der Investition kleiner als der Kalkulationszinssatz, dann ist es besser, die Investition zu unterlassen und das Geld zum Kalkulationszinssatz in der Basisinvestition anzulegen.
Für die Entscheidung über einzelne Investitionen führt die Interne-Zinssatz-Methode immer zum selben Ergebnis wie die Kapitalwert-, Endkapitalwert- oder Annuitätenmethode. Ist der vorgegebene Kalkulationszinssatz kleiner als der interne Zinssatz, dann ist der Kapitalwert (der Endkapitalwert, die Annuität) der Investition größer als Null, d.h. die Investition ist vorteilhaft. Ist der Kalkulationszinssatz größer als der interne Zinssatz, dann ist der Kapitalwert (der Endkapitalwert, die Annuität) kleiner als Null, d.h. die Investition ist nicht vorteilhaft.
Ist der Kalkulationszinssatz genau so groß wie der interne Zinssatz, dann ergibt sich ein Kapitalwert von Null. Man kann den internen Zinssatz deshalb als „**kritischen Kalkulationszinssatz**" interpretieren. Mit Abbildung 25 kann man sich diesen Sachverhalt gut veranschaulichen.
Der zusätzliche Informationswert der Interne-Zinssatz-Methode liegt also darin, dass sie aufdeckt, welchen Wert der Kalkulationszinssatz höchstens annehmen darf, bevor die Investition unvorteilhaft wird.

3.8.5 Vorteilsregel für konkurrierende Investitionen

Stehen zwei oder mehr Investitionsvorschläge zur Wahl, so liegt folgende **Vorteilsregel** nahe:
Die Investition mit dem höchsten (über dem Kalkulationszinssatz) liegenden internen Zinssatz ist vorzuziehen.

3.8 Interne-Zinssatz-Methode

Diese Regel ist jedoch mit einem dicken Fragezeichen zu versehen. Sie kann zu anderen Entscheidungen führen als die Kapitalwert-, Endkapitalwert und die Annuitätenmethode. Bereits ein einfaches Beispiel mit zwei Investitionen mit nur einjähriger Investitionsdauer kann dies verdeutlichen. Tabelle 19 zeigt für Investition A einen höheren internen Zinssatz (eine höhere Rendite) als B. B dagegen führt zu einem höheren Kapitalwert (einem höheren Gewinn) als A. Es wurde ein Kalkulationszinssatz von 8 % angenommen.

Tabelle 19: Vergleich konkurrierender Investitionen 1

	Kapitaleinsatz Ende t=0	Rückfluss Ende t=1	Kapitalwert (bei i=8%)	interner Zinssatz
A	- 1.000 €	1.200 €	111 €	20,00 %
B	- 1.900 €	2.242 €	176 €	18,00 %

Zur selben Rangfolge kommen Kapitalwerte und interne Zinssätze bei Investitionen (mit einjähriger Nutzungsdauer) nur, wenn der Kapitaleinsatz gleich groß ist. Um die Investitionen A und B im Beispiel vergleichbar zu machen, müsste man eine **Ergänzungsinvestition** zu A finden, die einen Kapitaleinsatz von 900 € auslöst. In Tabelle 20 wird eine Ergänzungsinvestition A' unterstellt, die Ende t = 1 einen Rückfluss von 1.000 € abwirft. Hierdurch entsteht eine neue Investitionsalternative A + A', die mit B vergleichbar ist. Das Kapitalwert-Kriterium führt jetzt zur selben Rangfolge wie das Interne-Zinssatz-Kriterium.

Tabelle 20: Vergleich konkurrierender Investitionen 2

	Kapitaleinsatz Ende t=0	Rückfluss Ende t=1	Kapitalwert (bei i=8%)	interner Zinssatz
A+A'	- 1.900 €	2.200 €	137 €	15,79 %
B	- 1.900 €	2.242 €	176 €	18,00 %

*) bei einem Kalkulationszinssatz von 8%

Fügt man keine (empirisch ermittelte) Ergänzungsinvestition ein und wählt aufgrund der Tabelle 19 die Investition A, dann unterstellt man, dass der Differenzbetrag von 900 € dieselbe Rendite abwirft wie die Ausgangsinvestition A, nämlich 20 %.

Der Konflikt zwischen Kapitalwerten und internen Zinssätzen verschärft sich, wenn sich die konkurrierenden Investitionen nicht nur durch die Höhe der Anschaffungsauszahlungen, sondern auch durch die Investitionsdauer und die zeitliche Struktur der Rückflüsse unterscheiden. Tabelle 21 nimmt das Beispiel wieder auf, das bereits bei der Erörterung der Vorteilsregel im Rahmen der Kapitalwertmethode verwendet wurde. Der Kalkulationszinssatz war mit 7 % vorgegeben.

Tabelle 21: Vergleich konkurrierender Investitionen 3

	Zahlungen in den Jahren:					Kapitalwert	interner
	0	1	2	3	4	(i=7%)	Zinssatz
A	-105.000	60.000	50.000	40.000	30.000	50.286 €	29,65 %
B	-124.000	40.000	50.000	60.000	70.000	59.436 €	24,75 %

Aufgrund der Kapitalwertmethode lautet die Rangfolge B vor A, aufgrund der Interne-Zinssatz-Methode A vor B.

Abbildung 19 in Abschnitt 3.5.4 hatte bereits dargestellt, dass die Kapitalwerte der Investitionen A und B mit steigendem Kalkulationszinssatz unterschiedlich stark fallen. In den Schnittpunkten mit der Abszisse liegen die internen Zinssätze. Nur wenn der Kalkulationszinssatz größer ist als 14,628 % (Schnittpunkt der Funktionsgrafen) führen Kapitalwert- und Interne-Zinssatz-Methode zur selben Rangfolge der Investitionen.

Tabelle 22: Vergleich konkurrierender Investitionen 4

	Zahlungen in den Jahren:					Kapitalwert	interner
	0	1	2	3	4	(i=7%)	Zinssatz
A	-120.000	70.000	60.000	50.000	30.000	61.529 €	31,47 %
B	-120.000	40.000	50.000	60.000	70.000	63.436 €	26,43 %

Auch wenn die Anschaffungsauszahlungen und die Investitionsdauern gleich groß, die zeitlichen Strukturen der Investitionsrückflüsse jedoch unterschiedlich sind, kann sich ein Rangfolgeunterschied ergeben. Tabelle 22 zeigt ein Beispiel. Der interne Zinssatz von A ist höher, weil die größeren Rückflüsse früher eintreffen als bei B.

3.8.6 Eignung der Interne-Zinssatz-Methode

▶ **Nutzen**

Zusätzlichen Informationsnutzen gegenüber der Kapitalwert-, Endkapitalwert- bzw. Annuitätenmethode besitzt die Interne-Zinssatz-Methode dadurch, dass sie zeigt, welchen Betrag der Kalkulationszinssatz höchstens annehmen darf, bevor die Investition unvorteilhaft wird. D. h. man kann bei der Feststellung der Vorteilhaftigkeit einer einzelnen Investition auf die Vorgabe eines bestimmten Kalkulationszinssatzes verzichten. Man muss nur festlegen, ob der Kalkulationszinssatz unter oder über dem berechneten internen Zinssatz, dem **kritischen Kalkulationszinssatz**, liegen soll.

▶ **Grenzen**
Wie die übrigen dynamischen Methoden der Investitionsrechnung setzt die Interne-Zinssatz-Methode voraus:

(1) Zurechnung der Zahlungsreihe: Die Berechnung des internen Zinssatzes setzt voraus, dass die durch die Investition ausgelösten Zahlungen isoliert erfasst und der Investition zugerechnet werden können.

(2) Unsicherheit: Die Daten, aus denen sich die Zahlungsreihe der Investition ergibt, müssen nicht nur nach ihrer Höhe, sondern auch nach den Zeitpunkten ihrer Entstehung prognostiziert werden. Dies gelingt nicht immer mit der gewünschten Genauigkeit und Zuverlässigkeit. Vor allem langfristige, innovative und strategische Investitionen sind mit diesem Problem belastet.

(3) Kalkulationszinssatz: Um anhand des internen Zinssatzes festzustellen, ob eine Investition vorteilhaft ist, muss ein Kalkulationszinssatz vorgegeben werden, zu dem der Investor finanzielle Mittel in beliebiger Stückelung aufnehmen oder anlegen kann.

Darüber hinaus sind die folgenden speziellen Grenzen der Interne-Zinssatz-Methode zu nennen:

(4) Konkurrierende Investitionen: Beim Vergleich konkurrierender Investitionen sollte die Interne-Zinssatz-Methode nicht ohne Begleitung der Endkapitalwert-, der Kapitalwert- oder der Annuitätenmethode verwendet werden, weil sie wie oben dargestellt zu Fehlschlüssen führen kann.

(5) Zulässige Zahlungsreihen: Die Anwendung der Interne-Zinssatz-Methode ist auf Fälle beschränkt, in denen die negativen Nettozahlungen (z. B. durch den Kauf der Investitionsgegenstände) im ersten Teil der Investitionsdauer und anschließend ausschließlich positive Nettozahlungen (durch die Rückflüsse) anfallen. Vor allem in folgenden Fällen kann die Methode versagen:

1. Die Anschaffungsauszahlungen sind auf den zweiten Teil der Zahlungsreihe verschoben, z. B. wenn der Lieferant einer Anlage sehr lange Zahlungsziele einräumt. In diesem Fall ist der interne Zinssatz negativ.
2. In der Zahlungsreihe einer Investition treten nur positive Nettozahlungen auf, z. B. bei einer Investition mit Hilfe von Leasing. In diesem Fall lässt sich kein interner Zinssatz berechnen.
3. Die Zahlungsreihe wechselt das Vorzeichen, z. B. weil eine in t = 0 aufgebaute Produktionsanlage einige Jahre genutzt, später aber erweitert werden

94 3. Die dynamischen Methoden der Investitionsrechnung

soll. In diesem Fall kann es mehrere interne Zinssätze geben. Hierzu ein extremes **Beispiel**. Die Zahlungsreihe der Investition laute:

Jahresende	0	1	2
Nettozahlungen	– 20.000	+ 44.000	– 24.170

Für diese Zahlungsreihe ergeben sich mit $r_1 = 14\%$ und $r_2 = 6\%$ zwei Nullstellen der Kapitalwertfunktion, d. h. zwei interne Zinssätze.

Lösen Sie jetzt die Aufgaben 3e und 5b.

3.9 Kritische-Sollzinssatz-Methode

3.9.1 Berechnung und Interpretation des kritischen Sollzinssatzes

Die Kritische-Sollzinssatz-Methode ist eine Abwandlung der Interne-Zinssatz-Methode. Sie basiert auf einer Trennung des einheitlichen Kalkulationszinssatzes in einen **Sollzinssatz** für negative Nettozahlungen und einen **Habenzinssatz** für positive Nettozahlungen.

Das Verfahren kann am besten auf Basis der Endkapitalwertmethode erläutert werden. Geht man davon aus, dass bei der Zahlungsreihe einer Investition nur in t = 0 Anschaffungsauszahlungen I_0 und in den Folgejahren nur positive Nettozahlungen Z_t^+ auftreten, ergibt sich der Endkapitalwert aus:

$$C_T = -I_0 \cdot (1+i)^T + \sum_{t=1}^{T} Z_t^+ \cdot (1+i)^{T-t}$$

Verlangt man für die Auszahlungen I_0 über die gesamte Investitionsdauer einen Sollzinssatz s und erwartet man eine Wiederanlage der Rückflüsse zum Habenzinssatz h, dann folgt daraus für diesen speziellen Endkapitalwert V_T (in der Literatur auch „Vermögensendwert bei Kontenausgleichsverbot" genannt) **Formel 17**:

$$V_T = -I_0 \cdot (1+s)^T + \sum_{t=1}^{T} Z_t^+ \cdot (1+h)^{T-t}$$

V_T Vermögensendwert in T
I_0 Investitionsauszahlungen Ende t = 0
s   Sollzinssatz
Z_t^+ Positive Nettozahlungen t = 1 bis t = T
h   Habenzinssatz

Bei einem Sollzinssatz von 9 % und einem Habenzinssatz von 7 % ergibt sich beispielsweise für das **Apfelmus-Beispiel**:

$C_4 = -105.000 \cdot 1{,}09^4 + 60.000 \cdot 1{,}07^3 + 50.000 \cdot 1{,}07^2 + 40.000 \cdot 1{,}07 + 30.000$
$C_4 = -148.216 + 203.548 = 55.332$

Stellt man nun die Frage, **welcher Sollzinssatz s maximal akzeptiert werden kann**, damit die Investition nicht unvorteilhaft wird, so kommt man zum „kritischen Sollzinssatz", der hier mit s* bezeichnet werden soll. Setzt man dem entsprechend den Vermögensendwert V_T gleich Null, so ergibt sich:

$$0 = -I_0 \cdot (1+s^*)^T + \sum_{t=1}^{T} Z_t^+ \cdot (1+h)^{T-t}$$

Bezogen auf das **Apfelmus-Beispiel**:

$0 = -105.000 \cdot (1+s^*)^4 + 60.000 \cdot 1{,}07^3 + 50.000 \cdot 1{,}07^2 + 40.000 \cdot 1{,}07 + 30.000$

Löst man die Gleichung nach der gesuchten Größe s* auf, so ergibt sich:

$$s^* = \sqrt[4]{\frac{60.000 \cdot 1{,}07^3 + 50.000 \cdot 1{,}07^2 + 40.000 \cdot 1{,}07 + 30.000}{105.000}} - 1$$

$$s^* = \sqrt[4]{\frac{203.548}{105.000}} - 1 = 0{,}18 = 18\%$$

Schlussfolgerung: Fordert man für das eingesetzte Kapital eine geringere Verzinsung als den kritischen Sollzinssatz, dann ist die Investition vorteilhaft; denn der Endkapitalwert wäre größer als Null. Fordert man für das eingesetzte Kapital eine höhere Verzinsung als den kritischen Sollzinssatz, dann ist die Investition nicht vorteilhaft; denn der Endkapitalwert wäre kleiner als Null. Die Aussage gilt immer unter der Voraussetzung, dass die Rückflüsse zu einem vorgegebenen Habenzinssatz wieder angelegt werden.

Allgemein wird der kritische Sollzinssatz unter der Voraussetzung, dass es in t = 0 lediglich eine Investitionsauszahlung I_0 und in den Jahren t = 1 bis t = T nur positive Nettozahlungen gibt, mit **Formel 18** ermittelt:

$$s^* = \sqrt[T]{\frac{\sum_{t=1}^{T} Z_t^+ \cdot (1+h)^{T-t}}{|I_0|}} - 1$$

s* kritischer Sollzinssatz
I_0 Investitionsauszahlungen Ende t = 0
Z_t^+ positive Nettozahlungen von t = 1 bis t = T
T Investitionsdauer
h Habenzinssatz

Gibt es eine Reihe negativer Nettozahlungen Z_t^- und eine Reihe positiver Nettozahlungen Z_t^+, so folgt die Ermittlung für den kritischen Sollzinssatz mit **Formel 19**:

$$0 = \sum_{t=0}^{T} Z_t^- \cdot (1 + s^*)^{T-t} + \sum_{t=0}^{T} Z_t^+ \cdot (1 + h)^{T-t}$$

In diesem Fall kann man s* im Regelfall nur durch systematisches Probieren ermitteln, ähnlich wie beim internen Zinssatz. **Tabellenkalkulationsprogramme** erleichtern die Berechnung, beispielsweise in EXCEL über die QIKV-Formel aus der Abteilung „Einfügen, Funktion, Finanzmathematik".

3.9.2 Vergleich zwischen dem kritischen Sollzinssatz und dem internen Zinssatz

Im Beispiel ergab sich ein kritischer Sollzinssatz von 18 %. Der interne Zinssatz dieser Investition ist wesentlich höher, nämlich knapp 30 %. Dies liegt an den unterschiedlichen Wiederanlageprämissen: Beim internen Zinssatz wird angenommen, dass die Rückflüsse zum internen Zinssatz wieder angelegt werden (hier knapp 30 %). Beim kritischen Sollzinssatz wird eine Rückflussverzinsung zum vorgegebenen Habenzins (hier 7 %) unterstellt.

Ganz gleich, welches Modell man zur Renditeberechnung benutzt: Eine Annahme über die Rückflussverzinsung geht auf jeden Fall in die Rechnung ein. Für den praktischen Einsatz der Renditerechnung kommt es darauf an, eine möglichst plausible Prämisse zu setzen. Wenn man meint, die Rückflüsse lassen sich wahrscheinlich zum jeweiligen internen Zinssatz der untersuchten Investition reinvestieren, benutzt man die Interne-Zinssatz-Methode. Wenn man dagegen meint, eine Rückflussverzinsung in Höhe eines bestimmten Wiederanlagezinssatzes, dem Habenzinssatz, sei realistischer, benutzt man die Kritische-Sollzinssatz-Methode.

Für den Vergleich konkurrierender Investitionen ist die Kritische-Sollzinssatz-Methode gegenüber der Interne-Zinssatz-Methode auf jeden Fall vorzuziehen. Sie unterstellt unabhängig von der gewählten Investition die gleiche Rückflussverzinsung. Die Interne-Zinssatz-Methode unterstellt dagegen für jede Investitionsalternative eine andere Rückflussverzinsung. Wählt man beispielsweise Investition A mit einem internen Zinssatz von 31,5 %, dann unterstellt man eine Wiederanlage der Rückflüsse zu eben diesen 31,5 %. Bei der konkurrierenden Investition B mit einem internen Zinssatz von 26,5 % wird nur eine Rückflussverzinsung von 26,5 % angenommen. Hierin liegt ein Widerspruch. Denn im Regelfall ist die Höhe der Rückflussverzinsung von der gewählten Investition unabhängig.

Aus den Ausführungen kann man außerdem folgende Erkenntnis ableiten: Die Interne-Zinssatz-Methode überschätzt den Nutzen einer Investition, wenn der interne Zinssatz über dem vorzugebenden Habenzinssatz liegt. Die Überschätzung fällt umso deutlicher aus, je deutlicher der interne Zinssatz den Habenzinssatz übersteigt. Diese Verzerrung fällt bei der Kritische-Sollzinssatz-Methode weg.

Lösen Sie jetzt die Aufgaben 3f und 4c.

3.10 Zusammenfassung

▶ **Basis**
- Die Investitionsrechnung dient der Vorbereitung und zukunftsbezogenen Begründung von Investitionsentscheidungen. Sie soll helfen festzustellen, ob und inwieweit ein Investitionsvorhaben im Hinblick auf bestimmte Ziele, z.B. Gewinn-, Rendite- oder Amortisationsziele, vorteilhaft ist.
- Die Methoden der monetären Investitionsrechnung lassen sich in dynamische und statische Verfahren gliedern (Abbildung 15).
- Die dynamischen Methoden basieren auf der Zahlungsreihe der Investition. Die Auszahlungen und Einzahlungen werden mit Hilfe der Zinseszinsrechnung zu Kennziffern verdichtet, die die Vorteilhaftigkeit einer Investition anzeigen.
- Die statischen Methoden basieren auf durchschnittlichen Kosten und Erträgen. Im Zeitablauf schwankende Daten können nicht berücksichtigt werden (Einzelheiten im nächsten Kapitel).

▶ **Endkapitalwertmethode**
- Der Endkapitalwert ist die durch eine Investition bewirkte Netto-Geldvermögensänderung am Ende der Investitionsdauer. Er entsteht als Summe der mit dem Kalkulationszinssatz aufgezinsten Nettozahlungen der Investition (Formel 1).
- Eine einzelne Investition ist vorteilhaft, wenn der Endkapitalwert nicht negativ ist. Die durch den Kalkulationszinssatz vorgegebene Mindestverzinsung wird in diesem Fall erreicht oder überschritten.
- Von konkurrierenden Investitionen ist die mit dem höchsten nicht negativen Endkapitalwert vorzuziehen. Die Rangfolge konkurrierender Investitionen kann jedoch mit der Höhe des Kalkulationszinssatzes wechseln. Beim Ver-

gleich von Investitionsalternativen mit unterschiedlicher Nutzungsdauer müssen die Endkapitalwerte so ergänzt werden, dass sie vergleichbar sind (siehe Barkapitalwertmethode und Annuitätenmethode).
- Die Endkapitalwertmethode ist vor allem in der tabellarischen Form sehr anschaulich und liefert die Verständnisbasis für alle anderen Methoden der dynamischen Investitionsrechnung.
- Die Methode ist offen für Modellvarianten mit im Zeitablauf variierenden Zinssätzen, einer Zerlegung des einheitlichen Kalkulationszinssatzes in einen „Sollzinssatz" auf Auszahlungen und einen „Habenzinssatz" auf Einzahlungen und mit einer Integration der Fremdfinanzierung in die Investitionsrechnung (hierzu Näheres in Kapitel 6).

▶ **Kapitalwertmethode**
- Der Kapitalwert ist die durch eine Investition bewirkte Netto-Geldvermögensänderung vor Beginn der Investitionsdauer. Er entsteht als Summe der mit dem Kalkulationszinssatz abgezinsten Nettozahlungen der Investition (Formeln 2 bis 7).
- Eine einzelne Investition ist vorteilhaft, wenn der Kapitalwert nicht negativ ist.
- Von konkurrierenden Investitionen ist die mit dem höchsten (nicht negativen) Kapitalwert vorzuziehen. Die Rangfolge konkurrierender Investitionen kann mit der Höhe des Kalkulationszinssatzes wechseln. Beim Vergleich von Investitionsalternativen mit unterschiedlicher Nutzungsdauer müssen die Kapitalwerte der Alternativen so ergänzt werden, dass sie vergleichbar sind (siehe auch Annuitätenmethode).
- Die (Bar-)Kapitalwertmethode kommt zur selben Aussage über die Vorteilhaftigkeit von Investitionen wie die Endkapitalwertmethode.

▶ **Annuitätenmethode**
- Die Annuität ist die durch eine Investition bewirkte Netto-Geldvermögensänderung pro Jahr der Investitionsdauer. Sie ergibt sich aus dem Kapitalwert durch finanzmathematische Umrechnung in eine „Rente" auf Basis des Kalkulationszinssatzes (Formeln 8 bis 11).
- Eine einzelne Investition ist vorteilhaft, wenn ihre Annuität nicht negativ ist. Die Annuitätenmethode kommt bei einzelnen Investitionen und bei konkurrierenden Investitionen gleicher Nutzungsdauer zur selben Aussage über die Vorteilhaftigkeit von Investitionen wie die End- oder die Barkapitalwertmethode.
- Von konkurrierenden Investitionen ist die mit der höchsten (nicht negativen) Annuität vorzuziehen. Bei unterschiedlicher Nutzungsdauer kann sich gegen-

über der Kapitalwertmethode eine Änderung in der Rangfolge der Investitionen ergeben. Berechnet man die Kapitalwerte jedoch auf der Basis von Investitionsketten, so ändert sich die Rangfolge gegenüber der Annuitätenmethode nicht.
- Die Annuitätenmethode eignet sich auch zur Bestimmung des optimalen Ersatztermins. Die Vorteilsregel lautet: Ist die auf das kommende Jahr bezogene Annuität einer vorhandenen Anlage niedriger als die Annuität der günstigsten Ersatzanlage, dann ist die Altanlage sofort zu ersetzen.

▶ **Amortisationsdauermethode**
- Die dynamische Amortisationsdauer einer Investition ist die Zeitspanne, in der das für die Investition eingesetzte Kapital durch positive Nettozahlungen der Investition zurückgewonnen wird (Formel 12).
- Eine einzelne Investition ist vorteilhaft, wenn ihre Investitionszeit eine vom Entscheidungsträger festgelegte Amortisationszeit-Obergrenze nicht überschreitet.
- Die Amortisationsdauermethode ist im Entscheidungsprozess neben der Kapitalwert- bzw. Annuitätenmethode zu verwenden. Im Konfliktfall muss der Entscheidungsträger zwischen Risikobegrenzung (Gewicht liegt beim Kriterium Amortisationsdauer) und Gewinnerhöhung (Gewicht liegt beim Kriterium Kapitalwert bzw. Annuität) abwägen.

▶ **Interne-Zinssatz-Methode**
- Der interne Zinssatz ist der Kalkulationszinssatz, bei dem der Kapitalwert (die Annuität) gleich Null ist (Formeln 14 bis 16).
- Eine einzelne Investition ist vorteilhaft, wenn ihr interner Zinssatz nicht kleiner ist als der vom Investor vorgegebene Kalkulationszinssatz. Bei einzelnen Investitionen führt die Interne-Zinssatz-Methode immer zur selben Entscheidung wie die Kapitalwert- oder Annuitätenmethode.
- Von konkurrierenden Investitionen ist die mit dem höchsten (über dem Kalkulationszinssatz liegenden) internen Zinssatz vorzuziehen. Weil diese Regel zu anderen Entscheidungen führen kann als die Kapitalwert- und Annuitätenmethode, ist die Interne-Zinssatz-Methode für den Vergleich konkurrierender Investitionen nicht geeignet. Dies gilt besonders dann, wenn sich die Investitionsalternativen durch die Anschaffungsauszahlungen und/oder die Nutzungsdauern unterscheiden.
- Die Interne-Zinssatz-Methode überschätzt infolge ihrer Rückflussprämisse den Nutzen einer Investition. Die Überschätzung fällt um so deutlicher aus, je höher der interne Zinssatz ist. Diese Verzerrung fällt bei der Kritische-Sollzinssatz-Methode weg.

▶ **Kritische-Sollzinssatz-Methode**
– Der kritische Sollzinssatz ist der Sollzinssatz, mit dem der Endkapitalwert (Vermögensendwert) bei vorgegebenem Habenzinssatz auf die positiven Nettozahlungen gleich Null ist (Formeln 18 und 19).
– Im Unterschied zur Interne-Zinssatz-Methode wird nicht die Wiederanlage der Rückflüsse zum internen Zinssatz, sondern zum vorgegebenen Habenzinssatz angenommen.

▶ **Vorteile der dynamischen Methoden**
– Entscheidungshilfe: Die dynamischen Methoden zeigen, ob und inwieweit Investitionsvorhaben im Rahmen der finanziellen Zielsetzung vorteilhaft sind. Ihr Ergebnis geht in den Planungs- und Entscheidungsprozess ein und wird dort mit Gesichtspunkten, die nicht rechenhaft erfassbar sind, verknüpft.
– Transparenz: Die Methoden basieren auf der Zahlungsreihe der Investition. Diese gibt zu erkennen, wie sich die Kapitalbindung (in Folge der Auszahlungen) und Kapitalfreisetzung (in Folge der Einzahlungen) im Zeitablauf entwickeln.
– Zwang zu langfristiger Prognose: Um die Zahlungsreihe aufstellen zu können, müssen sich die Planungsbeteiligten mit den langfristigen Konsequenzen der Investition und dem Verlauf dieser Konsequenzen auseinander setzen.
– Zeitpräferenz: Die Endkapitalwertmethode berücksichtigt in Form des Kalkulationszinssatzes die Zeitpräferenz des Investors.

▶ **Voraussetzungen und Grenzen der dynamischen Methoden**
– Zurechnung der Zahlungsreihe: Die Methoden setzen voraus, dass die durch die Investition ausgelösten Zahlungen isoliert erfasst und der Investition zugerechnet werden können.
– Unsicherheit der Zahlungsreihe: Die Daten, aus denen sich die Zahlungsreihe der Investition ergibt, müssen nicht nur nach ihrer Höhe, sondern auch nach den Zeitpunkten ihrer Entstehung prognostiziert werden. Dies gelingt nicht immer mit der gewünschten Genauigkeit und Zuverlässigkeit.
– Einheitlicher Kalkulationszinssatz: Es wird vorausgesetzt, dass der Investor sein Geld zu einem bestimmten einheitlichen Zinssatz in beliebiger Stückelung aufnehmen oder anlegen kann. (Diese Voraussetzung wird bei der Vermögensendwertmethode durch die Trennung von Soll- und Habenzinssatz gemildert.)

Aufgabe 3: Ein Obstkonservenhersteller produziert und vertreibt Kirschkonserven. Ein Engpass in der Produktion beschränkt die Herstellung auf 2.500 Einheiten. Durch Erweiterungen und Veränderungen am Gebäude, im Produktionssystem und im Fahrzeugpark könnte die Produktion auf 3.350 Einheiten ausgedehnt werden. Mit geeigneten Bemühungen im Verkauf wäre diese Menge auch abzusetzen, zumal die Neugestaltung der Produktion die Produktqualität erhöht und auch mehr Produktvarianten als bisher ermöglicht. Das Umlaufvermögen müsste vor Beginn der Produktion um 460 T-€ erhöht werden. Kapazitätserweiterungen in vor- oder nachgelagerten Prozessstufen und im Verkauf sind nicht notwendig. Da infolge der Umgestaltung die gesamte Auftragsabwicklung vereinfacht werden kann, ergeben sich gegenüber der bisherigen Arbeitsweise auch Kostenersparnisse. Die Investitionsdauer der erneuerten Anlage wird auf 8 Jahre angesetzt. Ende des Jahres 4 müsste ein Teil der maschinellen Ausrüstung erneuert werden. Am Ende der Investitionsdauer ergeben sich Liquidationsrestwerte, die von den Verantwortlichen geschätzt wurden. Die Prognose der Anschaffungsauszahlungen, Liquidationsrestwerte und der durch Produktion und Absatz entstehenden laufenden Aus- und Einzahlungen sind in nachfolgender Tabelle niedergelegt. Abschreibungen und Zinsen sind in den Daten noch nicht berücksichtigt. Von der Geschäftsleitung ist ein Kalkulationszinssatz von 10 % vorgegeben.

	0	1	2	3	4	5	6	7	8
Anlagegegenstände	-2.060				-300				500
Umlaufgegenstände	-460								460
lfd. Einzahlungen		6.000	9.100	11.900	11.900	11.900	11.900	11.900	11.900
lfd. Auszahlungen		-5.980	-8.508	-10.923	-10.923	-10.923	-10.923	-10.923	-10.923

a) Berechnen und interpretieren Sie den Endkapitalwert tabellarisch und mit Formel.
b) Berechnen und interpretieren Sie den (Bar-)Kapitalwert.
c) Berechnen und interpretieren Sie die Annuität.
d) Berechnen und interpretieren Sie die Amortisationsdauer.
e) Berechnen und interpretieren Sie den internen Zinssatz.
f) Berechnen und interpretieren Sie den kritischen Sollzinssatz, wenn auf positive Nettozahlungen ein Habenzinssatz von 10 % vorgegeben ist.

Aufgabe 4: Das NORKA-Kraftfutterwerk, Hersteller von Nutz- und Haustierfutter, setzt jährlich für etwa 2 Mio. € selbst produziertes Hundefutter um. Da in anderen Unternehmensbereichen umfangreiche Investitionen notwendig sind, überlegt die Geschäftsleitung, das Hundefutter in Zukunft fremd zu beziehen. Zur Beantwortung dieser Frage liegen folgende Daten vor:

3. Die dynamischen Methoden der Investitionsrechnung

Eigen-fertigung	Mengenabhängige (variable) Auszahlungen bei Eigenfertigung	1.200.000 €/Jahr
	Zeitabgängige (fixe) Auszahlungen bei Eigenfertigung	300.000 €/Jahr
	Notwendige Runderneuerung der vorhandenen Anlagen (t=0)	800.000 €
	Nutzungsdauer	10 Jahre
	Liquidationserlös am Ende der Nutzungsdauer (t=10)	10.000 €
Fremd-bezug	Liquidationserlös für Maschinen bei Aufgabe der Eigenfertigung (t=0)	60.000 €
	Laufende Auszahlungen bei Fremdbezug	1.700.000 €/Jahr
	Änderung der Lagerbestände durch Übergang auf Fremdbezug	0 €
	Kalkulationszinssatz	10%

Ist Eigenfertigung oder Fremdbezug zu bevorzugen? Stützen Sie Ihre Argumentation auf

a) den Kapitalwert,
b) die Annuität und
c) den kritischen Sollzinssatz bei einem Habenzinssatz von 10 %.

Hilfe: Ermitteln Sie die Zahlungsreihe der Investition aus den Differenzen der Zahlungen zwischen Fremdbezug und Eigenfertigung. Die Leitfrage dabei lautet: Welche zusätzlichen Auszahlungen, Einzahlungen oder Auszahlungsersparnisse entstehen, wenn man statt Fremdbezug Eigenfertigung wählt?

Aufgabe 5: Das in einer Kläranlage bislang ungenutzt abgefackelte Klärgas könnte zur Stromerzeugung verwendet werden, indem man es als Kraftstoff einem Gasmotor zuführen würde, der wiederum einen Generator antriebe. Zwei Alternativen stehen zur Wahl:

A. Das Aggregat wird so ausgelegt, dass es den Strombedarf der Kläranlage abdeckt.
B. Das Aggregat wird so ausgelegt, dass es die gesamte Menge des zur Verfügung stehenden Klärgases verwerten kann. Der über den Eigenbedarf hinaus produzierte Strom wird in das EVU-Netz gespeist.

Von der Geschäftsleitung wird angeregt, mit einem Kalkulationszinssatz von 7 % zu rechnen.

	A	B
Anschaffungsauszahlungen Ende t=0	72.149 €	168.913 €
Generalüberholung Ende t=4 bei A und Ende t=6 bei B	15.000 €	15.000 €
Laufende Auszahlungen	7.813 €/Jahr	22.339 €/Jahr
Laufende Ersparnisse	33.961 €/Jahr	31.961 €/Jahr
Laufende Einzahlungen	0 €/Jahr	28.342 €/Jahr
Nutzungsdauer	8 Jahre	12 Jahre
Liquidationsrestwerte	0 €	0 €

Welche Alternative würden Sie bevorzugen? Verwenden Sie bei der Argumentation folgende Kennziffern:

a) Kapitalwerte und Annuitäten,
b) Annuitäten und interne Zinssätze.

Aufgabe 6: (Däumler 1996, S. 252, geändert vom Autor)
Ein Lohnunternehmer setzt derzeit einen Mähdrescher mit einer Schnittbreite von 3,85 Meter zur Erledigung von Lohnaufträgen ein. Das Gerät ist voll funktionsfähig. Die Restnutzungsdauer wird auf drei Jahre geschätzt. Im kommenden Jahr erwartet der Lohnunternehmer 50.000 € an Einzahlungen und 32.000 € an Auszahlungen. Der Mähdrescher könnte derzeit für 15.000 €, ein Jahr später für 10.000 € verkauft werden.

Auf dem Markt ist ein neuer Mähdrescher erschienen, mit dem infolge einer Schnittbreite von 4,95 Meter höhere jährliche Einzahlungen zu erzielen sind. Das neue Modell kostet 90.000 €. Seine sinnvolle Nutzungsdauer wird auf 5 Jahre geschätzt. Nach Ablauf dieser Zeit könnte voraussichtlich ein Restwert von 23.000 € erzielt werden. Die laufenden Einzahlungsüberschüsse des neuen Mähdreschers betragen:

	1	2	3	4	5
Laufende Einzahlungsüberschüsse	49.000	41.000	34.000	25.000	19.000

Berechnen Sie, ob ein sofortiger Ersatz des alten Mähdreschers zweckmäßig ist. Der Unternehmer rechnet mit einem Kalkulationszinssatz von 10 %.

Aufgabe 7: Nehmen Sie Stellung zu folgenden geschäftspolitischen Leitgedanken des Vorstandes eines Lebensmittel-Filialunternehmens:
„Die Eröffnung einer neuen Filiale ist nur zu akzeptieren, wenn die Investitionsauszahlungen mindestens durch den Barwert der mit der Filiale erreichbaren Cash-flows gedeckt werden und nach drei Jahren mindestens 40 % der Investitionsauszahlungen zurückgeflossen sind. Als Mindestverzinsung ist ein Satz von 3 % über dem Zinssatz für langfristige festverzinsliche deckungsstockfähige Wertpapiere anzusetzen."

Aufgabe 8: Die Rangfolge konkurrierender Investitionen kann mit
a) der Höhe des Kalkulationszinssatzes und
b) mit der Wahl der Methode der Investitionsrechnung (Kapitalwert- oder Annuitätenmethode)

wechseln. Auf welche Faktoren ist dies zurückzuführen? Welche Schlussfolgerungen ziehen Sie für die Praxis?

4. Die statischen Methoden der Investitionsrechnung

Lehrziele

Die kritische Lektüre dieses Kapitels soll Sie befähigen,
▶ die Methoden der statischen Investitionsrechnung selbstständig anzuwenden und
▶ ihren Unterschied zu den dynamischen Methoden zu erkennen.

4.1 Kostenvergleich

Mit einem Kostenvergleich werden die erwarteten Kosten von zwei oder mehreren Investitionsvorschlägen einander gegenübergestellt, um den Investitionsvorschlag mit den geringsten Kosten pro Periode oder pro Leistungseinheit zu ermitteln.

Man stellt sich ein für die Investition **typisches Nutzungsjahr** vor und geht davon aus, dass die für dieses Jahr geschätzten Kosten in allen Nutzungsjahren gleich sind. Oder man berechnet aus den jährlich schwankenden Kosten einen **Durchschnittsbetrag**. Dass die Kosten im zeitlichen Verlauf der Investitionsnutzung schwanken können, wird vernachlässigt.

In den Kostenvergleich sind alle Kosten einzubeziehen, die für die Entscheidung von Bedeutung sind. Im Fall einer Produktionsanlage kommen folgende Kostenarten in Betracht:

▶ Kalkulatorische Abschreibungen,
▶ Kalkulatorische Zinsen,
▶ Lohnkosten,
▶ Materialkosten,
▶ Instandhaltungskosten,
▶ Energiekosten,
▶ Raumkosten usw.

Kosten, die für die konkurrierenden Investitionsalternativen in gleicher Höhe anfallen, werden vernachlässigt, weil sie sich nicht auf das Vergleichsergebnis auswirken. Nachdem der relativ günstigste Investitionsvorschlag festgestellt ist, sollte man jedoch für diesen Vorschlag sämtliche Kosten ermitteln. Sonst läuft man Gefahr, Kosten zu übersehen, die zwar für den Vergleich der Alternativen bedeutungslos sind, aber für die absolute Einschätzung wichtig sein können.

Erträge werden in der Kostenvergleichsrechnung nicht berücksichtigt. Entweder sind die Erträge von der gewählten Investition unabhängig und deshalb für die Entscheidung irrelevant. Oder der Nutzen der Investition ist nicht in Geldgrößen messbar und geht in Form qualitativer Wertungen in den Entscheidungsprozess ein.

4.1.1 Vergleich auf Basis der Kosten pro Periode

Die Kostenvergleichsrechnung kommt unter anderem bei der Ermittlung des kostengünstigsten Produktionsverfahrens und bei der Wahl zwischen Eigenfertigung und Fremdbezug zum Einsatz. In folgendem **Beispiel** werden beide Anwendungsbereiche verknüpft (Tabelle 23).

In einem Unternehmen steht man vor der Entscheidung, ein Bauteil fremd zu beziehen (Alternative FB) oder es selbst herzustellen. Für die Eigenfertigung bieten sich zwei Varianten an (Alternativen A und B). Die Verbrauchsmenge des Bauteils wird auf 14.000 Stück pro Jahr geschätzt, der Einstandspreis bei Fremdbezug beträgt 7,80 € pro Stück. Die für den Kostenvergleich notwendigen Daten sind in Tabelle 23 aufgeführt. Der Kalkulationszinssatz beträgt 8 %.
Laut Tabelle 23, Zeile 13, verursacht die Eigenfertigung mit Anlage B die niedrigsten Kosten.

Die **Vorteilsregel** der Kostenvergleichsmethode lautet: **Der Investitionsvorschlag mit den geringsten jährlichen Kosten ist vorzuziehen.**

Mathematisch lassen sich die Kosten einer Projektalternative mit Formel 20 darstellen. Sie ist auch unter dem Namen **Ingenieurformel** bekannt. Zu den laufenden Kosten B werden die Abschreibungen (Anschaffungsausgaben minus Restwert, dividiert durch Nutzungsdauer) und die Zinsen (Kapitalbindung mal Kalkulationszinssatz) addiert.

Tabelle 23: Beispiel einer Kostenvergleichsrechnung

		Rechen-operation	Fremd-bezug	Anlage A	Anlage B
1	Kapazität der Anlage (Stück/Jahr)		-	15.000	18.000
2	geplante Nutzungsdauer (Jahre)		-	4	5
3	Auszahlungen für abzuschreibende Gegenstände (€)		-	40.000	60.000
4	Liquidationsrestwerte der abzuschreibenden Gegenstände (€)			4.000	5.000
5	Kapitalbindung für nicht abzuschreibende Gegenstände (€)		1.250	2.000	2.000
6	Bedarfsmenge (Stück/Jahr)		14.000	14.000	14.000
7	variable Kosten (€/Stück)		7,80	4,40	3,10
8	variable Kosten (€/Jahr)	(6)·(7)	109.200	61.600	43.400
9	fixe Kosten ohne Abschreibungen und Zinsen (€/Jahr)		-	19.900	32.100
10	Kosten vor Abschreibungen und Zinsen (€/Jahr)	(8)+(9)	109.200	81.500	75.500
11	Abschreibungen (€/Jahr)	[(3)-(4)] : (2)	-	9.000	11.000
12	Zinsen (€/Jahr)	{[(3)+(4)] : 2 + (5)}·0,08	100	1.920	2.760
13	Kosten pro Jahr (€/Jahr)	(10)+(11)+(12)	*109.300*	*92.420*	*89.260*
14	Kosten pro Stück (€/Stück)	(13) : (6)	*7,81*	*6,60*	*6,38*

4. Die statistischen Methoden der Investitionsrechnung

Formel 20

$$K = B + \frac{A_0 - R_T}{T} + DKB \cdot i$$

K	Kosten pro Jahr
B	laufende variable und fixe Kosten pro Jahr (ohne Abschreibungen und Zinsen)
A_0	Auszahlungen für die abzuschreibenden Gegenstände in t = 0
R_T	Liquidationsrestwerte der abzuschreibenden Gegenstände in t = T
T	Investitionsdauer
DKB	durchschnittliche Kapitalbindung
i	Kalkulationszinssatz

Abbildung 28: Prämisse des durchschnittlich gebundenen Kapitals

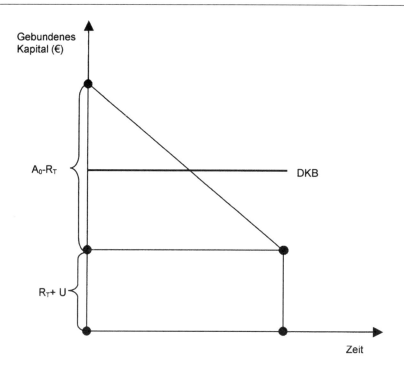

Für die **durchschnittliche Kapitalbindung** gilt **Formel 21**:

$$DKB = \frac{A_0 - R_T}{2} + R_T + U$$

$$DKB = \frac{A_0 + R_T}{2} + U$$

Diese Berechnung der Kapitalbindung basiert auf folgenden vereinfachenden Annahmen (siehe auch Abbildung 28):
▶ In t = 0 wird eine Kapitalbindung durch die Investitionsausgaben A_0 ausgelöst.
▶ Die Kapitalbindung A_0 sinkt bis zum Ende der Nutzungsdauer T linear bis auf die Liquidationswerte R_T. Hinter dieser Annahme steckt der Gedanke, dass die Investition während ihrer Nutzung – unmittelbar am Markt oder mittelbar über Anteile am Gesamtumsatz – Einzahlungen erzielt, die das anfänglich gebundene Kapital schrittweise freisetzt. Man unterstellt, die Kapitalfeisetzung erfolgt gleichmäßig während der Nutzungsdauer, parallel mit den Abschreibungen, die in den Güterverkaufspreisen kalkuliert sind.
▶ Die Liquidationswerte R_T sind während der gesamten Investitionsdauer, d. h. von t = 0 bis t = T, im Investitionsobjekt gebunden und lösen deshalb in jedem Jahr gleich hohe Zinsen aus.
▶ Zusätzlich ist während der ganzen Nutzungsdauer das nicht abnutzbare Vermögen U gebunden, zum Beispiel für Material-, Produkt- oder Forderungsbestände.

Setzt man Formel 21 in Formel 20 ein, so ergibt sich als Basisformel für den Kostenvergleich **Formel 22**:

$$K = B + \frac{A_0 - R_T}{T} + (\frac{A_0 + R_T}{2} + U) \cdot i$$

K Kosten pro Jahr
B laufende variable und fixe Kosten pro Jahr (ohne Abschreibungen und Zinsen)
A_0 Auszahlungen für die abzuschreibenden Gegenstände in t = 0
R_T Liquidationsrestwerte der abzuschreibenden Gegenstände in t = T
U Kapitalbindung der nicht abzuschreibenden Gegenstände, z. B. Umlaufvermögen
T Investitionsdauer
i Kalkulationszinssatz

Für den in Tabelle 23 dargestellten Fall ergeben sich beispielsweise als Kosten für die Investitionsvarianten A und B:

$$K(A) = 4{,}40 \cdot 14.000 + 19.900 + \frac{40.000 - 4.000}{4} + (\frac{40.000 + 4.000}{2} + 2.000) \cdot 0{,}08$$
$$K(A) = 81.500 + 10.920 = 92.420$$

$$K(B) = 3{,}10 \cdot 14.000 + 32.100 + \frac{60.000 - 5.000}{4} + (\frac{60.000 + 5.000}{2} + 2.000) \cdot 0{,}08$$
$$K(B) = 75.500 + 13.760 = 89.260$$

Für die Festlegung des **Kalkulationszinssatzes** gelten die Grundsätze, die in Abschnitt 3.3.9 bereits für die dynamischen Methoden der Investitionsrechnung niedergelegt wurden.

Die Summe aus Abschreibungen und Zinsen, im Beispiel der Investitionsalternative A 10.920 €, nennt man **Kapitaldienst**. Wegen der vereinfachenden Annahmen über den Verlauf der Kapitalbindung wird der Kapitaldienst in der Kostenvergleichsrechnung nur approximativ (angenähert) ermittelt. Will man den Kapitaldienst genauer bestimmen, muss man auf die **Annuitätenmethode** zurückgreifen (hierzu mehr in Abschnitt 4.2.3).

4.1.2 Berechnung kritischer Werte

Der Kostenvergleich kann durch eine Berechnung kritischer Werte ergänzt werden. In der Praxis hat sich hierfür der Begriff **Verfahrensvergleich** eingebürgert. Im obigen Fallbeispiel lässt sich z. B. untersuchen, wie sich unterschiedliche (da unsichere) Verbrauchsmengen des Bauteils auf die Kosten auswirken und bei welchen Grenzwerten sich die Rangfolge der Entscheidungsalternativen ändert. In Abbildung 29 sind die Kosten der Entscheidungsalternativen in Abhängigkeit von unterschiedlichen Verbrauchsmengen dargestellt. Dabei wird unterstellt, dass

▶ die variablen Stückkosten konstant sind, die variablen Kosten pro Jahr mit steigenden Verbrauchsmengen also linear ansteigen,

▶ die jährlichen Fixkosten der Eigenfertigung sich für das fragliche Mengenintervall nicht mit der Produktionsmenge ändern und

▶ bei Fremdbezug ausschließlich variable Kosten anfallen.

Der Abbildung 29 liegen auf Basis der Zahlen in Tabelle 23 folgende Funktionsgleichungen zugrunde:

$K(FB) = 7{,}80 \cdot m + 100$

$K(A) = 4{,}40 \cdot m + 19.900 + 10.920$

$K(A) = 4{,}40 \cdot m + 30.820$

$K(B) = 3{,}10 \cdot m + 32.100 + 1.760$

$K(B) = 3{,}10 \cdot m + 45.860$

m   jährliche Bedarfsmenge
K(FB)   jährliche Kosten Fremdbezug
K(A)   jährliche Kosten Investition A
K(B)   jährliche Kosten Investition B

Setzt man die Gleichungen paarweise gleich, so ergeben sich die Schnittpunkte der Geraden:

1. Bis zu einer Verbrauchsmenge von 9.035 Stück/Jahr ist Fremdbezug günstiger als jede Form der Eigenfertigung (zu berechnen aus: $m_0 \cdot 7{,}80 + 100 = m_0 \cdot 4{,}40 + 30.820$);
2. zwischen 9.035 und 11.569 Stück/Jahr ist die Eigenfertigung mit Anlage A am günstigsten (zu berechnen aus: $m_1 \cdot 3{,}10 + 45.860 = m_1 \cdot 4{,}40 + 30.820$);
3. ab 11.569 Stück/Jahr bis zur Kapazitätsgrenze ist die Eigenfertigung mit Anlage B günstiger.

4.1.3 Vergleich auf Basis der Kosten pro Leistungseinheit

In Tabelle 23 wurden neben den jährlichen Kosten auch die Kosten pro Leistungseinheit berechnet (Zeile 14). Da die mengenmäßige Leistung der Entscheidungsalternativen in diesem Fall gleich ist, kommt der Kostenvergleich auf der Basis der Jahreskosten zu der selben Rangfolge der Entscheidungsalternativen wie der Kostenvergleich auf der Basis von Stückkosten. Abweichungen können sich ergeben, wenn die Mengenleistung (nicht die Kapazität!) unterschiedlich ist. Im Prinzip müssen in solchen Fällen die Erträge in die Vergleichsrechnung einbezogen werden (siehe Gewinnvergleich, Abschnitt 4.2).

Abbildung 29: Kritische Werte im Kostenvergleich

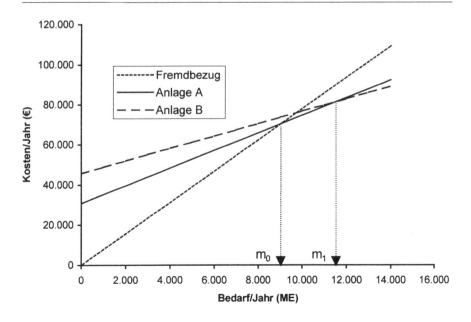

Unter folgenden Bedingungen kann man sich jedoch auf den Stückkostenvergleich beschränken:
1. Die Entscheidungsalternative mit der höchsten Mengenleistung hat die niedrigsten Stückkosten.
2. Der erzielte Kaufpreis deckt die gesamten Kosten der Leistungserstellung.
3. Der Verkaufserlös der Produkte ist nicht von der Höhe der Absatzmenge abhängig.

4.1.4 Eignung der Kostenvergleichsmethode

▶ Die Kostenvergleichsrechnung ist einfach zu handhaben und wird in der Praxis häufig eingesetzt.
▶ Die Grenzen des Verfahrens liegen in ihren **Prämissen**:
(1) **Erträge** werden mit der Kostenvergleichsrechnung ausgeklammert. Dies kann zu Fehleinschätzungen führen, wenn

a) die Erträge der Investitionsalternativen unterschiedlich sind und
b) ungeprüft unterstellt wird, dass die kostengünstigste Investition auch die (strategisch und operativ) nützlichste ist.

Die Konzentration auf das Ziel Kostensenkung kann in bestimmten Situationen sinnvoll sein. Sie darf aber nicht dazu führen, dass Erfolgspotenziale, die für das Bestehen im Wettbewerb und das Gewinnziel notwendig sind, unterentwickelt bleiben.
(2) Es werden für jedes Jahr der Investitionsdauer **gleich hohe Kosten** angenommen. Von Jahr zu Jahr schwankende Daten (Verbrauchsmengen, Einkaufpreise, Löhne usw.) finden keine Beachtung. Entweder wird der Durchschnittswert aus den Kosten aller Nutzungsjahre gebildet oder es werden die Kosten eines vermutlich typischen Nutzungsjahres als repräsentativ ausgewählt. Besonders problematisch ist der in der Praxis zu beobachtende Brauch, die Kosten des ersten Nutzungsjahres für alle Nutzungsjahre als gleich anzunehmen. Oft sind gerade die Investitionswirkungen im ersten Nutzungsjahr nicht repräsentativ.
(3) Der **Kapitaldienst** (die Summe der Abschreibungs- und Zinskosten) wird aus der Fiktion einer durchschnittlichen Kapitalbindung abgeleitet. Der zeitliche Verlauf der Kapitalbindung (durch Auszahlungen) und der Kapitalfreisetzung (durch Einzahlungen) findet keine Beachtung.
Die Kostenvergleichsrechnung sollte auf **kleinere Ersatz- und Rationalisierungsinvestitionen**, bei denen es nur auf einen überschlägigen Vergleich der Kostenunterschiede ankommt, beschränkt werden.

Lösen Sie jetzt die Aufgaben 9 und 10.

4.2 Gewinnvergleich

Mit einem Gewinnvergleich werden Investitionsvorschläge auf Basis der erwarteten jährlichen Gewinne (Erträge minus Kosten) beurteilt.

Die Erweiterung der Kostenvergleichsrechnung um die Erträge ist notwendig, wenn

▶ die absolute Gewinnwirkung eines einzelnen Investitionsvorschlags interessiert und nicht nur der Kostenunterschied konkurrierender Vorschläge oder
▶ die konkurrierenden Investitionsvorschläge sich in ihrer qualitativen oder qualitativen Leistungsfähigkeit unterscheiden.

Dass die Kosten und Erträge im zeitlichen Verlauf der Investitionsnutzung schwanken können, wird vernachlässigt. Man stellt sich ein für die Investition **typisches Nutzungsjahr** vor und geht davon aus, dass die für dieses Jahr geschätzten Gewinne in allen Nutzungsjahren gleich sind. Oder man berechnet aus den jährlich schwankenden Gewinnen einen **Durchschnittsgewinn**.

Die Gewinnvergleichsrechnung kommt zum Zuge:

1. **Bei Einzelentscheidungen**: Eine Investition ist vorteilhaft, wenn ihr durchschnittlicher Jahreserfolg nicht negativ ist.
2. **Bei Vorteilsentscheidungen**: Von konkurrierenden Investitionen ist die Investition mit dem höchsten Gewinn vorzuziehen.
3. **Bei Ersatzentscheidungen**: Eine vorhandene Anlage sollte durch eine neue Anlage ersetzt werden, sobald ihr Gewinn des kommenden Jahres kleiner ist als der durchschnittliche Gewinn der Ersatzanlage.

Wir wollen uns im Folgenden nur mit dem zweiten und dem dritten Anwendungsfeld beschäftigen. Die Regel für Einzelentscheidungen benötigt wegen ihrer Einfachheit keine Sonderbehandlung.

4.2.1 Vergleich konkurrierender Investitionen

Beispiel: Ein Unternehmen der Lebensmittelindustrie möchte ihr Produkt „Apfelmuskonserven" kostengünstiger als bisher produzieren und in verbesserter Qualität in den Markt bringen. Hierzu müssen die vorhandenen Produktionseinrichtungen zum Teil ersetzt und erweitert werden. Es stehen zwei Investitionsvarianten zur Wahl, die sich durch die in Tabelle 24 niedergelegten Daten unterscheiden. Der Kalkulationszinssatz ist mit 7 % vorgegeben. (Es handelt sich um das Ausgangsbeispiel der dynamischen Methoden, Kapitel 3.3.1, angepasst an die vereinfachenden Erfordernisse des Gewinnvergleichs.)

4. Die statistischen Methoden der Investitionsrechnung

Tabelle 24: Beispiel eines Gewinnvergleichs

		Rechen-operation	Anlage I	Anlage II
1	Kapazität (Mengeneinheiten/Jahr)		20.000	20.000
2	geplante Nutzungsdauer (Jahre)		4	4
3	Auszahlungen für abzuschreibende Gegenstände (€)		- 100.000	- 116.000
4	Liquidationsrestwerte der abzuschreibenden Gegenstände (€)		3.000	4.000
5	Kapitalbindung für nicht abzuschreibende Gegenstände (€)		- 5.000	- 8.000
6	Verkaufsmengen (ME/Jahr)		16.000	16.000
7	geplanter Verkaufspreis (€/ME)		6,00	6,50
8	variable Kosten (€/ME)		- 2,90	- 2,10
9	Stück-Deckungsbeitrag (€/ME)	(7)+(8)	3,10	4,40
10	Deckungsbeitragsvolumen (€/Jahr)	(9)·(6)	49.600	70.400
11	fixe Kosten ohne Abschreibungen und Zinsen (€/Jahr)		- 6.600	- 18.400
12	Gewinn vor Abschreibungen und Zinsen (€/Jahr)	(10)+(11)	43.000	52.000
13	Abschreibungen (€/Jahr)	[(3)+(4)] : (2)	- 24.250	- 28.000
14	Zinsen (€/Jahr)	{[(3)-(4)] : 2 -(5)} 0,07	- 3.955	- 4.760
15	Gewinn (€/Jahr)	(12)+(13)+(14)	**14.795**	**19.240**

Den höchsten Gewinn bringt Anlage II.

Mathematisch lässt sich der Gewinn eines Investitionsvorhabens mit Formel 23 darstellen. Die Formel unterscheidet sich von der Formel des Kostenvergleichs (Formel 22) nur durch die Aufnahme der Ertragskomponente.

Formel 23

$$G = E - B - [\frac{A_0 - R_T}{T} + (\frac{A_0 + R_T}{2} + U) \cdot i]$$

G Gewinn pro Jahr
E Ertrag pro Jahr
B laufende variable und fixe Kosten pro Jahr (ohne Abschreibungen und Zinsen)
A_0 Auszahlungen für die abzuschreibenden Gegenstände in t = 0
R_T Liquidationsrestwerte der abzuschreibenden Gegenstände in t = T
U Kapitalbindung der nicht abzuschreibenden Gegenstände, z. B. Umlaufvermögen
T Investitionsdauer
i Kalkulationszinssatz

Die eckige Klammer enthält die Abschreibungen (erster Summand) und die Zinsen (zweiter Summand). Die Summe ist der so genannte Kapitaldienst.

Bezogen auf das obige Beispiel kann die Gleichung auch wie folgt umgestellt werden:

Formel 24

$G = (p - k_v) \cdot x - K_f$

G Gewinn pro Jahr
p Verkaufspreis pro Stück
k_v variable Stückkosten
x erwartete Verkaufsmenge pro Jahr
K_f fixe Kosten pro Jahr einschließlich Abschreibungen und Zinsen

Für das Beispiel in Tabelle 24:

$$G(I) = 3{,}10 \cdot 16.000 - 6.600 - [\frac{100.000 - 3.000}{4} + (\frac{100.000 + 3.000}{2} + 5.000) \cdot 0{,}07]$$
$$G(I) = 43.000 - 28.205 = 14.795$$

$$G(II) = 4{,}40 \cdot 16.000 - 18.400 - [\frac{116.000 - 4.000}{4} + (\frac{116.000 + 4.000}{2} + 8.000) \cdot 0{,}07]$$
$$G(II) = 52.000 - 32.760 = 19.240$$

43.000 € und 52.000 € sind die Gewinne vor Abschreibungen und Zinsen. 28.205 € und 32.760 € bilden den jeweiligen „Kapitaldienst".

4.2.2 Berechnung kritischer Werte

Der Gewinnvergleich kann durch eine Berechnung kritischer Werte ergänzt werden. Im obigen Fallbeispiel lässt sich z. B. untersuchen, wie sich unterschiedliche (da unsichere) Verkaufsmengen auf Erträge und Kosten auswirken, ab welchen Verkaufsmengen ein Gewinn entsteht und bei welchen Verkaufsmengen sich die Rangfolge der Entscheidungsalternativen ändert.
In Abbildung 30 sind die Gewinne der Entscheidungsalternativen in Abhängigkeit von den Verkaufsmengen dargestellt. Dabei wird unterstellt, dass
▶ die Erträge pro Stück und die variablen Stückkosten konstant sind, das Deckungsbeitragsvolumen mit steigenden Verkaufsmengen also linear ansteigt und
▶ die jährlichen Fixkosten sich für das fragliche Mengenintervall nicht mit der Verkaufsmenge ändern.

Zunächst kann man die Gewinnschwellen (Break-even-Points) berechnen, indem man in Formel 24 G = 0 setzt. Dann ergibt sich für die Gewinnschwelle x_0:

4. Die statistischen Methoden der Investitionsrechnung

$$x_0 = \frac{K_f}{p - k_v}$$

Für das Beispiel:

$$x_0(I) = \frac{34.805}{3,10} = 11.227$$

$$x_0(II) = \frac{51.160}{4,40} = 11.627$$

Die Investitionsalternative I erreicht die Gewinnschwelle bei einer Verkaufsmenge von 11.227 Mengeneinheiten pro Jahr, Alternative II bei 11.627 Mengeneinheiten pro Jahr.

Des Weiteren lässt sich feststellen, bei welcher Verkaufsmenge sich die Rangfolge der Investitionsalternativen ändert. Alternative I hat gegenüber der Alternative II niedrigere Deckungsbeiträge, aber auch niedrigere Fixkosten. Bei niedrigen Verkaufsmengen ist deshalb Investition I vorteilhafter ist als Investition II. Bei hohen Verkaufsmengen ist dagegen Investition II günstiger als Investition I. Den Grenzpunkt kann man errechnen, indem man die Gleichungen der Gewinnermittlung gleich setzt und nach der gesuchten kritischen Menge x_k auflöst. Für das Beispiel:

Abbildung 30: Kritische Werte im Gewinnvergleich

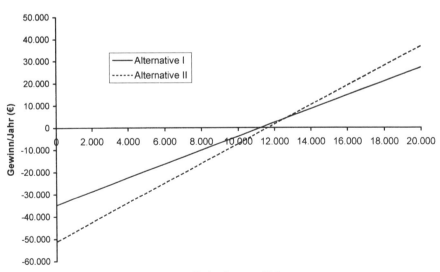

$3{,}10 \cdot x_k - 34.805 = 4{,}40 \cdot x_k - 51.160$

$x_k = \dfrac{51.560 - 34.805}{4{,}40 - 3{,}10} = 12.581$

Überschreitet die Verkaufsmenge 12.581 Einheiten pro Jahr, dann ist Alternative II gegenüber Alternative I zu bevorzugen. Halten die Entscheidungsträger es für möglich, dass die Verkaufsmenge unter 12.851 Einheiten sinkt, bietet Alternative I mehr Sicherheit.

4.2.3 Gegenüberstellung von Gewinnvergleich und Annuitätenmethode

Der Gewinnvergleich gehört zu den statischen Methoden, die Annuitätenmethode zu den dynamischen Methoden. Beide Verfahren sollen den Investitionserfolg pro Periode ausdrücken. Der Gewinnvergleich geht diese Aufgabe etwas einfacher an als die Annuitätenmethode. Die Vereinfachung liegt in zwei Punkten:

1. Die Annuitätenmethode kann Zahlungsreihen berücksichtigen, die im Zeitablauf variieren, während die Gewinnvergleichsmethode zeitlich konstante Daten unterstellt.
2. Der Kapitaldienst wird bei der Annuitätenmethode genauer berechnet als bei der Gewinnvergleichsmethode.

Wir wollen diese Unterschiede am Beispiel demonstrieren.

Zu 1: In Tabelle 24 wurde für die Investitionsalternative ein jährlich konstanter Gewinn vor Abschreibungen und Zinsen von 43.000 € festgestellt. Dies ist der Durchschnitt der laufenden Einzahlungsüberschüsse aus Tabelle 1, Zeile 12:

$\dfrac{60.000 + 50.000 + 40.000 + 22.000}{4} = 43.000$

Der Gewinnvergleich vernachlässigt also die zeitliche Verteilung der Beträge.

Zu 2: Angenommen, die laufenden Einzahlungsüberschüsse betragen konstant 43.000 € pro Jahr. Dann würde die Annuität wie folgt berechnet (Formel 9, Abschnitt 3.6.2):

$AN = 43.000 - (105.000 - \dfrac{8.000}{1{,}07^4}) \cdot \dfrac{1{,}07^4 \cdot 0{,}07}{1{,}07^4 - 1}$

$AN = 43.000 - 29.197 = 13.803$

4. Die statistischen Methoden der Investitionsrechnung

Mit der Gewinnvergleichsrechnung war stattdessen folgende Rechnung entstanden (Abschnitt 4.2.1):

$G = 43.000 - 28.205 = 14.795$

Der Kapitaldienst wird im Rahmen des Gewinnvergleichs (und auch des Kostenvergleichs) regelmäßig niedriger veranschlagt als in der genaueren Annuitätenrechnung. Je mehr Kapital in der Investition eingesetzt wird, desto größer wird der Unterschied zwischen dem Kapitaldienst in der Annuitätenrechnung gegenüber dem approximativen Kapitaldienst in der Gewinnvergleichsrechnung. Die Ungenauigkeit der Gewinnrechnung nimmt mit wachsendem Kapitaleinsatz und wachsender Investitionsdauer zu.

4.2.4 Bestimmung des optimalen Ersatztermins

Der Gewinnvergleich kann auch herangezogen werden, um festzustellen, ob eine vorhandene Anlage zum gegenwärtigen Zeitpunkt durch ein neues Aggregat ersetzt werden soll, oder ob es günstiger ist, den Austausch aufzuschieben. In Abschnitt 3.6.6 wurde das Problem bereits erläutert und mit Hilfe der Annuitätenmethode gelöst.

Wir greifen auf das **Preiselbeeren-Beispiel** zurück, dass bereits bei der Annuitätenmethode, Abschnitt 3.6.6, verwendet wurde. Dieses Beispiel ging bereits von konstanten Jahresdaten aus, was wie gesagt keine notwendige Bedingung der Annuitätenmethode ist. Tabelle 25 dokumentiert noch einmal die Daten.

Tabelle 25: Gewinnvergleich zur Bestimmung des optimalen Ersatztermins

		alte Anlage	neue Anlage
1	Kapazität (Mengeneinheiten/Jahr)	20.000	24.000
2	Kapazitätsauslastung (ME/Jahr)	20.000	21.000
3	Anschaffungsauszahlungen (€)	-	- 112.000
4	Nutzungsdauer neue Anlage (Jahre)	-	5
5	Liquidationserlös neue Anlage am Ende der Nutzungsdauer (€)	-	2.000
6	Liquidationserlös alte Anlage zu Beginn des kommenden Jahres (€)	1.000	-
7	Liquidationserlös alte Anlage am Ende des kommenden Jahres (€)	300	-
8	laufende Auszahlungen für Löhne, Energie, Reparaturen usw. (€/Jahr)	- 290.000	- 275.000
9	laufende Einzahlungen aus Umsatz (€/Jahr)	320.000	330.000

Die Gewinne G (alt) und G (neu) werden wie folgt berechnet:

$G\ (alt) = 320.000 - 290.00 - 1.000 \cdot 0,1 - (1.000 - 300)$
$G\ (alt) = 29.200$

Die Rechnung ist wie folgt zu interpretieren: $1.000 \cdot 0,1 = 100$ € sind die Zinsen, die anfallen, wenn man die Anlage noch ein Jahr nutzt und den Liquidationsrestwert in t = 0 nicht sofort freisetzt, sondern noch ein Jahr lang bindet. Die Differenz $1.000 - 300 = 700$ € entspricht dem Wertverlust der Anlage im kommenden Jahr. (Anmerkung: In Bezug auf das Altaggregat gibt es zur Annuitätenmethode keinen Unterschied.)

Für die neue Anlage ergibt sich auf Basis der **Formel 23**:

$$G(neu) = 330.000 - 275.000 - [\frac{112.000 - 2.000}{5} + \frac{112.000 + 2.000}{2} \cdot 0,1]$$
$$G(neu) = 55.000 - 27.700 = 27.300$$

Ein sofortiger Ersatz ist nach dieser Rechnung nicht vorteilhaft, da G (neu) kleiner ist als G (alt).

Nebenbemerkung: In dynamischer Rechnung ergibt sich für die neue Anlage eine Annuität von 25.782 € (siehe Abschnitt 3.6.6). Die Annuität ist kleiner als der Gewinn laut statischer Rechnung (27.300 €). Generell gilt: Der Gewinnvergleich rät zu einem früheren Ersatz als die exaktere Annuitätenmethode.

Allgemein lautet die **Vorteilsregel** des Gewinnvergleichs zur Bestimmung des optimalen Ersatztermins:

Ist der auf das kommende Jahr bezogene Gewinn einer vorhandenen Anlage niedriger als der durchschnittliche Jahresgewinn der günstigsten Ersatzanlage, dann ist die Altanlage sofort zu ersetzen. Ist der Gewinn der Altanlage höher als der Gewinn der Neuanlage, dann ist der Ersatz noch nicht zu empfehlen.

Im vorstehenden Beispiel bewirkt die Neuanlage eine Erhöhung der Umsatzerlöse. Falls Umsatzeffekte infolge der Erneuerung nicht zu erwarten sind, braucht man sie in der Rechnung nicht zu berücksichtigen, d. h. man muss auch die Daten nicht ermitteln. Aus dem Gewinnvergleich würde ein Kostenvergleich.

4.2.5 Eignung der Gewinnvergleichsmethode

▶ Die Gewinnvergleichsrechnung ist relativ einfach zu handhaben und wird in der Praxis häufig genutzt. Gegenüber der Kostenvergleichsrechnung ist sie breiter verwendbar, weil die Ertragswirkungen der Investitionsvorschläge einbezogen werden.

▶ Die Grenzen des Verfahrens liegen in ihren **Prämissen**:
(1) Es muss möglich sein, den Investitionsvorhaben **Erträge zuzurechnen**. Bei Investitionen, die im Verbund mit anderen Vorgaben stehen, kann dies schwierig sein. Auch ist es denkbar, dass sich der Nutzen einer Investition nur qualitativ beschreiben lässt.
(2) Es werden für jedes Jahr der Investitionsdauer **gleich hohe Gewinne** angenommen. Von Jahr zu Jahr schwankende Daten (Preise, Verkaufsmengen, Kosten usw.) finden keine Beachtung. Entweder wird der Durchschnittswert aus den Jahresgewinnen der Investitionsdauer gebildet oder der Gewinn eines vermutlich typischen Nutzungsjahres als repräsentativ ausgewählt. Besonders problematisch ist der in der Praxis zu beobachtende Brauch, den Gewinn des ersten Nutzungsjahres für alle Nutzungsjahre als gleich anzunehmen. Oft sind gerade die Investitionswirkungen im ersten Nutzungsjahr nicht repräsentativ.
(3) Der **Kapitaldienst** (die Summe der Abschreibungs- und Zinskosten) wird aus der Fiktion einer durchschnittlichen Kapitalbindung abgeleitet. Der zeitliche Verlauf der Kapitalbindung (durch Auszahlungen) und der Kapitalfreisetzung (durch Einzahlungen) findet keine Beachtung.
Die Gewinnvergleichsmethode sollte auf **kleinere Erweiterungs- und Rationalisierungsinvestitionen**, bei denen es nur auf eine überschlägige Kenntnis der Gewinnwirkungen ankommt, beschränkt werden.

Lösen Sie jetzt Aufgabe 11a, b, und c sowie 13.

4.3 Methode der statischen Amortisationsdauer

4.3.1 Berechnung und Interpretation der statischen Amortisationsdauer

Die statische Amortisationsdauer (Amortisationszeit, Kapitalwiedergewinnungszeit oder Kapitalrückflusszeit) einer Investition ist die Zeitspanne, in der das für die Investition eingesetzte Kapital durch jährliche Rückflüsse der Investition zurückgewonnen wird.
Als Rückflüsse gelten dabei die Summe aus erwartetem Gewinn und im Gewinn verrechnete Abschreibungen (auch als Cash-flow der Investition zu interpretieren). Bei Rationalisierungsinvestitionen tritt an die Stelle des Gewinns die durch die Investition verursachte Kostenersparnis.
Die statische Amortisationsrechnung geht von jährlich konstanten Rückflüssen (Gewinn + im Gewinn verrechnete Abschreibungen) der Investition aus. Falls

nur in t = 0 Investitionsauszahlungen anfallen, ergibt sich die statische Amortisationszeit d_s aus **Formel 25**:

$$d_s = \frac{Investitionsauszahlungen}{Gewinn + Abschreibungen}$$

Für die Investitionsalternative I im Gewinnvergleich (siehe Tabelle 24) ergibt sich eine Amortisationsdauer von:

$$d_s = \frac{105.000}{14.795 + 24.250} = 2,69$$

In 2,69 Jahren werden die Anschaffungsauszahlungen durch die Summe von Gewinn und Abschreibungen zurückgewonnen, vorausgesetzt, die Gewinnerwartungen werden bis zu diesem Zeitpunkt erfüllt.

Da bei der vorausgegangenen Gewinnermittlung kalkulatorische Zinsen auf das gesamte eingesetzte Kapital abgezogen wurden, sind in der Zeit von 2,69 Jahren auch die kalkulatorischen Zinsen zurückgewonnen. Weil die Amortisationsdauer das Risiko einer Investition darstellen soll, wird auch die Meinung vertreten, die kalkulatorischen Zinsen auf das Eigenkapital nicht zwingend zurückgewinnen zu müssen. Folgt man dieser Meinung, muss man den Nenner in Formel 25 um die im Gewinn enthaltenen kalkulatorischen Zinsen erhöhen. Dann werden in der Amortisationszeit nur die gezahlten Fremdkapitalzinsen hereingeholt.

4.3.2 Eignung der Methode der statischen Amortisationsdauer

▶ Die statische Amortisationsdauer dient ebenso wie die dynamische Amortisationsdauer der **Abschätzung des Investitionsrisikos**. Ihre Interpretation und die Anwendung bei Einzelinvestitionen und beim Vorteilsvergleich wurden im Abschnitt 3.7 behandelt und müssen hier nicht wiederholt werden.

▶ Die statische Amortisationsrechnung greift auf die Daten der Gewinnvergleichsrechnung zurück. Die Methode ist einfach zu handhaben und kann anstelle der dynamischen Amortisationsrechnung Verwendung finden, wenn eine grobe Abschätzung der Rückflusszeit genügt.

▶ Die statische Amortisationsrechnung ist weniger genau als die dynamische Rechnung, weil sie sich mit durchschnittlichen Jahreswerten begnügt, was dem Grundgedanken der Amortisation – Einzahlungsüberschüsse bringen im zeitlichen Prozess investitionsbedingte Auszahlungen zurück – eigentlich widerspricht.

Lösen Sie jetzt Aufgabe 11d.

4.4 Methode der statischen Rentabilitätsrechnung

4.4.1 Darstellung der statischen Rentabilitätsrechnung

Bei der statischen Rentabilitätsrechnung wird der erwartete Jahresgewinn einer Investition zum durchschnittlich gebundenen Kapital ins Verhältnis gesetzt. Das Ergebnis der Rechnung ist die Verzinsung (Rentabilität, Rendite) des durchschnittlich gebundenen Kapitals.

$$Rentabilität = \frac{Bruttogewinn}{Kapitalbindung}$$

Die statische Rentabilität einer Investition ist der Quotient aus jährlichem Bruttogewinn und dem durch die Investition während ihrer Nutzungsdauer durchschnittlich gebundenen Kapital.

Gewinn ist die Differenz der durch die Investition verursachten Erträge und Kosten. Die Daten stimmen mit den bei der Gewinnvergleichsrechnung benötigten Größen überein. Jedoch werden die Zinsen, die bei der Gewinnermittlung als Kosten abgezogen sind, nicht berücksichtigt; deshalb heißt es in der Definition „Bruttogewinn". Deshalb ist die errechnete Rendite eine Bruttorendite; d.h. sie ist nicht um Zinsen auf das eingesetzte Kapital gemindert.

Dass die Erträge und Kosten im zeitlichen Verlauf der Investitionsnutzung schwanken können, wird bei der statischen Rentabilitätsrechnung vernachlässigt. Man stellt sich entweder ein für die Investition **typisches Nutzungsjahr** vor und geht davon aus, dass die für dieses Jahr geschätzten Gewinne in allen Nutzungsjahren gleich sind. Oder man berechnet aus den jährlich schwankenden Gewinnen einen **Durchschnittsgewinn**.

Die **Kapitalbindung** ergibt sich aus den Anschaffungsauszahlungen, die durch die Investition verursacht werden. Auszahlungen für materielles und immaterielles Anlagevermögen sind ebenso zu berücksichtigen wie Auszahlungen für das Umlaufvermögen, z.B. für investitionsbedingte Warenbestände. Sollte eine alte Anlage aus Anlass der Investition ausscheiden, sind Liquidationserlöse (nicht die Rest**buch**werte) dieser Anlage von den Anschaffungsausgaben abzuziehen. Mit anderen Worten: Es gelten die Regeln der Datenermittlung, die auch für die anderen Methoden der Investitionsrechnung zur Anwendung kommen.

Es gibt in der Praxis viele Varianten der Rentabilitätsrechnung. Sie entstehen aus unterschiedlichen Definitionen der Begriffe Gewinn und Kapitalbindung. Die Rechenergebnisse können deutlich voneinander abweichen.

Hier werden nur zwei markante Varianten der Rentabilitätsrechnung angeführt. Sie unterscheiden sich durch die unterschiedliche Definition der Kapitalbindung.

4.4 Methode der statischen Rentabilitätsrechnung

Variante 1: Die Ermittlung der durchschnittlichen Kapitalbindung hat uns bereits bei der Kostenvergleichsrechnung und bei der Gewinnvergleichsrechnung beschäftigt. Bleibt man in der Logik dieser Rechenmethoden, dann ist die Kapitalbindung mit der in Abschnitt 4.1.1 ausführlich begründeten Basisformel zu bestimmen (Formel 21):

$$DKB = \frac{A_0 + R_T}{2} + U$$

DKB durchschnittliche Kapitalbindung
A_0 Auszahlungen für die abzuschreibenden Gegenstände in t = 0
R_T Liquidationsrestwerte der abzuschreibenden Gegenstände in t = T
U   Kapitalbindung der nicht abzuschreibenden Gegenstände, z. B. Umlaufvermögen
T   Investitionsdauer

Daraus folgt für die Rentabilität folgende **Formel 26**:

$$r_s = \frac{BG}{\frac{A_0 + R_T}{2} + U}$$

r_s statische Rentabilität
BG Bruttogewinn

Bezogen auf das in Tabelle 24 dokumentierte Apfelmus-Beispiel, Investitionsalternative I, ergibt sich:

$$r_s = \frac{49.600 - (6.600 + 24.250)}{\frac{100.000 + 3.000}{2} + 5.000} = 33,2\%$$

Das heißt: 100 € des durchschnittlich gebundenen Kapitals erwirtschaften pro Jahr im Schnitt einen Bruttogewinn von 33,20 €. Gegenüber dem Kalkulationszinssatz von 7 %, der vom Investor mindestens für die Investition gefordert wird, ist die Investition sehr vorteilhaft. Die **Vorteilsregel** lautet allgemein:
Die Investition ist vorteilhaft, wenn die errechnete Rentabilität nicht kleiner ist als eine vom Investor festzulegende Mindestrendite.
Die Mindestrendite entspricht der besten Alternativverzinsung, die man mit dem Geld an anderer Stelle erzielen könnte. Hierfür hatten wir den Begriff Opportunitätszinssatz oder **Kalkulationszinssatz** gewählt (zur Ermittlung siehe Abschnitt 3.3.9).

124   4. Die statistischen Methoden der Investitionsrechnung

Der Bruttogewinn in Formel 26 ist die Differenz zwischen durchschnittlichem Ertrag einerseits und laufenden Kosten und Abschreibungen andererseits. Deshalb kann man Formel 26 auch schreiben (**Formel 27**):

$$r_s = \frac{E - (B + \frac{A_0 - R_T}{T})}{\frac{A_0 + R_T}{2} + U}$$

E   laufender Ertrag pro Jahr
B   laufende fixe und variable Kosten pro Jahr (ohne Abschreibungen und Zinsen)

Diese Formel der Rentabilität kann direkt aus der Gewinnvergleichsrechnung abgeleitet werden. In Abschnitt 4.2.1 hatten wir Formel 23 für die Ermittlung des Gewinns aufgebaut:

$$G = E - [B + \frac{A_0 - R_T}{T} + (\frac{A_0 + R_T}{2} + U) \cdot i]$$

Setzt man in dieser Gleichung G = 0 und i = r_s, so ergibt sich:

$$0 = E - [B + \frac{A_0 - R_T}{T} + (\frac{A_0 + R_T}{2} + U) \cdot r_s]$$

Löst man diese Gleichung nach r_s auf, so folgt daraus Formel 27. Das heißt: Die Rentabilität kann als **kritischer Kalkulationszinssatz der Gewinnrechnung** interpretiert werden. Setzt man in der Gewinnrechnung den Kalkulationszinssatz i genau in Höhe von r_s an, so ergibt sich ein Gewinn von Null.
Gewinnvergleichsrechnung und Rentabilitätsvergleichsrechnung kommen also zur selben Aussage über die Vorteilhaftigkeit einer geplanten Investition: Ist r_s > i, dann ist G > 0, d. h. die Investition ist vorteilhaft. Steigt der Kalkulationszinssatz über die Rentabilität, dann ist die Investition nicht vorteilhaft. (Zur gleichen Interpretation kamen wir im Rahmen der dynamischen Methoden beim internen Zinssatz in Bezug auf den Kapitalwert; siehe Abschnitt 3.8.1.)
Die Interpretation der Rentabilität als kritischer Kalkulationszinssatz der Gewinnvergleichsrechnung gilt jedoch nur, wenn die durchschnittliche Kapitalbindung bei der Rentabilitätsrechnung genauso bestimmt wird wie bei der Gewinnvergleichsrechnung. Es gibt aber keinen Grund, die Kapitalbindung in beiden Methoden unterschiedlich zu interpretieren.
Variante 2: Bei einer anderen Variante der Rentabilitätsrechnung wird nicht der halbe Kapitaleinsatz als durchschnittlich gebundenes Kapital angesetzt, sondern

der ganze. Die Rentabilitätsformel lautet dann, ergänzt um die Zahlen des Beispiels in Tabelle 24, Investitionsalternative I (**Formel 28**):

$$r_s = \frac{E - (B + \frac{A_0 - R_T}{T})}{A_0 + U}$$

$$r_s = \frac{49.600 - (6.600 + 24.250)}{105.000} = 17{,}9\%$$

Der Ansatz ist nicht gerechtfertigt. Es handelt sich bei dem Ergebnis nicht um eine für die Nutzungsdauer gültige Durchschnittsrentabilität, sondern um die Rentabilität **im ersten Jahr** der Nutzungsdauer. In diesem Jahr ist noch kein oder nur wenig Geld durch Rückflüsse zurückgewonnen, d.h. der anfänglich eingesetzte Kapitalbetrag ist noch gebunden.

Bei Investitionen, mit denen das anfänglich eingesetzte Kapital während der gesamten Laufzeit gebunden bleibt, wie beispielsweise bei Finanzanlagen, kann die Berücksichtigung des ganzen Kapitaleinsatzes allerdings zweckmäßig sein. **Beispiel:** Jemand kauft für 20.000 € Wertpapiere, rechnet mit jährlichen Gewinngutschriften von 4.000 €. Die Rentabilität beträgt 20%. Zwar werden durch die Gewinngutschriften bereits während der Laufzeit Gelder frei gesetzt. Aber der wesentliche Teil des Kapitals bleibt bis zum Verkauf der Wertpapiere gebunden. (Diese Form der Renditerechnung stellt einen Sonderfall der Interne-Zinssatz-Methode bei unendlicher Laufzeit und gleich hohen Rückflüssen dar; siehe Abschnitt 3.8.3.)

4.4.2 Eignung der statischen Rentabilitätsrechnung

▶ Unabhängig von den verschiedenen Varianten der statischen Rentabilitätsrechnung gilt: Die **Kapitalbindung** kann im Rahmen der statischen Methoden prinzipiell nicht exakt erfasst werden. Denn sie ändert sich während der Laufzeit der Investition mit dem Eintreffen der Rückflüsse. Eine Durchschnittsrechnung, die in den statischen Verfahren methodisch erzwungen wird, muss zwangsläufig fehlerhaft bzw. ungenau sein. Die Interne-Zinssatz-Methode und die Kritische-Sollzinssatz-Methode sind deshalb jeder statischen Rentabilitätsrechnung im Ansatz überlegen.
▶ Sowohl die statische als auch die dynamische Rentabilitätsrechnung sind beim Vergleich konkurrierender Investitionen ungeeignet. Dies gilt besonders, wenn die Investitionsalternativen unterschiedliche Anschaffungsauszahlungen und/oder unterschiedliche Laufzeiten aufweisen. Zur Begründung wird auf die Ausführungen im Zusammenhang mit der Interne-Zinssatz-Methode verwiesen (Abschnitt 3.8.5).

Lösen Sie jetzt die Aufgabe 11e.

4.5 Zusammenfassung

▶ **Kostenvergleich**
- Mit einem Kostenvergleich werden die erwarteten Kosten von zwei oder mehreren Investitionsvorschlägen einander gegenübergestellt.
- Es werden für jedes Jahr der Investitionsdauer gleich hohe Kosten angenommen. Von Jahr zu Jahr schwankende Daten (Verbrauchsmengen, Einkaufspreise, Löhne usw.) finden keine Beachtung.
- Der Kapitaldienst (Abschreibungen + Zinsen) wird in der Kostenvergleichsrechnung nur approximativ ermittelt. Will man ihn genauer bestimmen, muss man auf die Annuitätenmethode zurückgreifen.
- Mit der Berechnung kritischer Werte wird festgestellt, bei welchem Schwellenwert einer Eingangsgröße, z. B. der Produktionsmenge, sich die Rangfolge konkurrierender Investitionsvorschläge ändert.
- Die Kostenvergleichsrechnung sollte wegen ihrer vereinfachenden Prämissen auf kleinere Ersatz- und Rationalisierungsinvestitionen beschränkt werden, bei denen eine überschlägige Einschätzung der Kosten genügt.

▶ **Gewinnvergleich**
- Mit einem Gewinnvergleich werden die erwarteten Gewinne eines oder mehrerer Investitionsvorschläge einander gegenüber gestellt.
- Es werden für jedes Jahr der Investitionsdauer gleich hohe Erträge und Kosten angenommen. Von Jahr zu Jahr schwankende Daten finden keine Beachtung.
- Der Kapitaldienst (Abschreibungen + Zinsen) wird nur approximativ ermittelt. Will man ihn genauer bestimmen, muss man auf die Annuitätenmethode zurückgreifen.
- Bei Einzelinvestitionen gilt: Eine Investition ist vorteilhaft, wenn ihr durchschnittlicher Jahresgewinn nicht negativ ist.
- Bei konkurrierenden Investitionen gilt: Von zwei oder mehr einander ausschließenden Investitionsvorhaben ist die Investition mit dem höchsten Gewinn vorzuziehen.
- Für den optimalen Ersatztermin gilt: Eine vorhandene Anlage sollte durch eine neue Anlage ersetzt werden, sobald ihr Gewinn des kommenden Jahres kleiner ist als der durchschnittliche Gewinn der Ersatzanlage.
- Der Gewinnvergleich kann durch eine Berechnung kritischer Werte ergänzt werden. Es wird ermittelt, bei welchem Schwellenwert einer Eingangsvariablen, z. B. der Produktionsmenge, – eine einzelne Investition vorteilhaft wird bzw. – sich die Rangfolge konkurrierender Investitionsvorschläge ändert.

4.5 Zusammenfassung

– Die Gewinnvergleichsrechnung sollte wegen ihrer vereinfachenden Prämissen auf kleinere Erweiterungs-, Rationalisierungs- und Ersatzinvestitionen beschränkt werden, bei denen eine überschlägige Einschätzung der Gewinne genügt.

▶ **Methode der statischen Amortisationsdauer**
– Die statische Amortisationsdauer einer Investition ist die Zeitspanne, in der das für die Investition eingesetzte Kapital durch jährliche Rückflüsse der Investition zurückgewonnen wird.
– Die statische Amortisationsdauer dient ebenso wie die dynamische Amortisationsdauer der Abschätzung des Investitionsrisikos.

▶ **Methode der statischen Rentabilitätsrechnung**
– Bei der statischen Rentabilitätsrechnung wird der erwartete Jahresgewinn einer Investition zu ihrem durchschnittlich gebundenen Kapital ins Verhältnis gesetzt.
– Die Rentabilität kann als kritischer Kalkulationszinssatz der Gewinnvergleichsrechnung interpretiert werden, wenn die durchschnittliche Kapitalbindung bei der Rentabilitätsrechnung genauso bestimmt wird wie bei der Gewinnvergleichsrechnung.
– Für Einzelinvestitionen gilt: Eine Investition ist vorteilhaft, wenn die errechnete Rentabilität größer ist als der Kalkulationszinssatz.
– Für konkurrierende Investitionen gilt: Von zwei oder mehr einander ausschließenden Investitionsvorhaben ist die Investition mit der höchsten Rentabilität vorzuziehen. Bei Investitionsalternativen mit unterschiedlichen Anschaffungsauszahlungen und/oder unterschiedlichen Investitionsdauern ist die statische wie auch die dynamische Rentabilitätsrechnung ungeeignet.

▶ **Vorteile der statischen Methoden**
– Entscheidungshilfe: Die statischen Methoden zeigen, ob und inwieweit Investitionsvorhaben im Rahmen der finanziellen Zielsetzung vorteilhaft sind. Ihr Ergebnis geht in den Planungs- und Entscheidungsprozess ein und wird dort mit Gesichtspunkten, die nicht durch Rechnungen erfassbar sind, verknüpft.
– Einfachheit: Die statischen Methoden sind einfacher zu handhaben als die dynamischen Methoden und benötigen keine zeitlich differenzierten Zahlungsreihen.

▶ **Voraussetzungen und Grenzen**
– Zeitliche Differenzierung: Die statischen Methoden können den zeitlichen Prozess der durch die Investition verursachten Auszahlungen und Einzahlun-

gen und damit auch die zeitliche Entwicklung der Kapitalbindung nicht erfassen. Sie unterstellen durchschnittliche Erträge, Kosten und Kapitalbindungen. Sie sind deshalb den dynamischen Methoden an Genauigkeit unterlegen.

▶ Wie bei den dynamischen Methoden gilt auch bei den statischen Methoden:
– Es wird vorausgesetzt, dass die durch die Investition ausgelösten Erträge, Kosten und Kapitalbindungen der einzelnen Investition zugerechnet werden können.
– Die prognostizierten und für die Rechnung benötigten Daten sind mehr oder weniger unsicher und ungenau.
– Es wird vorausgesetzt, dass der Investor sein Geld zu einem bestimmten einheitlichen Kalkulationszinssatz in beliebiger Stückelung aufnehmen oder anlegen kann.

Aufgabe 9: Worin liegt der Unterschied der Berechnung des Kapitaldienstes mit der Kostenvergleichsmethode und der Annuitätenmethode bei konstanten Rückflüssen?

Aufgabe 10 (ähnlich Blohm/Lüder/Schaefer 2006, S. 137 ff.): Ein Halbfabrikat kann auf der Anlage I oder der Anlage II gefertigt werden. Folgende Daten zur Auswahl der kostengünstigsten Alternative wurden zusammengestellt:

	Anlage I	Anlage II
Kapazität (Stück/Jahr)	16.000	16.000
geplante Nutzungsdauer (Jahre)	8	8
Anschaffungsauszahlungen für Anlagegegenstände (€)	95.000	53.000
Liquidationsrestwert (€)	5.000	3.000
Kapitalbindung im Umlaufvermögen (€)	2.000	2.000
Fixe Kosten ohne Abschreibung und Zinsen (€/Jahr)	1.000	600
Löhne und Lohnnebenkosten (€/ Stück)	0,39	1,00
Materialkosten (€/ Stück)	0,10	0,10
Energie- und sonstige variable Kosten (€/Stück)	0,06	0,15

Der Unternehmer rechnet mit einem Kalkulationszinssatz von 10%. Der Verkaufspreis des Produkts liegt bei 2 € pro Einheit.

a) Bestimmen Sie die kostengünstigste Anlage, wenn auf beiden Anlagen 15.600 Einheiten pro Jahr gefertigt werden können.
b) Welches ist die kritische Auslastung, bei der sich die Rangfolge der Alternativen ändert?

Aufgabe 11 (nach Müller-Hedrich 1998, S. 104 f.): Zur Herstellung eines neuen Produkts stehen zwei Automaten (A und B) zur Wahl. Die Automaten bringen die gleiche qualitative Leistung, unterscheiden sich jedoch hinsichtlich der maximalen Ausstoßmenge und der Kosten. Aufgrund einer Marktstudie kann bei einem Nettoverkaufspreis von 20 € pro Stück mit einer Absatzmenge bis zu 48.000 Stück pro Jahr gerechnet werden.
Durch die Produktionsausweitung werden im Rohstoff- und Fertigungslager und in den Kundenforderungen zusätzliche Kapitalbeträge gebunden (siehe Tabelle). Die Automaten würden linear über fünf Jahre abgeschrieben. Der Kauf der Automaten würde zu 40 % mit eigenen Mitteln (entgangener Zinssatz 6 %) und zu 60 % mit fremden Mitteln (Effektivzinssatz 9 %) finanziert.

a) Welcher Automat soll angeschafft werden?
b) Welche Verkaufsmenge ist mindestens nötig, damit A bzw. B keinen Verlust verursachen?
c) Welche Anlage ist zu bevorzugen, wenn die Verkaufsmenge auf 40.000 Stück pro Jahr sinkt?
d) Wann amortisieren sich A und B?
e) Wie hoch sind die Renditen von A und B? Wie werten Sie das Ergebnis?

	Automat A	Automat B
Kapazität (Stück/Jahr)	40.000	48.000
geplante Nutzungsdauer (Jahre)	5	5
Anschaffungsauszahlungen für Anlagegegenstände (€)	660.000	980.000
Liquidationsrestwert (€)	10.000	10.000
Kapitalbindung im Umlaufvermögen (€)	80.000	120.000
Fixe Kosten ohne Abschreibung und Zinsen (€/Jahr)	120.000	145.000
Variable Kosten (€/ Stück)	8,00	6,80
Verkaufspreis (€/ Stück)	20,00	20,00

Aufgabe 12: Gewinnvergleichsmethode – Annuitätenmethode: Worin stimmen die Methoden überein? Worin unterscheiden sie sich?

Aufgabe 13: Ein Unternehmen für Busreisen verfügt über ein 4 Jahre altes Fahrzeug. Das Fahrzeug wird im kommenden Jahr voraussichtlich 60.000 € an Einzahlungen einfahren und 30.000 € an laufenden Betriebsauszahlungen auslösen. Das alte Fahrzeug hat derzeit einen Liquidationsrestwert von 10.000 €; ein Jahr später wären es noch 5.000 €.
Mit einem neuen Bus könnte man die Einzahlungen auf 67.000 €/Jahr steigern und die laufenden Auszahlungen auf 25.000 €/Jahr senken. Das neue Fahrzeug wird für 60.000 € angeboten. Man würde es voraussichtlich 5 Jahre lang nutzen

und es dann noch für ca. 10.000 € verkaufen können. Der Unternehmer rechnet mit einem Kalkulationszinssatz von 10%.

Ist es günstig, das alte Fahrzeug sofort zu ersetzen? Verwenden Sie

a) ein statisches,
b) ein dynamisches Verfahren der Investitionsrechnung.

5. Berücksichtigung der Gewinnsteuern in der Investitionsrechnung

Lehrziele

Die kritische Lektüre dieses Kapitels soll Sie befähigen,
▶ die Probleme der Einbeziehung von Gewinnsteuern in die Investitionsrechnung zu erkennen und
▶ praxisnahe Lösungen dieses Problems in die Investitionsrechnung zu integrieren.

Es werden die dynamischen Methoden der Investitionsrechnung zugrunde gelegt. Für die anderen Methoden gelten die Erkenntnisse entsprechend.

5.1 Erläuterung des Problems

Durch Investitionen verursachte oder vermiedene Steuerzahlungen sind bei der Beurteilung einer Investition im Prinzip ebenso zu berücksichtigen wie andere Zahlungen. Soweit es sich um gewinnabhängige Steuern handelt, verzichtet die Praxis gleichwohl in vielen Fällen auf ihre Erfassung. Sie rechnet aus Gründen der Vereinfachung „vor Steuern". Steuerliche Argumente werden stattdessen neben der Investitionsrechnung ins Spiel gebracht, ohne die rechnerische Konsequenz genauer zu überprüfen. Beispielsweise wird die Anschaffung eines neuen PKW damit begründet, dass der alte abgeschrieben sei.

Die Vernachlässigung der Steuern wird verständlich, wenn man sich folgende Schwierigkeiten vor Augen führt:

▶ Der Einzahlungsüberschuss oder der Gewinn, den man für die Investitionsrechnung braucht, stimmt nicht überein mit dem Beitrag der Investition zur **Steuerbemessungsgrundlage**. In einer Nebenrechnung zur Investitionsrechnung muss dieser Beitrag unter Beachtung der steuerlichen Gewinnermittlungsvorschriften gesondert festgestellt werden. Beispielsweise wirkt sich auf die Steuerbemessungsgrundlage aus, welcher Anteil der Anschaffungsauszahlungen zu bilanzieren bzw. sofort als Aufwand abzusetzen ist, wie die Gegenstände des Anlagevermögens abzuschreiben sind, wie das Umlaufvermögen zu bewerten ist usw.

▶ Die Steuerbemessungsgrundlagen des **Einkommensteuer-, Körperschaftsteuer- und Gewerbesteuerrechts** stimmen nicht überein. Dafür sorgen Detailregelungen unseres Steuerrechts.

▶ Welche Steuerzahlung das einzelne Investitionsvorhaben auslöst, kann man letztlich nur feststellen, wenn man die **steuerliche Situation des gesamten Unternehmens** kennt. Man müsste einen Gewinnplan aufstellen, der das gesamte Unternehmen mit all seinen Teilplänen und seinen steuerlichen Merkmalen umfasst. Erst so wäre zu sehen, wie sich die Investitionsentscheidung in diesem Kontext auswirkt.

▶ Die Notwendigkeit der Gesamtbetrachtung wird besonders deutlich bei Unternehmen, deren Gewinn in der Einkommensteuer mit dem progressiven Tarifsatz besteuert wird. Die steuerlichen Folgen der einzelnen Investition sind dann am **Grenzsteuersatz** (besser: Differenzsteuersatz) zu orientieren, d.h. an dem Steuersatz, der sich auf die von der Investition bewirkten Veränderung des Gesamtgewinns bezieht. Vereinfacht kann man diesen Grenzsteuersatz wie folgt berechnen: Man erhöht den erwarteten Unternehmensgewinn fiktiv um 100 €, ermittelt in der Steuertabelle die dadurch bedingte Erhöhung der Steuerzahlung, z.B. 41 €, und dividiert diesen Betrag durch die 100 €; der Grenzsteuersatz beträgt in diesem Fall 41 %.

▶ Bei Einzelfirmen und Personengesellschaften wird die Höhe der Steuerbelastung von den **persönlichen Verhältnissen der Steuerpflichtigen** (übrige Einkünfte, Familienstand usw.) und vom Ausschüttungsverhalten (Begünstigung des thesaurierten Gewinns) mitbestimmt.

▶ Bei Einzelgewerbetreibenden und Gesellschaftern von Personengesellschaften, die natürliche Personen sind, kann nach § 35 EStG das 3,8-fache des Gewerbesteuermessbetrages von der tariflichen Einkommensteuer abgezogen werden; bei Kapitalgesellschaften gilt dies nicht.

▶ Ist der Steuersatz davon abhängig, wie viel Gewinn an die Anteilseigner ausgeschüttet bzw. im Unternehmen belassen wird, muss eine bestimmte **Ausschüttungsentscheidung** unterstellt und auf das einzelne Investitionsvorhaben projiziert werden.

▶ Bestehen steuerliche **Verlustvorträge oder -rückträge**, so fallen Steuerzahlungen entweder gar nicht an, werden in die Zukunft verschoben oder vom Finanzamt zurückerstattet.

▶ Die steuerlichen Effekte sind streng genommen für die **ganze Investitionsdauer** vorauszuschätzen. Abgesehen von den Schwierigkeiten einer längerfristigen Gewinnprognose tragen auch mögliche Änderungen im Steuerrecht zusätzliche Unsicherheiten in die Rechnung.

Die Investitionsrechnung **ohne** Gewinnsteuern durchzuführen ist vertretbar, wenn

a) der zur Entscheidung anstehende Investitionsvorschlag sowohl in der Rechnung ohne Steuern als auch in der Rechnung mit Steuern vorteilhaft (oder unvorteilhaft) ist,
b) die Rangfolge konkurrierender Investitionsvorschläge sich durch die Berücksichtigung der Steuern nicht ändert,
c) der optimale Ersatzzeitpunkt einer Investition durch die Steuern nicht beeinflusst wird.

Diese – in der Praxis nicht seltenen – Situationen treten dann ein, wenn die Gewinnsteuer alle Investitionen einschließlich der Basisinvestition, die sich im Kalkulationszinssatz ausdrückt, in etwa gleicher Weise belastet.

Mit Gewinnsteuern muss gerechnet werden, wenn der Einfluss der Gewinnsteuern eine Änderung der Investitionsentscheidung herbeiführen könnte. Dies ist dann zu vermuten, wenn die Entscheidungsalternativen von Steuerbe- oder Steuerentlastungen unterschiedlich berührt werden, z. B. durch Sonderabschreibungen. Auch auf den Vergleich zwischen kreditfinanziertem Kauf und Leasing können sich die steuerlichen Folgen auswirken; denn Leasingverträge werden in der Regel so gestaltet, dass insbesondere die Gewerbesteuer gemindert wird.

5.2 Berücksichtigung der Steuern bei einer Einzelinvestition

Im Folgenden wird ein Verfahren beschrieben, mit dem es auf relativ einfache Weise gelingt, die Wirkungen von Gewinnsteuern (Einkommen- oder Körperschaftsteuer und Gewerbesteuer) in der Investitionsrechnung zu berücksichtigen. Ungenauigkeiten werden bewusst in Kauf genommen, weil das Modell anderenfalls so kompliziert würde, dass es in der Praxis kaum Akzeptanz fände.

Der Steuereffekt kann sich während der Investitionsdauer ändern, beispielsweise durch Sonderabschreibungen, die in den ersten Jahren der Investitionsnutzung hohe, in den späteren Jahren entsprechend niedrige Steuerminderungen zur Folge haben. In der Praxis beobachtet man oft eine Selbsttäuschung: Man beurteilt ein Investitionsvorhaben anhand der Gewinnaussichten nur im ersten Jahr nach der Investitionsdurchführung und rechnet diesem Gewinn auch die Steuerentlastung zu, die zum Beispiel infolge erhöhter Anlaufkosten zunächst deutlich ausfallen kann. Dadurch erscheint das Vorhaben günstiger als es im gesamten Verlauf der Investition wirklich ist. Um solche Irrtümer zu vermeiden, sollte man bei der Berücksichtigung von Gewinnsteuern im Regelfall eine **dynamische Methode** der Investitionsrechnung bevorzugen.

Zur Veranschaulichung wird wieder das **Apfelmus-Beispiel** zugrunde gelegt (Tabelle 1). Der Kalkulationszinssatz vor Steuern beträgt nach wie vor 7 %. Darüber hinaus gelten folgende steuerliche Daten: 100.000 € Anschaffungsauszahlungen werden linear über 4 Jahre abgeschrieben. Der Grenzsteuersatz der Einkommensteuer wurde einschließlich Solidaritätszuschlag auf 41 % geschätzt. Die Steuermesszahl der Gewerbeertragsteuer beträgt 3,5 %. Die Gemeinde, in der die Betriebsstätte liegt, habe einen Hebesatz von 380 % festgelegt. Daraus ergibt sich eine Gewerbesteuerbelastung von rund 13,3 % (3,8 · 3,5 %). Da gemäß § 35 EStG das 3,8-fache des Gewerbesteuermessbetrages von der Einkommensteuer abgezogen werden kann, verbleibt unter der vereinfachenden Annahme identischer Steuerbemessungsgrundlagen eine Gesamtsteuerbelastung von 41 % des steuerpflichtigen Gewinns übrig. Falls der Hebesatz der Gemeinde abweichend vom Beispiel mehr als 380 % beträgt, wird trotzdem nur das 3,8-fache des Messbetrages bei der Einkommensteuer abgezogen. Entsprechend würde die Gesamtbelastung auf über 41 % steigen.

Schließlich wird aus dem Brutto-Kalkulationszinssatz (im Beispiel 7 %) der **Netto-Kalkulationszinssatz** (Kalkulationszinssatz nach Steuern) abgeleitet:

Netto-Kalkulationszinssatz = Brutto-Kalkulationszinssatz · (1 − Steuersatz)

Im Beispiel:

$7\% \cdot (1 - 0{,}41) = 4{,}13\%$

Beachte also: **Wird die Investitionsrechnung mit Gewinnsteuern durchgeführt, so muss auch der Kalkulationszinssatz um die Steuerwirkung korrigiert werden.** Denn legt man das Geld zum Kalkulationszinssatz an, dann müssen im Regelfall die Einkünfte aus dieser Geldanlage, z. B. die Zinseinkünfte, auch versteuert werden. Wird der Kalkulationszinssatz aus den Kosten des Fremdkapitals abgeleitet, gilt entsprechend: Die für das Fremdkapital zu zahlenden Zinsen sind – soweit nicht von der Zinsschrankenregelung betroffen (§ 4h EStG, § 8a KStG) – steuerlich als Betriebsausgaben absetzbar; entsprechend ist der Kalkulationszinssatz zu mindern.

Die Investitionsrechnung muss nicht jede Feinheit des Steuerrechts berücksichtigen. Für die Praxis genügt als Gesamtsteuersatz für die Einkommen- und Gewerbesteuer eine Richtgröße, die man im Unternehmen zwar von Zeit zu Zeit überprüft, jedoch pauschal den laufend anstehenden Investitionsrechnungen zugrunde legt. In Sensitivitätsanalysen kann man in Zweifelsfällen prüfen, wie empfindlich die Kapitalwerte, Annuität usw. auf Änderungen des Steuersatzes reagieren.

Die Investitionsrechnung mit Steuern ist für das Beispiel in Tabelle 26 dargestellt. Die Zeilen 1 bis 5 dienen der Berechnung der durch die Investition verursachte Steuerbe- oder Steuerentlastung. Die Zeilen 6 bis 12 sind der eigentlichen Investitionsrechnung vorbehalten. Das Ziel der Datenermittlung ist die „Zahlungsreihe der Investition nach Steuern" (Zeile 11). Zu dieser Zahlungsreihe kommt man in folgenden Teilschritten:

Zeilen 6 bis 8: Wie üblich bestimmen wir die Zahlungsreihe der Investition, getrennt nach Zahlungen im Anlage- und Umlaufvermögen. Die Daten stammen aus Tabelle 1 in Kapitel 3.

Zeile 1: Die laufenden Zahlungen werden aus Zeile 8 übernommen.

Zeile 2: Die Absetzung für Abnutzung (steuerliche Abschreibung) wird anhand des Einkommensteuerrechts ermittelt.

Zeile 3: Es kann sein, dass neben den Abschreibungen noch andere Korrekturen der laufenden Zahlungen nötig sind, um auf die Steuerbemessungsgrundlage zu kommen. In diesem Beispiel verbleibt am Ende des Jahres 4 kein steuerlicher Restbuchwert. Die Liquidationseinzahlungen für die Anlagegegenstände, im Beispiel 3.000 €, führen deshalb zu einem außerordentlichen Ertrag, der versteuert werden muss.

Andere Korrekturen (in diesem Beispiel nicht relevant) könnten durch sofort abzugsfähige Nebenkosten der beschafften Anlagegegenstände entstehen. Beispielsweise sind die Kosten der Finanzierung beim Grundstückskauf sofort absetzbar, während die Grunderwerbsteuer aktiviert werden muss und dadurch erst über die Abschreibung zum Steuereffekt führt.

136   5. Berücksichtigung der Gewinnsteuern in der Investitionsrechnung

Zeile 4: Die Abschreibungen und sonstigen steuerlichen Korrekturen werden von den laufenden Zahlungen abgezogen. Das Ergebnis ist der Beitrag der Investition zur Steuerbemessungsgrundlage (die Steuerbasis).

Zeile 5: Die Steuerbasis wird mit dem für das Unternehmen gültigen Steuersatz, im Beispiel 41 %, multipliziert. Es wird unterstellt, dass die Steuerzahlung ohne zeitliche Verzögerung erfolgt. Wollte man an dieser Stelle genauer sein, könnte man die Steuerzahlung ein Jahr später eintragen.

Wenn die Steuerbasis negativ ist, zum Beispiel weil im Jahr 1 die Abschreibungen höher sind als die Einzahlungsüberschüsse, dann entsteht eine Steuergutschrift. Dabei wird vorausgesetzt, dass der steuerliche Verlust die Gesamtsteuerbelastung des Unternehmens mindert. Falls eine Kompensation nicht möglich ist, wird statt einer Steuereinzahlung die Zahl 0 € eingetragen.

Tabelle 26: Investitionsrechnung mit Steuern

	Steuerberechnung	0	1	2	3	4
1	Saldo der laufenden Zahlungen		60.000	50.000	40.000	22.000
2	Absetzung für Abnutzung		-25.000	-25.000	-25.000	-25.000
3	Sonstige Steuerkorrekturen					3.000
4	Steuerbasis		35.000	25.000	15.000	0
5	Steuerzahlungen		-14.350	-10.250	-6.150	0
	Investitionsrechnung	0	1	2	3	4
6	Anlagegegenstände	-100.000				3.000
7	Umlaufgegenstände	-5.000				5.000
8	Saldo der laufenden Zahlungen		60.000	50.000	40.000	22.000
9	Steuerzahlungen		-14.350	-10.250	-6.150	0
10	Laufende Zahlungen mit Steuern		45.650	39.750	33.850	22.000
11	**Zahlungsreihe der Investition nach Steuern**	**-105.000**	**45.650**	**39.750**	**33.850**	**30.000**
12	Vermögensbestand	-105.000	-63.687	-26.567	6.186	36.442
	Kapitalwert (€)	**30.995**				
	Amortisationsdauer (Jahre)	**2,8**				

Zeile 10: Die Steuerzahlungen werden aus Zeile 5 in Zeile 9 übertragen und von den Zahlen der Zeile 8 abgezogen.

Zeile 12: Diese Zahlungsreihe wird nun, wie wir es bei der Endkapitalwertrechnung mit Tabelle 5, Abschnitt 3.4.1, kennen gelernt haben, kumulativ aufgezinst. Der Aufzinsungsfaktor lautet in diesem Fall 1 + 0,0413 = 1,0413. Es entsteht in Zeile 12 Ende t = 4 ein Endkapitalwert von 36.442 €. Die Amortisationsdauer beträgt (aufgrund linearer Interpolation) 2,8 Jahre.

Der Barkapitalwert lässt sich entweder aus dem Endkapitalwert oder direkt aus der Zahlungsreihe ableiten:

$$C_0 = \frac{36.442}{1{,}0413^4} = 30.995$$

$$C_0 = -105.000 + \frac{45.650}{1{,}0413} + \frac{39.750}{1{,}0413^2} + \frac{33.850}{1{,}0413^3} + \frac{30.000}{1{,}0413^4} = 30.995$$

Tabelle 27 listet die Rechenergebnisse vor und nach Steuern auf. Die Ergebnisse vor Steuern sind aus Kapitel 3, Tabellen 9 und 15, übernommen.

Tabelle 27: Vergleich der Ergebnisse vor und nach Steuern

	vor Steuern	nach Steuern
Barkapitalwert (€)	50.286	30.995
Amortisationsdauer (Jahre)	2,2	2,8

Auch nach der Berücksichtigung der Steuern ist die Investition vorteilhaft. Jedoch sinkt der Kapitalwert und es steigt die Amortisationsdauer. In diesem Fall ist kaum zu erwarten, dass sich die Berücksichtigung der Steuern auf die Entscheidung auswirkt.

5.3 Berücksichtigung der Steuern bei konkurrierenden Investitionen

Im folgenden Beispiel stehen die konkurrierenden Investitionen A und B zur Debatte. Die Zahlungsreihen sind in den Tabellen 28 und 29 ausgewiesen. Der Kalkulationszinssatz ist mit 8 % vorgegeben. Die daraus errechneten Kapitalwerte vor Steuern betragen für A 4.746 € und für B 6.461 €. Es ist zu prüfen, ob sich die Rangfolge der Alternativen ändert, wenn Gewinnsteuern berücksichtigt werden:

a) bei einer linearen Absetzung für Abnutzung über 4 Jahre für A und B,
b) bei einer steuerlichen Sonderabschreibung von 30.000 € bei A im Jahr der Anschaffung und 2.500 €/Jahr in den Folgejahren.

Der Steuersatz der Einkommen- und Gewerbeertragsteuer beträgt wieder 29 %. Die Tabellen 30 bis 32 zeigen die Rechnung mit Steuern.

Die Verdichtung der Ergebnisse in Tabelle 33 zeigt, dass in diesem Beispiel
▶ die Berücksichtigung von Steuern bei linearer Abschreibung die Kapitalwerte senkt, aber die Rangfolge zwischen A und B nicht ändert,
▶ die Sonderabschreibung den Kapitalwert von A deutlich verbessert.

138 5. Berücksichtigung der Gewinnsteuern in der Investitionsrechnung

Tabelle 28: Investitionsrechnung ohne Steuern (Alternative A)

		0	1	2	3	4
1	Anlagegegenstände	-40.000				
2	Umlaufgegenstände					
3	Saldo der laufenden Zahlungen		5.000	10.000	30.000	7.500
4	Zahlungsreihe der Investition	-40.000	5.000	10.000	30.000	7.500
5	Vermögensbestand	-40.000	-37.400	-29.644	-1.423	**5.992**
	Kapitalwert (€)	**4.746**				
	Amortisationsdauer (Jahre)	**3,2**				

Tabelle 29: Investitionsrechnung ohne Steuern (Alternative B)

		0	1	2	3	4
1	Anlagegegenstände	-40.000				
2	Umlaufgegenstände					
3	Saldo der laufenden Zahlungen		20.000	10.000	10.000	13.000
4	Zahlungsreihe der Investition	-40.000	20.000	10.000	10.000	13.000
5	Vermögensbestand	-40.000	-22.400	-13.744	-4.569	**8.157**
	Kapitalwert (€)	**6.461**				
	Amortisationsdauer (Jahre)	**3,4**				

Tabelle 30: Investitionsrechnung mit Steuern (Alternative A)

	Steuerberechnung	0	1	2	3	4
1	Saldo der laufenden Zahlungen		5.000	10.000	30.000	7.500
2	Absetzung für Abnutzung		-10.000	-10.000	-10.000	-10.000
3	Sonstige Steuerkorrekturen					
4	Steuerbasis		-5.000	0	20.000	-2.500
5	Steuerzahlungen		2.050	0	-8.200	1.025
	Investitionsrechnung	0	1	2	3	4
6	Anlagegegenstände	-40.000				
7	Umlaufgegenstände					
8	Saldo der laufenden Zahlungen		5.000	10.000	30.000	7.500
9	Steuerzahlungen		2.050	0	-8.200	1.025
10	Laufende Zahlungen mit Steuern		7.050	10.000	21.800	8.525
11	**Zahlungsreihe der Investition nach Steuern**	-40.000	7.050	10.000	21.800	8.525
12	Vermögensbestand	-40.000	-34.366	-25.583	-4.688	3.671
	Kapitalwert (€)	**3.194**				
	Amortisationsdauer (Jahre)	**3,2**				

5.3 Berücksichtigung der Steuern bei konkurrierenden Investitionen

Tabelle 31: Investitionsrechnung mit Steuern (Alternative B)

	Steuerberechnung	0	1	2	3	4
1	Saldo der laufenden Zahlungen		20.000	10.000	10.000	13.000
2	Absetzung für Abnutzung		-10.000	-10.000	-10.000	-10.000
3	Sonstige Steuerkorrekturen					
4	Steuerbasis		10.000	0	0	3.000
5	Steuerzahlungen		-4.100	0	0	-1.230
	Investitionsrechnung	**0**	**1**	**2**	**3**	**4**
6	Anlagegegenstände	-40.000				
7	Umlaufgegenstände					
8	Saldo der laufenden Zahlungen		20.000	10.000	10.000	13.000
9	Steuerzahlungen		-4.100	0	0	-1.230
10	Laufende Zahlungen mit Steuern		15.900	10.000	10.000	11.770
11	**Zahlungsreihe der Investition nach Steuern**	**-40.000**	**15.900**	**10.000**	**10.000**	**11.770**
12	Vermögensbestand	-40.000	-25.516	-16.419	-7.001	4.522
	Kapitalwert (€)	3.934				
	Amortisationsdauer (Jahre)	3,7				

Tabelle 32: Investitionsrechnung mit Steuern (Sonderabschreibung bei Alternative A)

	Steuerberechnung	0	1	2	3	4
1	Saldo der laufenden Zahlungen		5.000	10.000	30.000	7.500
2	Absetzung für Abnutzung	-30.000	-2.500	-2.500	-2.500	-2.500
3	Sonstige Steuerkorrekturen					
4	Steuerbasis	-30.000	2.500	7.500	27.500	5.000
5	Steuerzahlungen	12.300	-1.025	-3.075	-11.275	-2.050
	Investitionsrechnung	**0**	**1**	**2**	**3**	**4**
6	Anlagegegenstände	-40.000				
7	Umlaufgegenstände					
8	Saldo der laufenden Zahlungen		5.000	10.000	30.000	7.500
9	Steuerzahlungen	12.300	-1.025	-3.075	-11.275	-2.050
10	Laufende Zahlungen mit Steuern	12.300	3.975	6.925	18.725	5.450
11	**Zahlungsreihe der Investition nach Steuern**	**-27.700**	**3.975**	**6.925**	**18.725**	**5.450**
12	Vermögensbestand	-27.700	-24.706	-18.655	-591	4.839
	Kapitalwert (€)	4.210				
	Amortisationsdauer (Jahre)	3,0				

Tabelle 33: Vergleich der Ergebnisse vor und nach Steuern

	ohne Steuern	lineare Abschreibung	Sonderabschreibung bei A
Kapitalwerte für A (€)	4.746	3.194	4.210
Kapitalwerte für B (€)	6.461	3.934	3.934

5.4 Berücksichtigung der Steuern bei der Berechnung des optimalen Ersatzzeitpunkts

Ein in der Praxis beliebtes Argument für ihre vorzeitige Erneuerung einer Anlage oder eines Fahrzeugs ist, dass der Gegenstand „abgeschrieben" ist. Oft wird dieser Gesichtspunkt eingebracht, ohne den Steuereffekt genauer zu berechnen.
Wir greifen das **Preiselbeeren-Beispiel** in Tabelle 14, Abschnitt 3.6.6, auf und untersuchen, wie sich die Gewinnsteuer auf den Ersatzzeitpunkt auswirkt. Der Brutto-Kalkulationszinssatz beträgt 10%. Zudem gelten folgende Steuermerkmale: Der Anschaffungswert der neuen Anlage von 112.000 € wird linear über 4 Jahre abgeschrieben. Die alte Anlage ist bereits abgeschrieben. Der Steuersatz für die Einkommen- und Gewerbeertragsteuer beträgt 35%. Daraus folgt ein Netto-Kalkulationszinssatz von 6,5%.
Die Annuität der neuen Anlage wird mit Tabelle 34 festgestellt. Die Rechnung läuft genauso ab, wie sie im vorigen Abschnitt beschrieben wurde. Der Liquidationsrestwert Ende t = 5 muss versteuert werden, da ihm kein Restbuchwert gegenübersteht.
Die Amortisationsdauer liegt bei etwa 5,4 Jahren. Der Endkapitalwert von 97.396 € Ende t = 5 zeigt, dass die Investition vorteilhaft ist. Der Barkapitalwert kann entweder aus dem Endkapitalwert oder aus der Zahlungsreihe der Investition (Zeile 10) ermittelt werden:

$$C_0(neu) = \frac{97.396}{1,065^{10}} = 71.087$$

$$C_0(neu) = -112.000 + \frac{45.550}{1,065} + \frac{45.550}{1,065^2} + ... + \frac{37.050}{1,065^5} = 71.087$$

Um entscheiden zu können, ob die alte Anlage durch die neue ersetzt werden soll, wird die Annuität bestimmt (siehe Formel 8 Abschnitt 3.6.1):

$$AN(neu) = 71.087 \cdot \frac{1,065^5 \cdot 0,065}{1,065^5 - 1} = 17.106$$

Die Annuität der vorhandenen Anlage ist ohne Tabelle zu bestimmen, da es nur um die Frage geht, ob die alte Anlage noch ein Jahr in Betrieb bleiben soll. Es ergibt sich:

$AN\ (alt) = [320.000 - 290.000 - 1.000 \cdot 0,1 \cdot (1 - 0,35) - (1.000 - 300)] \cdot (1 - 0,35)$
$AN\ (alt) = 19.003$

Erläuterung: Der Einzahlungsüberschuss von 30.000 € wird gemindert um die Nettozinsen auf den Liquidationsrestwert, der Ende t = 0 realisierbar wäre. Außerdem wird der Verlust durch Abnahme des Liquidationsrestwerts von 1.000 auf 300 € abgezogen, der entsteht, wenn man das alte Aggregat noch ein Jahr hält. Der gesamte Betrag wird um die Steuerbelastung von 35 % gekürzt. (Vergleiche Lösung ohne Steuern Abschnitt 3.6.6.)

Tabelle 35 stellt die Ergebnisse noch einmal übersichtlich dar. Dabei werden die Annuitäten ohne Berücksichtigung der Gewinnsteuern aus Abschnitt 3.6.6 übernommen. Es zeigt sich, dass durch die Berücksichtigung der Steuern der Vorteil der Altanlage gesunken ist. Ein sofortiger Ersatz ist jedoch noch nicht zu empfehlen.

Tabelle 34: Investitionsrechnung für die neue Anlage

	Steuerberechnung	0	1	2	3	4	5
1	Saldo der laufenden Zahlungen		55.000	55.000	55.000	55.000	55.000
2	Absetzung für Abnutzung		-28.000	-28.000	-28.000	-28.000	
3	Sonstige Steuerkorrekturen						2.000
4	Steuerbasis [(1)+(2)+(3)]		27.000	27.000	27.000	27.000	57.000
5	Steuerzahlungen [(4) x Steuersatz]		-9.450	-9.450	-9.450	-9.450	-19.950
	Investitionsrechnung	0	1	2	3	4	5
6	Anlagegegenstände	-112.000					2.000
7	Umlaufgegenstände						
8	Saldo der laufenden Zahlungen		55.000	55.000	55.000	55.000	55.000
9	Steuerzahlungen [= Zeile 5]		-9.450	-9.450	-9.450	-9.450	-19.950
10	Saldo der laufenden Zahlungen mit Steuern [(8)+(9)]						
11	Zahlungsreihe der Investition nach Steuern [(6)+(7)+(10)]	-112.000	45.550	45.550	45.550	45.550	35.050
12	Vermögensbestand	-112.000	-73.730	-32.972	10.434	56.663	**97.396**
	Kapitalwert (€)	**71.087**					
	Amortisationsdauer (Jahre)	**2,8**					

Tabelle 35: Annuitäten ohne und mit Gewinnsteuern

	ohne Steuern	mit Steuern
Annuität neue Anlage (€/Jahr)	25.782	17.106
Annuität alte Anlage (€/Jahr)	29.200	19.003
Differenz alt / neu	3.418	1.897

5.5 Vergleich zwischen Kauf und Leasing

Es gibt eine große Variationsbreite von Leasingverträgen. Beachtet man bei Vertragsabschluss bestimmte Bedingungen, die steuerrechtlich festgelegt sind, dann wird der Leasinggegenstand beim Leasinggeber bilanziert, und der Leasingnehmer setzt die vereinbarten Leasingraten steuerlich als Aufwand („Betriebsausgabe") ab (vgl. jedoch § 8 Nr. 1 d und e GewStG). Beim Kauf werden dagegen die Abschreibungen und – bei Fremdfinanzierung – die Fremdkapitalzinsen steuerlich wirksam. (Zu den Besonderheiten des Leasing und seiner steuerlichen Behandlung sei verwiesen auf Blohm/Lüder/Schäfer 2006, S. 208 ff.)

Durch die steuerliche Behandlung des Leasings können rechnerische Vorteile entstehen, die neben anderen Argumenten als Begründung für den Abschluss eines Leasingvertrages herangezogen werden. Manche Beispielrechnungen, mit denen in der Praxis der Vorteil des Leasings begründet wird, sind allerdings nicht seriös. Oft wird – in statischer Rechnung – das aus Sicht des Leasingnehmers günstige erste Jahr der Investitionsnutzung zugrunde gelegt; zuweilen wird auch der Kalkulationszinssatz unrealistisch hoch angesetzt. Durch geschickte Vertragsgestaltung lassen sich allerdings vor allem Gewerbesteuereinsparungen erzielen.

Im Folgenden wird an einem Beispiel erläutert, wie man Kauf und Leasing mit Hilfe der Kapitalwertmethode vergleichen kann. Dies ist jedoch nur eine methodische Basis, die im konkreten Einzelfall zu variieren ist.

Tabelle 36: Vergleich Kauf/Leasing (Alternative Kauf)

	Steuerberechnung	0	1	2	3	4	5
1	Absetzung für Abnutzung		-20.000	-20.000	-20.000	-20.000	-20.000
2	Steuergutschrift [Zeile 1 · Steuersatz]		8.000	8.000	8.000	8.000	8.000
	Investitionsrechnung	0	1	2	3	4	5
3	Anschaffungsauszahlungen und Liquidationseinzahlungen	-100.000					
4	Steuergutschrift [= Zeile 2]		8.000	8.000	8.000	8.000	8.000
5	Zahlungsreihe der Investition nach Steuern [(3)+(4)]	-100.000	8.000	8.000	8.000	8.000	8.000
6	Vermögensbestand	-100.000	-97.400	-94.660	-91.771	-88.727	**-85.518**
	Kapitalwert (€)	**-65.744**					

Tabelle 37: Vergleich Kauf/Leasing (Alternative Leasing)

	Steuerberechnung	0	1	2	3	4	5
1	Leasingraten		-38.000	-38.000	-19.000	-19.000	-19.000
2	Steuergutschrift [Zeile 1 · Steuersatz]		15.200	15.200	7.600	7.600	7.600
	Investitionsrechnung	0	1	2	3	4	5
3	Leasingraten		-38.000	-38.000	-19.000	-19.000	-19.000
4	Steuergutschrift [= Zeile 2]		15.200	15.200	7.600	7.600	7.600
5	Zahlungsreihe der Investition nach Steuern [(3)+(4)]		-22.800	-22.800	-11.400	-11.400	-11.400
6	Vermögensbestand		-22.800	-46.831	-60.760	-75.441	-90.915
	Kapitalwert (€)	**-69.893**					

Ein Unternehmer beabsichtigt den Kauf eines abnutzbaren beweglichen Wirtschaftsguts mit einem Anschaffungswert von 100.000 € und einer betriebsgewöhnlichen Nutzungsdauer von 5 Jahren. Außerdem gelten folgende Daten: Planungszeitraum 5 Jahre; lineare Absetzung für Abnutzung, kein Liquidationsrestwert am Ende des Planungszeitraums. Kalkulationszinssatz 9 %. Einheitlicher Steuersatz für die Einkommen- und Gewerbesteuer 40 %; daraus folgt ein Kalkulationszinssatz nach Steuern von 5,4 %.

Dem Unternehmer wird ein Leasingvertrag zu folgenden Konditionen angeboten: Während der Grundmietzeit von zwei Jahren sind Leasingraten von 38.000 €/Jahr zu zahlen, in der anschließend dreijährigen Verlängerungsmietzeit 19.000 €/Jahr.

Die Lösung erfolgt mit den Tabellen 36 und 37 auf Basis der Kapitalwertmethode. Die Kapitalwerte werden, da die Einzahlungen ausgeklammert wurden, negativ. Es zeigt sich, dass im Beispiel die Alternative Kauf dem Leasing rechnerisch knapp überlegen ist.

Anmerkung: In der Rechnung mit Hilfe der Tabellen 36 und 37 ging es nur um die Entscheidung zwischen Kauf und Leasing. Da die laufenden Einzahlungen und die sonstigen Auszahlungen der Investition von dieser Entscheidung Kauf/Leasing unabhängig sind, blieben sie außen vor. Es wurde unterstellt, dass die Investition (unabhängig von der gewählten Finanzierungsvariante) bereits als vorteilhaft erkannt wurde. Wenn die Vorteilhaftigkeit der Investition und die optimale Finanzierungsvariante simultan geprüft werden sollen, dann ist nach dem Prinzip der Tabelle 26, d.h. unter Berücksichtigung der vollständigen Zahlungsreihe der Investition, zu rechnen. Für die Finanzierungsvariante Leasing sind in der Steuerberechnung anstelle der Abschreibungen die Leasingraten und in der Investitionsrechnung anstelle der Anschaffungsauszahlungen die Leasingraten einzutragen.

5.6 Eignung der Methode

Das hier vorgestellte Modell der Berücksichtigung von Gewinnsteuern enthält folgende Prämissen:

1. Feinheiten der Steuerbemessungsgrundlagen für die Einkommen-, Körperschaft- und Gewerbesteuer werden vernachlässigt. Es wird eine einheitliche Steuerbemessungsgrundlage unterstellt.
2. Der steuerliche Gewinn- oder Verlustbeitrag des Investitionsvorhabens wird für jedes Jahr nach folgendem, die Datenermittlung vereinfachenden Schema ermittelt:

laufender Ein- oder Auszahlungsüberschuss (aus der Investitionsrechnung)
− steuerliche Abschreibungen
+ steuerliche Zuschreibungen
− sonstige steuerlich bedingte Abzüge
+ sonstige steuerlich bedingte Zuschläge
3. Die Gesamteinkünfte des Unternehmens werden vorab abgeschätzt. Auf dieser Basis wird der Grenzsteuersatz der Einkommensteuer ermittelt, der in der Investitionsrechnung zur Anwendung kommt.
4. In Jahren, für die in der Unternehmung im Sinne der Steuervorschriften negative Einkünfte entstehen, wird geprüft, ob ein Verlustausgleich mit positiven Einkünften desselben Jahres, zurückliegender oder zukünftiger Jahre möglich ist. Wenn ja, dann wird in den Jahren der negativen Einkünfte der Investition eine Steuer**ein**zahlung zugerechnet. Wenn nein, dann wird die Steuerzahlung im betreffenden Jahr mit Null angesetzt.
5. Der Liquiditätseffekt der Steuerzahlung tritt bereits am Ende des Jahres ein, für das die Steuerbelastung oder -entlastung berechnet wurde.
6. Es gibt **eine** Finanzierungsquelle, deren Kosten durch den Kalkulationszinssatz (nach Steuern) abgebildet werden.

In vielen Situationen der Praxis wird die dargestellte Methode für die Investitionsentscheidung zu brauchbaren Ergebnissen führen. Bei Investitionsvorhaben, die von den Nuancen des Steuerrechts deutlich beeinflusst werden, sollte das Modell allerdings verfeinert werden. Die Verfeinerungen können sich insbesondere beziehen auf

▶ die Differenzierung der Bemessungsgrundlage nach Einkommen-, Körperschaft- und Gewerbesteuer,
▶ die genaue Ermittlung der Steuerbemessungsgrundlagen,
▶ den Zeitpunkt der Steuerzahlung bzw. der Steuergutschrift (eine Verschiebung um ein Jahr ist nicht selten),
▶ die Differenzierung der Finanzierungsquellen (siehe Kapitel 6).

(Im Übrigen sei verwiesen auf Blohm/Lüder/Schaefer 2006, S. 105 ff. und Kruschwitz 2007, S. 117 ff.)

5.7 Zusammenfassung

▶ Die Investitionsrechnung sollte mit Beachtung der Gewinnsteuern durchgeführt werden, wenn es sein könnte, dass
− ein zur Entscheidung anstehender Investitionsvorschlag ohne Steuern vorteilhaft, mit Steuern aber unvorteilhaft ist (oder umgekehrt),

– sich die Rangordnung konkurrierender Investitionsvorschläge durch die Berücksichtigung der Steuern ändert,
– sich der optimale Ersatzzeitpunkt verschiebt.

▶ Wird die Zahlungsreihe der Investition durch Gewinnsteuerzahlungen ergänzt, so ist auch der Kalkulationszinssatz um die Steuerwirkung zu korrigieren, d. h. es muss mit dem Kalkulationszinssatz nach Steuern gerechnet werden.

▶ Die durch die Investition bewirkten Steuereffekte (Erhöhung oder Senkung der Steuerzahlungen) werden am besten in einer Nebenrechnung zur Investitionsrechnung ermittelt. Man kann diese Nebenrechnung sehr genau durchführen (was einen hohen Ermittlungsaufwand bedeutet) oder mehr oder minder stark vereinfachen. Das hier vorgestellte Modell kann bei Bedarf aber verfeinert werden.

Lösen Sie jetzt die Aufgaben 14 und 15.

Aufgabe 14: Berechnen und interpretieren Sie a) Endkapitalwert, b) Barkapitalwert und c) Amortisationsdauer für die Aufgabe 3 unter Einbeziehung der Steuern, wenn der einheitliche Steuersatz für die Einkommen- und die Gewerbesteuer 40 % beträgt und die Absetzung für Abnutzung von t = 1 bis t = 8 mit 295 T-€ pro Jahr anzusetzen ist.

Aufgabe 15: Lösen Sie Aufgabe 13 unter Berücksichtigung gewinnabhängiger Steuern, wenn folgende Zusatzinformationen bekannt sind: Der vorhandene Bus ist steuerlich bereits abgeschrieben. Die steuerlich relevante „betriebsgewöhnliche Nutzungsdauer" des neuen Fahrzeugs beträgt 4 Jahre. Es würde linear abgeschrieben. Der einheitliche Steuersatz beträgt 30 %.

Hinweis: Berechnen Sie für den neuen Bus zunächst tabellarisch den Endkapitalwert und daraus den Barkapitalwert und die Annuität (wie Tabelle 26).

6. Investitionsrechnung mit integriertem Tilgungsplan

Lehrziele

In der Praxis werden Investitionsrechnungen in der Regel ohne Bezug zur spezifischen Investitionsfinanzierung durchgeführt. Es wird angenommen, dass das gesamte für die Investition benötigte Kapital aus einer nicht näher bestimmten Finanzierungsquelle kommt, deren Kosten durch den Kalkulationszinssatz erfasst werden. Auch bei gemischter Finanzierung benutzt man die Verfahren in der erläuterten Form. Als Kalkulationszinssatz wählt man vereinfachend das mit den Finanzierungsanteilen gewichtete arithmetische Mittel der Einzelzinssätze (siehe Abschnitt 3.3.9). Wenn man dem Investitionsvorhaben eine bestimmte Finanzierung zuordnen kann, dann ergibt sich die Möglichkeit einer Verfeinerung: Man integriert die durch die Finanzierung ausgelösten Ein- und Auszahlungen in das Zahlungsgefüge der Investitionsrechnung. Man kennt diese Verknüpfung auch als Methode des vollständigen Finanzierungsplans oder Methode des vollständigen Finanzplans (Grob 1989, Grob 2006; Kruschwitz 2007, S. 46ff.).

Die kritische Lektüre dieses Kapitels soll Sie befähigen,

▶ die Finanzierungsrechnung in die Investitionsrechnung zu integrieren und
▶ diese wiederum um die Einbeziehung von Gewinnsteuern zu erweitern.

Nachfolgend werden Modellrechnungen vorgestellt, in denen die Investition zu einem Teil aus vorhandenen Eigenmitteln und zum anderen Teil mit einem Darlehen finanziert wird. Vorher werden die wichtigsten Formen der Finanzierungsrechnung für Darlehen erläutert.

6.1 Finanzierungsrechnung

Die wichtigsten Tilgungsformen sind die Raten-, Annuitäten- und Prozentannuitätentilgung. Bei der nachfolgenden Erklärung dieser Standardfälle wird davon ausgegangen, dass die Zins- und Tilgungszahlungen jeweils am Jahresende geleistet werden. Den Beispielen liegt ein einheitlicher Fall zugrunde: Der Investor möchte zur Finanzierung einer Investition ein Darlehen von 60.000 € aufnehmen. Die Bank bietet bei nachschüssiger jährlicher Tilgung und Verzinsung einen Nominalzinssatz von 9 % pro Jahr an.

6.1.1 Ratentilgung

Unter Ratentilgung versteht man eine Tilgung in periodisch gleich großen Beträgen. Bei 4-jähriger Laufzeit ergibt sich der in Tabelle 38 abgebildete Tilgungsplan. Die Zahlungen werden aus der Sicht des Darlehensnehmers dargestellt. Die Zins- und Darlehenszahlungen sind mit einem Minuszeichen versehen, weil es sich aus Sicht des Darlehensnehmers um Auszahlungen handelt. Die Bestände der Darlehensschuld werden mit einem Minuszeichen ausgestattet, um anzudeuten, dass es sich um Verbindlichkeiten handelt.

Zeile 4 enthält die **Zahlungsreihe der Finanzierung**. Sie besteht aus dem Geldzufluss Ende t = 0 von 60.000 € und den addierten jährlichen Zins- und Tilgungsleistungen.

Im folgenden Beispiel (Tabelle 39) wird angenommen, das ein tilgungsfreies Jahr vereinbart ist. Außerdem wird der Darlehensbetrag nur zu 98 % ausgezahlt, d.h. es gilt ein Disagio (Damnum) von 2 %. Ende t = 0 fließen 60.000 € zu. 61.224 € (= 60.000/0,98) müssen verzinst und getilgt werden.

6.1.2 Annuitätentilgung

Bei einer Annuitätentilgung bleibt die Summe der Zins- und Tilgungsleistungen (die Annuität) periodisch konstant. Da die Restschuld infolge der laufenden Tilgungsleistungen mit der Zeit abnimmt, sinken auch die Zinsen. Der „ersparte"

Tabelle 38: Beispiel 1 einer Ratentilgung

Jahresende	0	1	2	3	4
1 Darlehensschuld Jahresanfang		-60.000	-45.000	-30.000	-15.000
2 Zinsen am Jahresende		-5.400	-4.050	-2.700	-1.350
3 Tilgung am Jahresende		-15.000	-15.000	-15.000	-15.000
4 Zahlungsreihe der Finanzierung	60.000	-20.400	-19.050	-17.700	-16.350
5 Darlehensschuld am Jahresende	-60.000	-45.000	-30.000	-15.000	0

Tabelle 39: Beispiel 2 einer Ratentilgung

Jahresende	0	1	2	3	4
1 Darlehensschuld Jahresanfang		-61.224	-61.224	-40.816	-20.408
2 Zinsen am Jahresende		-5.510	-5.510	-3.673	-1.837
3 Tilgung am Jahresende			-20.408	-20.408	-20.408
4 Zahlungsreihe der Finanzierung	60.000	-5.510	-25.918	-24.181	-22.245
5 Darlehensschuld am Jahresende	-61.224	-61.224	-40.816	-20.408	0

Zinsanteil wird durch eine entsprechende Erhöhung des Tilgungsanteils ausgeglichen.

Die Annuität lässt sich nur mit einer finanzmathematischen Formel errechnen. Im Prinzip haben wir die Formel bereits bei der Annuitätenmethode in der dynamischen Investitionsrechnung kennen gelernt. Dort ging es darum, den Kapitalwert Ende t = 0 in gleich große Jahresbeträge für die Laufzeit der Investition umzurechnen (Formel 8, Abschnitt 3.6.1).

Jetzt geht es **formal** um das Gleiche: Die Darlehensschuld Ende t = 0 wird in gleich große Jahresbeträge für die Laufzeit der Finanzierung umgerechnet. Inhaltlich geht es um Verschiedenes: In der Investitionsrechnung ist die Annuität ein Maßstab für die Wirtschaftlichkeit der Investition. In der Finanzierungsrechnung ist die Annuität die Summe der zu zahlenden Zins- und Tilgungsleistungen. Zur besseren Unterscheidung sollte man im einen Fall von Investitions-, im anderen von Finanzierungsannuität sprechen.

Zunächst wird die Darlehensschuld berechnet.
Sie beträgt 60.000/0,98 = 61.224 €.
Zur Bestimmung der Annuität gilt folgende **Formel 30**:

$$F = D_0 \cdot \frac{k \cdot (1+k)^l}{(1+k)^l - 1}$$

F   Finanzierungsannuität
D_0 Bruttoschuld zu Beginn der Tilgungszeit
k   Nominalzinssatz
l   Tilgungszeit des Darlehens

Im Beispiel:

$$F = 61.224 \cdot \frac{1,09^4 \cdot 0,09}{1,09^4 - 1} = 18.898$$

Tabelle 40 zeigt die zugehörige Finanzierungsrechnung. Am Ende des ersten Jahres sind Zinsen in Höhe von 61.224 · 0,09 = 5.510 € zu zahlen. Die Differenz zur Annuität, d.h. 18.898 − 5.510 = 13.388 €, ergeben die Tilgung. Die Restschuld sinkt auf 47.837 €. Aus diesem Betrag ergeben sich die Zinsen des zweiten Jahres: 47.837 · 0,09 = 4.305. Die Differenz zur Annuität, d. h. 18.898 – 4.305 = 14.593 €, verbleiben für die Tilgung usw.

Tabelle 40: Beispiel einer Annuitätentilgung

	Jahresende	0	1	2	3	4
1	Darlehensschuld Jahresanfang		-61.224	-47.837	-33.244	-17.338
2	Zinsen am Jahresende		-5.510	-4.305	-2.992	-1.560
3	Tilgung am Jahresende		-13.388	-14.593	-15.906	-17.338
4	Zahlungsreihe der Finanzierung	60.000	-18.898	-18.898	-18.898	-18.898
5	Darlehensschuld am Jahresende	-61.224	-47.837	-33.244	-17.338	0

6.1.3 Prozentannuitätentilgung

Die Prozentannuitätentilgung ist eine Annuitätentilgung, bei der die Annuität nicht aus Darlehensbetrag, Zinssatz und Laufzeit bestimmt wird, sondern aus Darlehensbetrag, Zinssatz und Tilgungssatz.
Beispiel: Der Darlehensbetrag von 60.000 € soll bei einer Auszahlung von 98 % mit 9 % jährlich nachschüssig verzinst und mit 25 % jährlich nachschüssig getilgt werden.
Die Annuität wird in diesem Fall auf Basis der **Formel 31** berechnet:

$F = D_0 \cdot (k + d)$

F Finanzierungsannuität
D_0 Bruttoschuld zu Beginn der Tilgungszeit
k Nominalzinssatz
d Tilgungssatz

Im Beispiel:

$F = 61.224 \cdot (0,09 + 0,25) = 20.816$

Daraus folgt die Finanzierungsrechnung gemäß Tabelle 41. Der jährliche Tilgungsbetrag entsteht wie bei der normalen Annuitätentilgung aus der Differenz der fortlaufend berechneten Zinsen und der zuvor bestimmten konstanten Annuität.
Im vierten Jahr sinkt die Annuität auf 12.043 €, weil Ende des dritten Jahres nur noch eine Restschuld von 11.049 € übrig bleibt. Es ist ein Kennzeichen der Prozentannuitätentilgung, dass sich am Ende der Tilgungszeit „krumme" Beträge ergeben. Dies könnte man vermeiden, indem man die Summe von Zins- und Tilgungssatz so bestimmt, dass sich volle Jahre ergeben. Im Beispiel müsste dieser Satz auf 18.898/61.224 = 30,87 % angehoben werden, um genau auf 4 Jahre zu kommen. Bei einem Zinssatz von 9 % ergäbe sich ein Tilgungssatz von 21,87 %.

Tabelle 41: Beispiel einer Prozentannuitätentilgung

Jahresende	0	1	2	3	4
1 Darlehensschuld Jahresanfang		-61.224	-45.918	-29.235	-11.049
2 Zinsen am Jahresende		-5.510	-4.133	-2.631	-994
3 Tilgung am Jahresende		-15.306	-16.684	-18.185	-11.049
4 Zahlungsreihe der Finanzierung	60.000	-20.816	-20.816	-20.816	-12.043
5 Darlehensschuld am Jahresende	-61.224	-45.918	-29.235	-11.049	0

6.2 Effektivzinssatzberechnung

Der Effektivzinssatz eines Darlehens kann vom Nominalzinssatz insbesondere durch folgende Einflüsse abweichen:

1. Der Verfügungsbetrag (Auszahlungsbetrag) ist niedriger als der Darlehensbetrag, d. h. es wird ein Disagio vereinbart.
2. Der Zinssatz wird für das Jahr angegeben, die Zins- und/oder Tilgungszahlungen sind aber unterjährig, z. B. quartalsweise, zu leisten.
3. Neben den Zinsen fallen Gebühren an, z. B. für den Vertragsabschluss, ein Wertgutachten oder für die laufende Kreditverwaltung.

Es gibt unterschiedliche Verfahren, den Effektivzinssatz zu berechnen. Alle Verfahren basieren auf der Methode des internen Zinssatzes, die wir bei der Investitionsrechnung kennen gelernt haben (Abschnitt 3.8). An die Stelle der Zahlungsreihe der Investition tritt lediglich die Zahlungsreihe der Finanzierung, bestehend aus dem Geldzufluss bei Kreditaufnahme und periodischen Geldabflüssen für Zinsen, Tilgungsbeträge und Kreditnebenkosten. Solange jährliche Zins- und Tilgungstermine vereinbart sind, kommen alle Berechnungsmethoden zum selben Ergebnis. Sobald aber unterjährliche Zahlungstermine auftreten, gibt es Abweichungen. Denn einige Verfahren rechnen unterjährig mit linearer (einfacher) Verzinsung und jährlich mit exponentieller Verzinsung (Zinseszinsen). Andere Verfahren, und diese haben sich inzwischen international weitgehend durchgesetzt, rechnen dagegen unterjährlich und jährlich exponentiell.

Auch der § 6 der Preisangabenverordnnng (PAngV, zuletzt geändert im Juli 2004), der die Angabe eines Effektivzinssatzes für Verbraucherkredite regelt, fordert jährlich wie unterjährlich exponentielle Verrechnung. Hierzu der maßgebliche Auszug aus § 6:

„Der effektive Jahreszins beziffert den Zinssatz, mit dem sich der Kredit bei regelmäßigem Kreditverlauf, ausgehend von den tatsächlichen Zahlungen des Kreditgebers und des Kreditnehmers, auf der Grundlage taggenauer Verrechnung aller Leistungen abrechnen lässt. Es gilt die exponentielle Verzinsung auch im unterjährigen Bereich. Bei der Berechnung des anfänglichen effektiven Jahreszinses sind die zum Zeitpunkt des Angebots oder der Werbung geltenden preisbestimmenden Faktoren zugrunde zu legen. Der anzugebende Vomhundertsatz ist mit der im Kreditgewerbe üblichen Genauigkeit zu berechnen. In die Berechnung des anzugebenden Vomhundertsatzes sind die Gesamtkosten des Kredits für den Kreditnehmer einschließlich etwaiger Vermittlungskosten einzubeziehen."

Wir wollen hier den Möglichkeiten der unterjährlichen Effektivzinssatzrechnung nicht nachgehen (siehe hierzu Peters 2008, Kapitel 2.3), sondern die Basismethode erläutern, und zwar für jährlich nachschüssige Zins- und Tilgungszahlungen.

In den folgenden Beispielen handelt es sich immer um ein Darlehen über 60.000 € (Verfügungsbetrag) und einen Nominalzinssatz von 9 %.

Beispiel 1: Jährlich nachschüssige Ratentilgung über 4 Jahre; ein Jahr tilgungsfrei; Nominalzinssatz 9 %; Auszahlung 98 % (Fall der Tabelle 39).

Lösung: Mit der Zahlungsreihe der Finanzierung wird die Gleichung zur Bestimmung des Kapitalwerts aufgestellt und der Kapitalwert für den gesuchten Effektivzinssatz gleich Null gesetzt.

$$0 = 60.000 - \frac{5.510}{(1+r^*)} - \frac{25.918}{(1+r^*)^2} - \frac{24.181}{(1+r^*)^3} - \frac{22.245}{(1+r^*)^4}$$

Durch systematisches Probieren, wie es in Abschnitt 3.8.1 für den internen Zinssatz dargestellt wurde, bzw. mit der IKV-Formel in EXCEL aus der Abteilung „Einfügen, Funktion, Finanzmathematik", ergibt sich ein Effektivzinssatz von 9,86 %.

Beispiel 2: Jährlich nachschüssige Prozentannuitätentilgung; Tilgungssatz 25 %; Nominalzinssatz 9 %; Auszahlung 98 % (Fall der Tabelle 41).

$$0 = 60.000 - \frac{20.816}{(1+r^*)} - \frac{20.816}{(1+r^*)^2} - \frac{20.816}{(1+r^*)^3} - \frac{12.043}{(1+r^*)^4}$$

Durch systematisches Probieren bzw. mit der IKV-Formel in EXCEL aus der Abteilung „Einfügen, Funktion, Finanzmathematik" ergibt sich ein Effektivzinssatz von 9,99 %.

Weitere Hilfen zur Rendite- und Effektivzinssatzrechnung findet man in den Lehrbüchern zur Finanzmathematik (s. Literaturhinweise).

6.3 Verknüpfung von Investitions- und Finanzierungsrechnung

Wenn dem Investitionsvorhaben eine bestimmte Finanzierung zuzuordnen ist, kann man die dynamische Investitionsrechnung verfeinern, indem man die Zahlungsreihe der Investition mit der Zahlungsreihe der Finanzierung verknüpft. Man kennt diese Verknüpfung auch als Methode des vollständigen Finanzierungsplans oder Methode des vollständigen Finanzplans (Grob 1989, Grob 2006; Kruschwitz 2007, S. 46 ff.).

Am besten kann man das Verfahren auf die tabellarische Endkapitalwertrechnung aufbauen, wie sie in Abschnitt 3.4.1 dargestellt wurde. Im Folgenden werden Modellrechnungen erläutert, in denen die Investition zu einem Teil aus vorhandenen Eigenmitteln und zum anderen Teil mit einem speziell für die Investition aufgenommenen Darlehen finanziert wird. In allen Fällen wird vom Apfelmus-Beispiel ausgegangen, das bereits in früheren Abschnitten Verwendung fand. Die Investition soll alternativ mit Ratentilgung (wie in Tabelle 38) oder Annuitätentilgung (wie in Tabelle 40) finanziert werden.

6.3.1 Am Beispiel der Ratentilgung

Der Investor setzt aus angesammelten Eigenmitteln Ende t = 0 45.000 € ein. Den Rest, also 60.000 €, finanziert er mit Fremdkapital, das in vier gleich großen Jahresraten nachschüssig zu tilgen und mit 9 % zu verzinsen ist. Ein Disagio ist nicht vorgesehen. Für die vom Investor eingebrachten Eigenmittel ist ein Kalkulationszinssatz von 7 % vorgegeben. Die Zahlungsreihe der Investition wird aus Tabelle 1, Abschnitt 3.3.1, übernommen.

Tabelle 42: Endkapitalwertrechnung mit Ratentilgung

	Jahresende	0	1	2	3	4
1	Anlagegegenstände	-100.000				3.000
2	Umlaufgegenstände	-5.000				5.000
3	Saldo der laufenden Zahlungen		60.000	50.000	40.000	22.000
4	Zahlungsreihe der Investition	-105.000	60.000	50.000	40.000	30.000
5	Zinszahlungen Fremdkapital		-5.400	-4.050	-2.700	-1.350
6	Aufnahme / Tilgung Fremdkapital	60.000	-15.000	-15.000	-15.000	-15.000
7	Restschuld des Fremdkapitals	-60.000	-45.000	-30.000	-15.000	0
8	Zahlungsreihe der Finanzierung	60.000	-20.400	-19.050	-17.700	-16.350
9	Verknüpfte Zahlungsreihe [(4)+(8)]	-45.000	39.600	30.950	22.300	13.650
10	Eigenkapitalbestand	-45.000	-8.550	21.802	45.628	62.472
11	Summe Fremd- und Eigenkapital [(7)+(10)]	-105.000	-53.550	-8.199	30.628	**62.472**
	Kapitalwert (€)	**47.660**				
	Amortisationsdauer (Jahre)	**2,2**				

Die Endkapitalwertrechnung (man kann sie auch Vermögensendwertrechnung nennen) erfolgt mit Tabelle 42. Die Zahlen sind wie folgt zu erklären:
Zeilen 1 bis 4: Die Zahlungsreihe der Investition stammt aus Tabelle 1 in Abschnitt 3.3.1.
Zeilen 5 bis 8: Tilgungsplan der Fremdfinanzierung (übernommen aus Tabelle 38).
Zeile 9 zeigt, wie viel von den Beträgen aus der Zahlungsreihe der Investition nach Verrechnung mit der Zahlungsreihe der Finanzierung übrig bleibt.
Zeile 10: Die Zahlen in Zeile 9 werden mit dem Zinsfaktor für die Eigenmittel fortlaufend verzinst und kumuliert:
t = 1: –45.000 · 1,07 + 39.600 = –8.550
t = 2: –8.550 · 1,07 + 30.950 = 21.802 usw.
Die Zeile gibt zu erkennen, wie viel Eigenkapital noch in der Investition gebunden (Minus-Beträge) bzw. von ihr angesammelt (Plus-Beträge) ist.
Zeile 11 zeigt schließlich, wie viel Eigen- und Fremdkapital im Zeitablauf in der Investition gebunden (Minus-Beträge) bzw. als Guthaben von ihr angesammelt ist (Plus-Beträge). Am Ende des Jahres t = 4 entsteht, wenn alles gut geht, ein Endkapitalwert von 62.472 €. Daraus lässt sich der Kapitalwert berechnen:

$$C_0 = \frac{62.472}{1,07^4} = 47.660$$

Oder direkt aus der Zeile 9:

$$C_0 = -45.000 + \frac{39.600}{1,07} + \frac{30.950}{1,07^2} + \frac{22.300}{1,07^3} + \frac{13.650}{1,07^4} = 47.660$$

Im dritten Jahr sind das gesamte eingesetzte Fremd- und Eigenkapital sowie die belasteten Fremd- und Eigenkapitalzinsen aus den Rückflüssen der Investition amortisiert. Bei linearer Interpolation ergeben sich 2,2 Jahre. (Zum Verfahren der Interpolation siehe Formel 12, Abschnitt 3.7.1.)
Der mit integriertem Tilgungsplan errechnete Endkapitalwert ist der durch die Investition verursachte Vermögenszuwachs, der dem Investor über die Verzinsung und Tilgung des eingesetzten Fremd- und Eigenkapitals hinaus am Ende der Investitionsdauer verbleibt. Ist der Vermögensendwert nicht negativ, ist die Investition vorteilhaft. Entsprechendes gilt für den (Bar-) Kapitalwert.

6.3.2 Am Beispiel der Annuitätentilgung

Zur Absicherung noch ein **Beispiel** mit der Annuitätentilgung: Der Investor setzt für die Apfelmus-Investition aus angesammelten Eigenmitteln Ende t = 0 45.000 € ein. Den Rest, also 60.000 €, finanziert er mit Fremdkapital, das in vier gleich großen jährlichen Annuitäten nachschüssig zu tilgen und mit 9 % zu verzinsen ist. Das Darlehen wird zu 98 % ausgezahlt. Für die Eigenmittel ist ein Kalkulationszinssatz von 7 % vorgegeben.

Die Lösung ist in Tabelle 43 abzulesen (die Finanzierungsdaten sind aus Tabelle 40 übernommen).

Tabelle 43: Endkapitalwertrechnung mit Annuitätentilgung

	Jahresende	0	1	2	3	4
1	Anlagegegenstände	-100.000				3.000
2	Umlaufgegenstände	-5.000				5.000
3	Saldo der laufenden Zahlungen		60.000	50.000	40.000	22.000
4	Zahlungsreihe der Investition	-105.000	60.000	50.000	40.000	30.000
5	Zinszahlungen Fremdkapital		-5.510	-4.305	-2.992	-1.560
6	Aufnahme / Tilgung Fremdkapital	60.000	-13.388	-14.593	-15.906	-17.388
7	Restschuld des Fremdkapitals	-61.224	-47.837	-33.244	-17.338	0
8	Zahlungsreihe der Finanzierung	60.000	-18.898	-18.898	-18.898	-18.898
9	Verknüpfte Zahlungsreihe [(4)+(8)]	-45.000	41.102	31.102	21.102	11.102
10	Eigenkapitalbestand	-45.000	-7.048	23.560	46.312	60.655
11	Summe Fremd- und Eigenkapital [(7)+(10)]	-106.224	-54.885	-9.683	28.974	**60.655**
	Kapitalwert (€)	**46.273**				
	Amortisationsdauer (Jahre)	**2,3**				

6.4 Einbeziehung der Gewinnsteuern

In Kapitel 5 wurde gezeigt, wie man die Gewinnsteuern in der Investitionsrechnung berücksichtigen kann. Dabei wurde von einem einheitlichen Kalkulationszinssatz auf das gesamte einzusetzende Kapital ausgegangen. Bei differenzierter Finanzierung kann das Modell erweitert werden. Das Verfahren soll am wohl bekannten **Apfelmus-Beispiel** erläutert werden. Neben der bekannten Zahlungsreihe der Investition gelten folgende Finanzierungs- und Steuerdaten.

Der Investor setzt für die Apfelmus-Investition aus angesammelten Eigenmitteln Ende t = 0 45.000 € ein. Den Rest, also 60.000 €, finanziert er mit Fremdkapital, das in vier jährlichen Annuitäten nachschüssig zu tilgen und mit 9 % zu verzinsen ist. Das Darlehen wird zu 98 % ausgezahlt. Für die Eigenmittel ist ein Kalkulationszinssatz von 7 % vorgegeben.

Als einheitlicher Steuersatz der Einkommen- und der Gewerbesteuer wurde vorab auf 41 % berechnet.

6. Investitionsrechnung mit integriertem Tilgungsplan

Die Investitionsrechnung wird mit Tabelle 44 durchgeführt. Sie sieht recht komplex aus, lässt sich aber leicht gliedern.

Die *Zeilen 1 bis 6* dienen der Berechnung der Steuerzahlungen, wie es in Kapitel 5, Tabelle 26, Zeilen 1 bis 5, beschrieben wurde. Im Unterschied zu Kapitel 5 werden jedoch neben den Abschreibungen die Fremdkapitalzinsen und das auf vier Jahre verteilte Disagio steuerlich berücksichtigt (Zeilen 3 und 4).

Die *Zeilen 7 bis 12* dienen der Ermittlung der Zahlungsreihe der Investition unter Berücksichtigung der Gewinnsteuern, vergleichbar mit Tabelle 26, Zeilen 6 bis 10.

Die *Zeilen 13 bis 16* enthalten den Finanzierungsplan (wie Tabelle 43, Zeilen 5 bis 8).

In *Zeile 17* ergeben sich die Aus- und Einzahlungen, die nach Berücksichtigung der Steuern und der Zins- und Tilgungsleistungen übrig bleiben. Diese Zahlungen betreffen die Eigenmittel.

Zeile 18 entsteht durch kumulative Aufzinsung der Zahlen in Zeile 17 mit dem Zinsfaktor nach Steuern für das eingesetzte Eigenkapital.

t = 1: $-45.000 \cdot 1{,}0413 + 29.137 = -17.722$

t = 2: $-17.722 \cdot 1{,}0413 + 22.743 = 4.289$ usw.

Die Zeile gibt zu erkennen, wie viel Eigenkapital noch in der Investition gebunden (Minus-Beträge) bzw. von ihr angesammelt (Plus-Beträge) ist.

Tabelle 44: Endkapitalwertrechnung mit Annuitätentilgung und Gewinnsteuern

	Steuerberechnung	0	1	2	3	4
1	Saldo der laufenden Zahlungen		60.000	50.000	40.000	22.000
2	Absetzung für Abnutzung		-25.000	-25.000	-25.000	-25.000
3	Zinszahlungen Fremdkapital		-5.510	-4.305	-2.992	-1.560
4	Sonstige Steuerkorrekturen		-306	-306	-306	2.694
5	Steuerbasis		29.184	20.388	11.702	-1.867
6	Steuerzahlungen		-11.965	-8.359	-4.798	765
	Investitionsrechnung	0	1	2	3	4
7	Anlagegegenstände	-100.000				3.000
8	Umlaufgegenstände	-5.000				5.000
9	Saldo der laufenden Zahlungen		60.000	50.000	40.000	22.000
10	Steuerzahlungen		-11.965	-8.359	-4.798	765
11	Laufende Zahlungen mit Steuern		48.035	41.641	35.202	22.765
12	**Zahlungsreihe der Investition nach Steuern**	-105.000	48.035	41.641	35.202	30.765
13	Zinszahlungen Fremdkapital		-5.510	-4.305	-2.992	-1.560
14	Aufnahme / Tilgung Fremdkapital	60.000	-13.388	-14.593	-15.906	-17.338
15	Restschuld des Fremdkapitals	-61.224	-47.837	-33.244	-17.338	0
16	**Zahlungsreihe der Finanzierung**	60.000	-18.898	-18.898	-18.898	-18.898
17	verknüpfte Zahlungsreihe (12+16)	-45.000	29.137	22.743	16.304	11.867
18	Eigenkapital	-45.000	-17.722	4.289	20.770	33.495
19	**Summe Fremd- und Eigenkapital (15+18)**	-106.224	-65.558	-28.955	3.433	33.495
	Kapitalwert (€)	28.489				
	Amortisationsdauer (Jahre)	2,9				

Zeile 19 zeigt schließlich, wie viel Eigen- und Fremdkapital im Zeitablauf in der Investition gebunden (Minus-Beträge) bzw. von ihr angesammelt (Plus-Beträge) ist. Ende t = 4 ergibt sich ein Endkapitalwert von 33.495 €. Das Gesamtkapital amortisiert sich nach 2,9 Jahren (abgeleitet aus Zeile 19).

Der Kapitalwert von 28.489 € entsteht durch Abzinsung des Endkapitalwerts.

6.5 Eignung des Verfahrens

Die Integration der Finanzierungsrechnung in die Investitionsrechnung hat folgende Vorzüge:

1. In der tabellarischen Darstellung wird transparent, mit welchen Beträgen die Unternehmensliquidität von Jahr zu Jahr durch Investition und Finanzierung belastet bzw. entlastet wird.
2. Die Tabelle weist neben dem Vermögensendwert auch die Amortisationsdauer aus.
3. Die Prämisse der End- und Barkapitalwertmethode, die einen einheitlichen Kalkulationszinssatz auf das gesamte eingesetzte Kapital und auch für die Wiederanlage der Rückflüsse unterstellt (Prämisse des vollkommenen Kapitalmarkts), wird reduziert auf die Beträge, die nach der Zahlungsreihe der Finanzierung übrig bleiben.
4. Das Modell lässt sich bei Bedarf erweitern. Beispielsweise können
   – weitere Finanzierungsquellen mit ihren Zins- und Tilgungszahlungen,
   – variable Zinssätze,
   – unterjährige Zahlungen oder
   – weitere steuerliche Effekte berücksichtigt werden.

Das Verfahren setzt allerdings voraus, dass der Investition eine spezifische Finanzierung zuzurechnen ist.

6.6 Zusammenfassung

▶ **Merkmale von Darlehen:**
- Unter Ratentilgung versteht man eine Tilgung in periodisch gleich großen Beträgen.
- Bei einer Annuitätentilgung bleibt die Summe der Zins- und Tilgungsleistungen periodisch konstant. Die Annuität wird aus Darlehensbetrag, Zinssatz und Laufzeit berechnet.
- Bei der Prozentannuitätentilgung wird die Annuität aus dem Darlehensbetrag, dem Zinssatz und dem Tilgungssatz abgeleitet.

- Weitere Merkmale für Darlehen können insbesondere sein:
  - jährliche oder unterjährliche Zins- und Tilgungsleistungen,
  - Auszahlung ohne Disagio oder mit Disagio,
  - Tilgung ohne tilgungsfreie Zeit oder mit tilgungsfreier Zeit,
  - Zinsfestschreibung während der gesamten Laufzeit, Zinsfestschreibung während eines Teils der Laufzeit oder ohne Zinsfestschreibung.
- Der Effektivzinssatz eines Darlehens kann vom Nominalzinssatz insbesondere durch folgende Einflüsse abweichen: Disagio, unterjährliche Zins- und/oder Tilgungszahlungen, Gebühren.
- Die unterschiedlichen Verfahren zur Berechnung des Effektivzinssatzes basieren auf der Interne-Zinssatz-Methode. Sie kommen bei jährlichen Zins- und Tilgungsleistungen zum selben, bei unterjährlichen Zins- und Tilgungsleistungen zu verschiedenen Ergebnissen. International durchgesetzt haben sich die Verfahren, die auch unterjährlich Zinseszinsen verrechnen (z. B. nach der PAngV).

▶ **Integration des Finanzierungsplans in die Investitionsrechnung**
- Wenn dem Investitionsvorhaben eine bestimmte Finanzierung zuzuordnen ist, kann man die dynamische Investitionsrechnung verfeinern, indem man die Zahlungsreihe der Investition mit der Zahlungsreihe der Finanzierung verknüpft. Am besten geschieht dies auf Basis der tabellarischen Endkapitalwertrechnung.
- Der mit integriertem Tilgungsplan errechnete Endkapitalwert ist der durch die Investition verursachte Vermögenszuwachs, der dem Investor über die Verzinsung und Tilgung des eingesetzten Fremd- und Eigenkapitals hinaus am Ende der Investitionsdauer verbleibt. Ist der Vermögensendwert nicht negativ, ist die Investition vorteilhaft.
- Das Modell kann erweitert werden, indem man auch die Gewinnsteuern in die Investitionsrechnung einbezieht.

Lösen Sie jetzt die Aufgaben 16 und 17.

Aufgabe 16: Berechnen und interpretieren Sie a) Endkapitalwert, b) Barkapitalwert und c) Amortisationsdauer für die Aufgabe 3, wenn folgende Finanzierung geplant ist:
Zufluss von 980 T-€ über ein Bankdarlehen, Zinssatz 8%, Auszahlung 98%. Nach zwei tilgungsfreien Jahren erfolgt die Tilgung und Verzinsung in 4 jährlich gleich großen Annuitäten. Der Rest wird aus vorhandenen Eigenmitteln bezahlt; der Kalkulationszinssatz beträgt 10%.

Aufgabe 17: Berechnen und interpretieren Sie a) Endkapitalwert, b) Barkapitalwert und c) Amortisationsdauer für die Aufgabe 3 unter Einbeziehung der Steuern, wenn folgende Zusatzinformationen bekannt sind:

Zufluss von 980 T-€ über ein Bankdarlehen, Zinssatz 8%, Auszahlung 98%. Nach zwei tilgungsfreien Jahren erfolgt die Tilgung und Verzinsung in 4 jährlich gleich großen Annuitäten. Der Rest wird aus vorhandenen Eigenmitteln bezahlt; der Kalkulationszinssatz beträgt 10%.

Die Summe der Steuersätze für die Einkommen- und die Gewerbesteuer beträgt 40%. Als Absetzung für Abnutzung sind von t = 1 bis t = 8 pro Jahr 295 T-€ anzusetzen.

Hilfe: Berücksichtigen Sie steuerlich das Disagio, indem sie es gleichmäßig auf die Laufzeit des Darlehens verteilen.

7. Berücksichtigung von Unsicherheit und Risiko

Lehrziele

Die kritische Lektüre dieses Kapitels soll Sie befähigen,
▶ das Problem der Investitionsentscheidung unter unsicheren Erwartungen zu erkennen,
▶ Methoden zur Eingrenzung des Problems anzuwenden,
▶ Handlungsempfehlungen zu überlegen, die das Risiko in der Investitionswirtschaft mindern können.

7.1 Verdeutlichung des Problems

Mit der Entscheidung, eine Investition durchzuführen, wird die Erwartung verknüpft, das Geld in einem überschaubaren Zeitraum zurückzugewinnen und mit der Nutzung der eingesetzten Leistungspotenziale bestimmte Ziele (Gewinn, Kostensenkung, Stärkung der Wettbewerbsfähigkeit usw.) zu erreichen. Ob die Erwartung eintritt, ist jedoch keineswegs sicher. Mit wachsender Dynamik der Märkte und zunehmender Veränderungsgeschwindigkeit von Produkten und Technologien werden langfristige Prognosen immer schwieriger. Ist das Geld einmal ausgegeben und sind die Leistungspotenziale an bestimmte Zwecke gebunden, kann die Entscheidung kaum noch korrigiert werden.

Zunehmend schwieriger wird vor allem die Planung von **Sachanlageinvestitionen**: Die wirtschaftlichen, technischen, gesellschaftlichen und politischen Bedingungen für Investitionen werden in entwickelten Volkswirtschaften immer komplexer. Die Produkte, die Wettbewerbsverhältnisse, die Technologien, das Nachfrageverhalten und andere für den Unternehmenserfolg maßgebliche Variable verändern sich mit zunehmender Geschwindigkeit. Die Produktionsanlagen erreichen oft lange vor der technisch möglichen Laufzeit das Ende ihrer wirtschaftlich sinnvollen Nutzungsdauer. Die Unternehmen stehen unter einem enormen Wettbewerbs- und Innovationsdruck. Zugleich werden die Produktionssysteme teurer und komplizierter. Der Zeitbedarf für die Planung nimmt zu; von der Investitionsanregung bis zum Beginn der Investitionsnutzung haben sich die Umfeldbedingungen unter Umständen bereits so geändert, dass das realisierte Konzept nicht mehr zu der inzwischen eingetretenen Situation passt.

Prinzipielle Ursache des Investitionsrisikos ist Unvollständigkeit und Unvollkommenheit der im Entscheidungszeitpunkt verfügbaren **Informationen über die erwarteten Investitionswirkungen**. Je weiter man sich mit der Prognose in die Zukunft wagt, desto schwieriger wird die Identifikation der für den Investitionserfolg maßgeblichen Einflussgrößen und Trends.

Zwar wird man sich angesichts der Risiken eifrig um gut begründete Vorhersagen bemühen. Trotzdem bleiben mehr oder minder große Kenntnislücken, zumal man für die Informationsbeschaffung nicht endlos Personal, Geld und Zeit einsetzen kann.

Das **Ausmaß des Risikos** hängt insbesondere von folgenden Faktoren ab:
▶ vom Umfang und von der Qualität der im Entscheidungszeitpunkt verfügbaren Informationen,
▶ von der Komplexität und der Dynamik der wirtschaftlichen, technischen, gesellschaftlichen und politischen Rahmenbedingungen,
▶ von der Fähigkeit der Entscheidungsträger, mit der Komplexität umzugehen,

▶ von der Höhe des eingesetzten Kapitals,
▶ von der Rückflusszeit des eingesetzten Kapitals,
▶ von der Möglichkeit, die beschafften Leistungspotenziale nach getroffener Entscheidung an veränderte Bedingungen anzupassen,
▶ von der Möglichkeit, noch Liquidationsrestwerte zu erzielen, wenn die Investition vorzeitig abgebrochen werden muss,
▶ von der Möglichkeit der Risikokompensation im Gesamtunternehmen.

In den folgenden Abschnitten werden einige Instrumente und Maßnahmen dargestellt, die dazu beitragen können, die Investitionsrisiken zu begrenzen.

7.2 Alternative Zukunftslagen

Das größte Entscheidungsrisiko ergibt sich nicht aus kleinen, mehr oder weniger zufälligen Abweichungen zwischen Prognose- und Istdaten. Solche Abweichungen können in der Regel situationsbezogen aufgefangen werden. Das ungleich größere Risiko ergibt sich daraus, dass die Investition auf eine ganz andere Zukunftskonstellation, z. B. grundlegend veränderte Wettbewerbsverhältnisse, trifft als die, die im Entscheidungszeitpunkt angenommen wurde.

Bereits in der Anfangsphase des Planungsprozesses kommt es deshalb darauf an, die verschiedenen **Szenarien** zu durchdenken und ihre Wirkungen auf den Investitionserfolg zu untersuchen. Die **Leitfragen** für die Untersuchung lauten:

1. Welche Einflussfaktoren bestimmen den Erfolg der Investition?
2. In welchen Ausprägungen (alternativen Zukunftslagen) können die Einflussfaktoren auftreten?
3. Welches ist die wahrscheinlichste (glaubwürdigste) dieser Zukunftslagen?
4. Mit welchen Wahrscheinlichkeiten werden die alternativen Zukunftslagen erwartet?
5. Mit welchen Wahrscheinlichkeiten können abweichende Zukunftslagen auftreten?
6. Welche Vorbereitungen lassen sich treffen, um im Fall ungünstiger Entwicklungen noch gegensteuern zu können?

Um die Wahrscheinlichkeiten der alternativen Zukunftslagen einschätzen zu können, müssen die vorliegenden Prognoseinformationen nach ihrer Qualität geordnet werden: Grundsätzlich ist eine zukunftsbezogene Aussage einer anderen vorzuziehen, wenn sie besser begründet ist. Die Qualität der Begründung hängt von der Zahl und dem Gewicht der empirischen Belege ab, die für diese Aussage sprechen, im Verhältnis zur Zahl und dem Gewicht der empirischen Belege, die

gegen sie sprechen. Ein empirischer Beleg ist für die Prognose umso bedeutsamer,
▶ je aktueller die zugrunde liegenden Daten sind,
▶ je unterschiedlicher die Beobachtungsbedingungen waren, unter denen die Daten gesammelt wurden,
▶ je mehr die gesammelten Daten in einen systematischen, plausiblen und theoretisch fundierten Begründungszusammenhang gebracht werden können.

Die Ermittlung der glaubwürdigsten Zukunftslage und der alternativen Zukunftslagen mit ihren Konsequenzen für den Investitionserfolg bilden die Basis für alle weiteren Überlegungen, Rechenverfahren und Maßnahmen zur Eingrenzung der Unsicherheit.

7.3 Sicherheitskorrekturen

7.3.1 Darstellung des Verfahrens

Ein „vorsichtiger Kaufmann" rückt bei der Aufbereitung der Prognosedaten mehr oder minder unbewusst Informationen mit Wert senkendem Effekt in den Vordergrund, Informationen mit Wert erhöhender Wirkung in den Hintergrund.
Mit Sicherheitskorrekturen versucht man, den Handlungsmechanismus eines vorsichtigen Kaufmanns bewusst zu steuern. Man verändert die Eingangsdaten der Investitionsrechnung durch kontrollierte Zuschläge bzw. Abschläge so, dass das Ergebnis, zum Beispiel der vor der Entscheidung berechnete Kapitalwert, bei Durchführung der Investition mit an Sicherheit grenzender Wahrscheinlichkeit erreicht wird.
Zum Beispiel werden Verbrauchsmengen und Preise für Einsatzgüter, Lohnkosten usw. gegenüber der glaubwürdigsten Schätzung erhöht, Absatzmengen, Absatzpreise usw. gesenkt. Die Höhe der Zu- oder Abschläge richtet sich zum einen nach dem Maß der Unsicherheit, das bei der jeweiligen Eingangsgröße vermutet wird, und zum anderen nach dem Sicherheitsbedürfnis des Entscheidungsträgers. Eine Investition, die auf Basis der glaubwürdigsten Zukunftsprognose vorteilhaft erscheint, kann aufgrund der Sicherheitskorrekturen ihren Rangplatz gegenüber weniger unsicheren Investitionen verlieren oder ganz aus der Realisierung ausscheiden.
In einer vereinfachten Form dieses Verfahrens werden nicht die einzelnen Inputgrößen (Absatzmengen, Preise, Lohnkosten usw.) mit Sicherheitszuschlägen oder -abschlägen versehen. Vielmehr wird stellvertretend für die einzelnen Si-

cherheitskorrekturen pauschal **der Kalkulationszinssatz** erhöht. Hierzu folgendes Zitat aus dem Regelwerk für Investitionsplanungsrechnungen in einem Großunternehmen:
„Investitionsplanungsrechnungen sollen mit einem Kalkulationszinssatz durchgeführt werden, den die Unternehmensleitung jeweils zu Beginn eines Jahres bekannt gibt. Dieser Zinssatz ist als Basiszinssatz anzusehen, der um einen Zuschlag zu erhöhen ist, der das Risiko der jeweiligen Investition kennzeichnet. Folgende Kategorien dienen der Orientierung:

Finanzinvestitionen: kein Zuschlag
bekannter Markt – bekannte Technologie: Zuschlag 2 %
bekannter Markt – unbekannte Technologie: Zuschlag 4 %
unbekannter Markt – bekannte Technologie: Zuschlag 6 %
unbekannter Markt – unbekannte Technologie: Zuschlag 8 %."

Im **Apfelmus-Beispiel** hatten wir für den Basiszinssatz von 7 % einen Kapitalwert von 50.286 € ermittelt. Da es sich im Beispiel um einen bekannten Markt mit bekannter Technologie handelt, würde man nach obiger Empfehlung mit 9 % rechnen, was den Kapitalwert auf 44.270 € senken würde. Die Investition bliebe vorteilhaft.

Für die Höhe der Zuschläge gibt es keine festen Regeln. In der Praxis gibt es markante Unterschiede, aus denen auch eine gewisse Hilflosigkeit abzulesen ist. Die Unterschiede sind nicht nur auf variierende Risiken in den einzelnen Branchen und auf unterschiedliche Sicherheitsbedürfnisse der Entscheidungsträger zurückzuführen. Sie entstehen auch dadurch, dass man dem Kalkulationszinssatz eine Aufgabe aufbürdet, die ihn überfordert. Denn die Hauptrisiken einer Investition liegen nicht im Kalkulationszinssatz, sondern in den Bestimmungsgrößen der erwarteten Auszahlungen und Einzahlungen: den Absatzmengen, Absatzpreisen, Beschaffungspreisen, der Arbeitsproduktivität usw. Diese Risiken werden auf den Kalkulationszinssatz übertragen, ohne dass für die Projektion ein nachprüfbarer Mechanismus angegeben werden könnte.

7.3.2 Eignung des Verfahrens

Sicherheitskorrekturen sind in der Praxis wegen ihrer **Einfachheit** sehr beliebt, weil sie leicht zu handhaben sind. Bedenken sollte man allerdings:
▶ Sicherheitskorrekturen sollen zwei unterschiedliche Aspekte des Problems auf einmal lösen: Zum einen soll die Unsicherheit der Datenprognose, zum anderen die Einstellung des Entscheidungsträgers gegenüber dem Risiko in der Sicherheitskorrektur untergebracht werden. Beide Tatbestände werden vermischt.

Deshalb erscheint die Höhe der Sicherheitskorrektur oft schwammig und willkürlich.

▶ Wenn bei der Datenermittlung verschiedene Personen im Unternehmen dezentral und voneinander unabhängig eingeschaltet sind und jede Person ihre eigenen Sicherheitskorrekturen einbringt, dann entstehen in der Investitionsrechnung, in die alle Daten einmünden, unkontrollierbare Kumulationseffekte, die das wirkliche Ausmaß des Risikos weit übersteigen können. Zumindest werden die einzelnen Ursachen der Unsicherheit stark verwischt.

▶ Besonders kritisch ist ein Zuschlag zum Kalkulationszinssatz zu sehen, der die Unsicherheiten aller anderen Daten (Absatzmengen, Preise, Lohnkosten usw.) mit abdecken soll. Der gewählte Zuschlag bleibt pauschal und ist in seiner konkret gewählten Höhe in der Regel kaum zu begründen.

Um die Wirkung der Zu- bzw. Abschläge transparent zu machen, sollte man die Zielgröße immer zweimal berechnen, einmal ohne Sicherheitskorrekturen, d.h. einmal auf Basis der glaubwürdigsten Zukunftslage, und einmal mit Sicherheitskorrekturen.

7.4 Methode kritischer Werte

7.4.1 Darstellung des Verfahrens

Mit der Methode kritischer Werte versucht man, die in der Investitionsplanungsrechnung steckende Unsicherheit transparent zu machen. Zunächst wird die Planungsrechnung auf Basis der glaubwürdigsten Zukunftslage durchgeführt. Anschließend wird berechnet, wie weit eine bestimmte Eingangsgröße vom glaubwürdigsten Prognosewert abweichen darf, ohne dass die zu beurteilende Investition – absolut oder im Vergleich zu konkurrierenden Investitionen – unvorteilhaft wird.

Einige kritische Werte wurden bei der Darstellung der dynamischen und statischen Methoden der Investitionsrechnung bereits behandelt:

▶ Amortisationsdauer: Zeit, die die Investition mindestens durchhalten muss, damit der Kapitalwert nicht negativ wird.

▶ Interner Zinssatz: Kalkulationszinssatz, den eine Investition maximal verkraften kann, bevor ihr Kapitalwert negativ wird.

▶ Break-even-Point: Absatzmenge, die mindestens erreicht werden muss, um mit den Deckungsbeiträgen die fixen Kosten zu decken.

▶ Break-even-Point im Verfahrensvergleich: Absatzmenge, die mindestens erreicht werden muss, damit eine Produktionsanlage mit höheren fixen Kosten und niedrigeren variablen Stückkosten günstiger wird als eine konkurrierende Produktionsanlage mit niedrigeren fixen Kosten und höheren variablen Stückkosten.

Das Prinzip ist in allen Fällen gleich und kann für beliebige Rechenelemente verallgemeinert werden: Zunächst wird die mathematische Gleichung zur Berechnung der jeweiligen Zielgröße (Kapitalwert, Annuität, Gewinn usw.) aufgestellt. Dann wird die Eingangsgröße, die man für besonders unsicher hält und der im Moment die Aufmerksamkeit gelten soll (z. B. die Absatzmenge), zur unabhängigen Variablen erklärt. Schließlich wird berechnet, bei welchem Wert die Zielgröße den Wert Null annimmt. Dabei werden alle übrigen Eingangsdaten (z. B. Absatzpreise, Lohnsätze, Rohstoffeinsatz usw.) konstant gehalten.

7.4.2 Einzelne kritische Werte

Für das wiederholt verwendete **Apfelmus-Beispiel** (Tabelle 1, Abschnitt 3.1) sind folgende kritische Eingangsvariablen denkbar:
▶ höchstens akzeptable Auszahlungen für das Anlagevermögen,
▶ höchstens akzeptable variable Auszahlungen,
▶ höchstens akzeptable fixe laufende Auszahlungen,
▶ höchstens akzeptabler Kalkulationszinssatz,
▶ mindestens notwendige Verkaufsmengen,
▶ mindestens notwendiger Verkaufpreis,
▶ mindestens notwendige Investitionsdauer.

Die minimale Investitionsdauer (die Amortisationsdauer) von 2,15 Jahren und der maximale Kalkulationszinssatz (der interne Zinssatz) von 29,65 % wurden bereits berechnet (Abschnitte 3.7.1 und 3.8.1).
Folgende Schritte sind nötig, wenn beispielsweise die minimalen Verkaufsmengen auf Basis der Kapitalwertmethode bestimmt werden sollen:

1. Man berechnet den Kapitalwert der Investition für die glaubwürdigste Zukunftslage. Wurde bereits ermittelt mit $C_0 = 50.286$ €.
2. Man wählt die Variable aus, bei der die größte Unsicherheit vermutet wird, z. B. die Absatzmenge.
3. Man formuliert die mathematische Gleichung für die Zielgröße, hier den Kapitalwert. Man setzt die Zielgröße gleich Null und formuliert die Unsicherheitsgröße als unbekannte Variable (im Beispiel mit x_t), während alle anderen Daten unverändert bleiben:

$$0 = -105.000 + \frac{3{,}0 \cdot x_1 - 6.600}{1{,}07} + \frac{3{,}1 \cdot x_2 - 6.600}{1{,}07^2} + \frac{3{,}1 \cdot x_3 - 6.600}{1{,}07^3} + \frac{3{,}2 \cdot x_4 - 6.600}{1{,}07^4} + \frac{8.000}{1{,}07^4}$$

168   7. Berücksichtigung von Unsicherheit und Risiko

Da die Absatzmengen von Jahr zu Jahr differieren, sind in diesem Fall vier kritische Absatzmengen möglich. Man müsste also jeweils für drei Absatzmengen die vorgegebenen Zahlen eingeben und diese konstant halten, um jeweils die vierte als Variable behandeln zu können. Sinnvoller ist folgende Lösung: Man bestimmt den Faktor f, auf den die Absatzmengen unter Bezug auf die glaubwürdigsten Werte höchstens sinken dürfen. Für das Beispiel entsteht folgende Gleichung:

$$0 = -105.000 + \frac{3{,}0 \cdot 22.200 \cdot f - 6.600}{1{,}07} + \frac{3{,}1 \cdot 18.258 \cdot f - 6.600}{1{,}07^2} + \frac{3{,}1 \cdot 15.032 \cdot f - 6.600}{1{,}07^3}$$
$$+ \frac{3{,}2 \cdot 8.938 \cdot f - 6.600}{1{,}07^4} + \frac{8.000}{1{,}07^4}$$

Setzt man $f = 1$, so ergibt sich der bereits ermittelte Kapitalwert von 50.286 €. Der Kapitalwert von Null entsteht bei $f = 0{,}7069$. Das heißt: Sinken die jährlichen Absatzmengen auf unter 70,69 %, bezogen auf die ursprünglich geschätzten Jahreswerte, dann wird der Kapitalwert kleiner als Null; die Investition ist nicht mehr zu akzeptieren. (Die Lösung wurde vom Autor mit dem Tabellenkalkulationsprogramm EXCEL, Extras, Zielwertsuche, ermittelt.)

Den kritischen Wert kann man auch grafisch darstellen, und zwar als Schnittpunkt der Kapitalwertfunktion in Abhängigkeit von f (Abbildung 31). Aus der Geraden lassen sich aber auch andere Kombinationen des Absatzmengenfaktors und des resultierenden Kapitalwerts ablesen.

Abbildung 31: Kapitalwerte in Abhängigkeit vom Absatzmengenfaktor

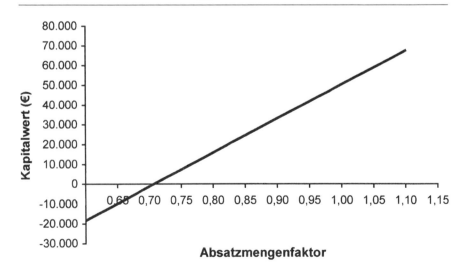

Abbildung 32: Kritische-Werte-Kombinationen

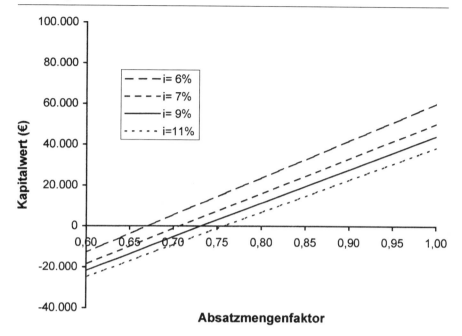

7.4.3 Kritische-Werte-Kombinationen

Normalerweise wird ein kritischer Wert unter der Annahme bestimmt, dass gleichzeitig alle anderen Einflussgrößen – Preise, Verbrauchsmengen, Investitionsdauer, Kalkulationszinssatz usw. – konstant bleiben. Soll der Einfluss von zwei unsicheren Rechengrößen auf den Kapitalwert analysiert werden, kann man Kritische-Werte-Kombinationen berechnen. Zur Erläuterung greifen wir wieder auf das **Apfelmus-Beispiel** zurück. Folgende Schritte sind nötig:

1. Man berechnet den Kapitalwert der Investition für die glaubwürdigste Zukunftslage: $C_0 = 50.286$ €.
2. Man wählt die beiden Variablen aus, bei denen die größte Unsicherheit vermutet wird, z. B. die Absatzmenge und den Kalkulationszinssatz.
3. Man formuliert die mathematische Gleichung für die Zielgröße, hier den Kapitalwert. Man setzt die Zielgröße gleich null und formuliert die Unsicherheitsgrößen – hier den Absatzmengenfaktor f und den Kalkulationszinssatz i – als unbekannte Variable, während die anderen Daten unverändert bleiben:

170   7. Berücksichtigung von Unsicherheit und Risiko

$$0 = -105.000 + \frac{3,0 \cdot 22.200 \cdot f - 6.600}{(1+i)} + \frac{3,1 \cdot 18.258 \cdot f - 6.600}{(1+i)^2} + \frac{3,1 \cdot 15.032 \cdot f - 6.600}{(1+i)^3}$$
$$+ \frac{3,2 \cdot 8.938 \cdot f - 6.600}{(1+i)^4} + \frac{8.000}{(1+i)^4}$$

4. Man variiert schrittweise die eine Variable, z. B. den Kalkulationszinssatz, und berechnet jeweils den kritischen Wert der anderen Variablen, z. B. der Absatzmenge. Abbildung 32 zeigt das Ergebnis für alternativ veränderte Kalkulationszinssätze. Die kritischen Werte ergeben sich jeweils in den Schnittpunkten der Geraden mit der Abszisse. Aber auch andere Kombinationen des Kalkulationszinssatzes und des Absatzmengenfaktors einerseits und des daraus resultierenden Kapitalwerts andererseits lassen sich aus der Grafik ablesen.

7.4.4 Kritische Werte bei konkurrierenden Investitionen

Auch im Fall konkurrierender Investitionen kann man kritische Werte errechnen. In Abschnitt 4.2.2 wurde dies bereits im Rahmen des Gewinnvergleichs demonstriert. Im Rahmen der Kapitalwertmethode verfährt man analog. Die Arbeitsschritte für z. B. zwei konkurrierende Investitionen lauten:

1. Man berechnet die Kapitalwerte der konkurrierenden Investitionen auf Basis der glaubwürdigsten Zukunftslage.
2. Man bestimmt die Variable, bei der die größte Unsicherheit vermutet wird.
3. Man formuliert die mathematischen Gleichungen für die Kapitalwerte der Investitionen und definiert dabei die Unsicherheitsgröße als unbekannte Variable.
4. Man setzt die Kapitalwerte einander gleich.
5. Man berechnet den Wert der unbekannten Variablen, während alle anderen Daten unverändert bleiben. Das Ergebnis ist der kritische Wert.

7.4.5 Eignung des Verfahrens

▶ Die Methode kritischer Werte ergänzt die Investitionsrechnung. Sie deckt Zusammenhänge zwischen den unsicheren Eingangsdaten und der Zielgröße auf und schärft das Bewusstsein für das Investitionsrisiko.
▶ In der Praxis begnügt man sich in einer ersten Planungsphase oft mit ungenauen Schätzwerten für die Rechendaten, um zunächst grob zu erkennen, ob die Investition vorteilhaft sein könnte. Zeigt die vorläufige Investitionsrechnung, dass sich eine detaillierte Auseinandersetzung mit dem Investitionsvor-

schlag lohnen könnte, bieten die kritischen Werte eine **Orientierung für zusätzliche Prognosebemühungen**. Man kann sich auf die Frage konzentrieren, mit welcher Wahrscheinlichkeit die kritischen Werte unter- bzw. überschritten werden.
▶ Im Gegensatz zur Rechnung mit Sicherheitskorrekturen geht man nicht von vornherein von einem risikoscheuen Investor aus, sondern lässt offen, wie er das Ergebnis der Analyse bei der Entscheidung nutzt.
▶ Kritische Werte werden immer unter Annahme der Konstanz aller übrigen Daten berechnet. Der Anwendungsbereich ist insofern begrenzt.

7.5 Bandbreitenrechnung

7.5.1 Darstellung des Verfahrens

Die Bandbreitenrechnung soll transparent machen, wie sich die Unbestimmtheit der Eingangsdaten in der Zielgröße niederschlägt. Zunächst wird die Investitionsrechnung auf Basis der glaubwürdigsten Zukunftslage durchgeführt. Anschließend wird untersucht, wie es sich auf die Zielgröße (z. B. den Kapitalwert) auswirkt, wenn die Eingangsgrößen (Absatzmengen, Beschaffungspreise, Zinssätze usw.) zwischen optimistischen und pessimistischen Randwerten schwanken.

Im **Apfelmus-Beispiel** hat sich die mit der Planung beauftragte Person folgende Aufgaben gestellt:

1. Ermittle die Daten, die im Fall der glaubwürdigsten Zukunftslage eintreffen werden.
2. Schätze anschließend, in welcher Spannbreite die Daten „mit an Sicherheit grenzender Wahrscheinlichkeit" liegen werden.
3. Berechne die zur Beurteilung der Investition wichtigen Kennziffern (z. B. Kapitalwerte und Amortisationszeiten).

Das Ergebnis der Bemühungen ist in Tabelle 45 festgehalten. Abbildung 33 fasst den Verlauf der Endkapitalwerte auch grafisch zusammen.

Es muss den Entscheidungsträgern überlassen werden, wie sie die Zahlen auswerten. Höchstwahrscheinlich werden sie zu dem Entschluss kommen, die Investition durchzuführen. Denn die Produktionsanlagen, die mit dieser Investition realisiert werden sollen, enthalten noch Anpassungspotenziale für den Fall, dass die pessimistische Entwicklung eintreten sollte. Außerdem stärkt die Investition die Position des Unternehmens im Wettbewerb.

7. Berücksichtigung von Unsicherheit und Risiko

Tabelle 45: Bandbreitenprognose

		Jahresende				
		0	1	2	3	4
Optimistische Daten	Anschaffungsausz.	-105.000				
	Deckungsbeitrag		76.590	65.090	53.589	32.892
	fixe Auszahlungen		-6.500	-6.500	-6.500	-6.500
	Liquidationsrestwert					10.000
	Kalkulationszinssatz	6%				
	Vermögensbestand	**-105.000**	**-41.210**	**14.907**	**62.891**	**103.056**
	Kapitalwert	*81.630*				
	Amortisationsdauer	*1,73*				
Glaubwürdigste Daten	Anschaffungsausz.	-105.000				
	Deckungsbeitrag		66.600	56.600	46.599	28.602
	fixe Auszahlungen		-6.600	-6.600	-6.600	-6.600
	Liquidationsrestwert					8.000
	Kalkulationszinssatz	7%				
	Vermögensbestand	**-105.000**	**-52.350**	**-6.015**	**33.563**	**65.915**
	Kapitalwert	*50.286*				
	Amortisationsdauer	*2,15*				
Pessimistische Daten	Anschaffungsausz.	-105.000				
	Deckungsbeitrag		56.610	48.110	39.609	24.311
	fixe Auszahlungen		-6.600	-6.650	-6.700	-6.750
	Liquidationsrestwert					4.000
	Kalkulationszinssatz	8%				
	Vermögensbestand	**-105.000**	**-63.390**	**-27.001**	**3.748**	**25.609**
	Kapitalwert	*20.450*				
	Amortisationsdauer	*2,88*				

Abbildung 33: Bandbreite der Endkapitalwerte im Zeitablauf

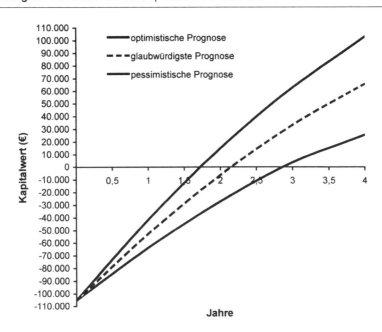

7.5.2 Eignung des Verfahrens

▶ Die Methode der Bandbreitenrechnung ergänzt die Investitionsrechnung. Der Entscheidungsträger wird in die Lage versetzt, die Auswirkungen alternativer, insbesondere extremer Datenkonstellationen auf die Zielgrößen zu erkennen und mit seiner Einstellung **im Spannungsfeld zwischen Risiko und Chance** zu verbinden. Wie bei der Methode kritischer Werte geht man auch hier im Gegensatz zur Rechnung mit Sicherheitskorrekturen nicht von vornherein von einem risikoscheuen Investor aus, sondern lässt offen, wie das Ergebnis der Analyse bei der Entscheidung genutzt wird.

▶ Erhöhte Anforderungen stellt die Bandbreitenrechnung an die **Datenermittlung**. Verlangt werden ergänzende Prognosen für die alternativen Zukunftslagen mit sorgfältigen Erwägungen darüber, welche Datenkonstellationen „mit an Sicherheit grenzender Wahrscheinlichkeit" nicht unter- bzw. überschritten werden. Subjektive Einflüsse sind dabei nicht zu vermeiden.

▶ Die Methode geht davon aus, dass die für die optimistische, glaubwürdigste und pessimistische Situation geschätzten Daten **gemeinsam in dieser Konstellation** auftreten. Beispielsweise wird angenommen, dass die pessimistischen Schätzwerte für den Deckungsbeitrag, die fixen Auszahlungen, den Liquidationsrestwert und den Kalkulationszinssatz vor dem Hintergrund einer bestimmten – hier pessimistischen – Zukunftslage miteinander verknüpft sind.

▶ Ist die Ermittlung der Einzeldaten (Mengen, Preise, Zinssätze usw.) im Unternehmen auf verschiedene Personen verteilt, sollten sie den Datenkranz miteinander abstimmen. Sonst besteht die **Gefahr von Kumulationseffekten**. Wenn beispielsweise vier verschiedene Personen vier verschiedene Datengruppen (Deckungsbeitragsvolumen, fixe Auszahlungen, Kalkulationszinssatz und Liquidationsrestwert) getrennt prognostizieren und für die pessimistische Randlage eine Eintrittswahrscheinlichkeit von 5 % im Kopf haben, dann ist die Eintrittswahrscheinlichkeit der im Kapitalwert kombinierten Werte $0{,}05^4 = 0{,}00000625$. Diese Wahrscheinlichkeit ist so klein, dass mit dem Eintritt des zugehörigen Kapitalwerts praktisch nicht gerechnet werden kann.

▶ Die Bandbreitenrechnung liefert **keine Wahrscheinlichkeitsverteilung** der Zielgröße. Sie beschränkt sich auf die Aussage, dass sich der Kapitalwert um den glaubwürdigsten Wert streut und in der optimistischen bzw. pessimistischen Position Werte erreicht, die „mit an Sicherheit grenzender Wahrscheinlichkeit" nicht über- bzw. unterschritten werden. Ein Verfahren, das eine Wahrscheinlichkeitsverteilung der Zielgröße produziert, ist die **so genannte berechnungsexperimentelle Risikoanalyse**, die auch „Monte-Carlo-Simulation" genannt wird. Dieses Verfahren erlaubt es,

174   7. Berücksichtigung von Unsicherheit und Risiko

Abbildung 34: Ergebnis einer berechnungsexperimentellen Risikoanalyse

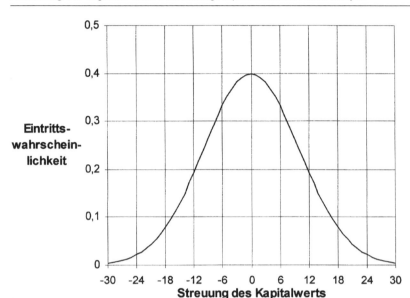

▶ die einzelnen Eingangsdaten unabhängig voneinander zu prognostizieren und daraus
▶ Aussagen über die Wahrscheinlichkeitsverteilung der Zielgröße abzuleiten.

Abbildung 34 zeigt ein Beispiel. Dabei sind auf der Abszisse die möglichen positiven und negativen Abweichungen vom glaubwürdigsten Kapitalwert und auf der Ordinate die zugehörigen Eintrittswahrscheinlichkeiten abgetragen.

In der Praxis ist die Monte-Carlo-Simulation nicht sehr verbreitet, weil sie hohe Anforderungen an die Datenermittlung und an das methodische Verständnis stellt. (Weiterführende Literatur: Blohm/Lüder/Schaefer 2006, S. 307 ff. und Kruschwitz 2007, S. 317 ff.)

7.6 Handlungsempfehlungen zur Begrenzung des Investitionsrisikos

Die in den vorangehenden Abschnitten erläuterten Verfahren decken Unsicherheiten in Investitionsrechnungen auf. Der Investor erkennt, in welchen Bandbreiten sich die Investitionswirkungen bewegen, wo die kritischen Werte liegen und wie sich Plan-Ist-Abweichungen auswirken. Er kann daraufhin entscheiden,

7.6 Handlungsempfehlungen zur Begrenzung des Investitionsrisikos 175

ob er die erkennbaren Risiken eingehen oder ob er auf weniger risikoreiche Alternativen ausweichen will.

An die rechnerische Risikoanalyse schließen sich Maßnahmen zur Begrenzung des Investitionsrisikos an. Tabelle 46 dokumentiert hierzu einen Rezeptkatalog praxisorientierter Handlungsempfehlungen.

Beispiele zu den Regeln Nr. 11 bis 14:

Zu 11: In einem Unternehmen der Lebensmittelindustrie konnte man die langfristige Produktnachfrage nur schwer einschätzen. Man entschied sich, die Kapazitäten sukzessiv auszubauen, um die Marktentwicklung abzuwarten (Abbildung 35). Dass die schrittweise Realisierung der Anlage teurer war als die sofortige Großlösung, nahm man angesichts des geringeren Risikos in Kauf. Von Jahr zu Jahr konnte man neu entscheiden, ob man den ursprünglich anvisierten Weg weiter gehen oder ob man andere Möglichkeiten ins Auge fassen sollte.

Zu 12: In einem Unternehmen für Karosserieteile der Fahrzeugindustrie entschied man sich trotz höherer Anschaffungsauszahlungen für die Anschaffung eines „flexiblen Fertigungssystems" anstelle der traditionellen Fließbandfertigung. Das flexible Fertigungssystem erlaubte einen problemlosen Wechsel auf neue Produktvarianten. Die Kunden konnten ohne lange und teure Sortenwechsel schnell und pünktlich beliefert werden. Außerdem ging man dem Risiko aus dem Weg, auf in Zukunft vielleicht veränderte Kundenwünsche nicht oder nur durch aufwendige Umbauten eingehen zu können.

Zu 13: In einem Versicherungsunternehmen wurde ein technisch wie wirtschaftlich faszinierendes DV-Konzept, das speziell auf die Belange des Unternehmens zugeschnitten war, zu Gunsten einer Standardlösung verworfen, weil man davon ausging, dass die Standardlösung an möglicherweise in Zukunft veränderte Rahmenbedingungen (Unternehmensorganisation, Konzernstruktur usw.) eher angepasst werden könne.

Zu 14: In einem neu gegründeten Speditionsunternehmen entschied man sich für Fahrzeuge und Palettensysteme, die man bei rückläufiger Nachfrage relativ leicht wieder veräußern könnte.

Maßnahmen, die die Anpassungsbereitschaft und Anpassungsfähigkeit erhöhen, werden immer wichtiger, weil sich die Rahmenbedingungen, unter denen die Unternehmen wirtschaften, mit zunehmender Geschwindigkeit, Intensität und Sprunghaftigkeit verändern. Neue Produkte, neue Technologien, veränderte Kundenerwartungen, eine aggressiv operierende Konkurrenz, neue Vertriebsformen usw. können die Voraussetzungen für die Nutzung der Investitionen, die ja für einen langfristigen Verbleib im Unternehmen vorgesehen sind, dramatisch verändern.

7. Berücksichtigung von Unsicherheit und Risiko

Tabelle 46: Katalog von Empfehlungen zur Risikovorsorge in der Investitionswirtschaft

Strategie	(1) Beobachte vorausschauend die Entwicklungen in den für das Unternehmen relevanten Umweltsektoren. Durchdenke alternative Szenarien, die auf das Unternehmen zukommen können.
	(2) Entwickle eine strategische Konzeption. Passe diese Konzeption rechtzeitig an die Veränderungen in der Unternehmensumwelt an.
	(3) Erhöhe generell die Anpassungsfähigkeit und die Anpassungsgeschwindigkeit des Unternehmens durch reaktionsschnelle Mitarbeiter, flexible Organisationsstrukturen, breit einsetzbare Fertigungssysteme, reversible Vertriebsformen usw.
Organisation, Kommunikation	(4) Sorge dafür, dass die für den Anpassungsprozess notwendigen Investitionen rechtzeitig erkannt und vorbereitet werden. Etabliere zügig funktionierende Anregungs- und Bewilligungsregeln für die Investitionsvorschläge.
	(5) Fördere die Kommunikation und die Abstimmung zwischen den an Planungs-, Entscheidungs-, Ausführungs- und Kontrollprozessen beteiligten Personen.
	(6) Sorge für eine enge Abstimmung zwischen dem Investitionsbereich und den anderen Funktionsbereichen (Produktplanung, Personalentwicklung, Beschaffung, Absatz usw.).
Entscheidungsvorbereitung	(7) Denke in Alternativen. Gib dich nicht mit der erstbesten Investitionsidee zufrieden. Prüfe, ob das Problem auch ohne oder mit einer kleineren Investition, z.B. durch pfiffige organisatorische Verbesserungen, ebenso gut zu lösen ist.
	(8) Wäge die strategischen Chancen und Risiken der Investitionsvorschläge nüchtern ab. Zentrales Ziel ist die Sicherung der Wettbewerbsfähigkeit. Berechne die Wirtschaftlichkeit der Investitionsalternativen nach Möglichkeit mit den dynamischen Verfahren der Investitionsrechnung.
	(9) Kontrolliere während der Planung, ob die Planungsprämissen noch realistisch sind. Passe das Investitionsvorhaben ggf. den veränderten Bedingungen an.
Entscheidung	(10) Stimme die Investitionsvorhaben im Unternehmen aufeinander ab und bringe sie in eine Rangfolge, die sich an den für die Wettbewerbsfähigkeit maßgeblichen Unternehmenszielen orientiert.
	(11) Realisiere besonders große und risikobehaftete Investitionen schrittweise (Abbildung 35).
	(12) Wähle Systeme mit breitem Anwendungsspektrum („Universalmaschinen statt Spezialmaschinen"), selbst wenn es im Moment teurer ist.
	(13) Wähle Systeme, die sich bei veränderten Anforderungen reibungslos und kostenarm umrüsten lassen.
	(14) Bevorzuge Gegenstände, die für den Fall, dass sich die Investition als Fehler herausstellen sollte, einen Markt vorfinden, auf dem noch Liquidationsrestwerte zu erzielen sind.
	(15) Realisiere ein Investitionsprogramm, in dem sich unterschiedliche Risiken ausgleichen (Diversifikation). Teile große Risiken mit anderen Unternehmen, z.B. durch Kooperationen oder strategische Allianzen.
Finanzierung	(16) Prüfe die Auswirkungen der Investitionen auf die Liquidität im Rahmen der kurz-, mittel- und langfristigen Finanzplanung.
	(17) Finanziere langfristige, insbesondere innovative Investitionen mit einem ihrem Risiko entsprechenden Anteil an Eigenkapital.
	(18) Halte Finanzierungsreserven bereit, die zur eventuellen Nachbesserung nicht optimal funktionierender Investitionen benötigt werden könnten.
Kontrolle	(19) In der Aufbauphase: Überwache die Teilschritte der Investitionsdurchführung in Bezug auf die gesetzten Ziele (Qualität, Kosten, Termine usw.). Steuere rechtzeitig gegen drohende Abweichungen von den Sollvorgaben.
	(20) In der Nutzungsphase: Überwache den Investitionserfolg fortlaufend und analysiere die Soll-Ist-Abweichungen. Beobachte auch vorausschauend die Stabilität der den Investitionserfolg bestimmenden Größen. Ergreife Anpassungsmaßnahmen bei drohenden Änderungen der Rahmendaten.

Abbildung 35: Schrittweise Realisierung eines Investitionsvorhabens

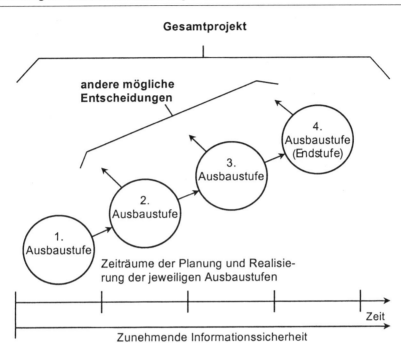

In manchen Unternehmen hat sich ein eigenständiger Funktionsbereich **Risikopolitik** etabliert. Hier werden sämtliche Unternehmensrisiken fortlaufend beobachtet, analysiert und mit koordinierten Handlungsprogrammen herabgesetzt. Auch die geplanten und durchgeführten Investitionsvorhaben durchlaufen diesen Prozess.

7.7 Zusammenfassung

▶ Mit einer Investition wird die Erwartung verknüpft, das Geld in einem überschaubaren Zeitraum zurückzugewinnen und mit der Nutzung der eingesetzten Leistungspotenziale bestimmte Ziele zu erreichen. Ob die Erwartung eintritt, ist keineswegs sicher. Mit wachsender Dynamik der Märkte und zunehmender Veränderungsgeschwindigkeit von Produkten und Technologien werden langfristige Prognosen immer schwieriger. Ist das Geld einmal ausgegeben und sind die Leistungspotenziale an bestimmte Zwecke gebunden, kann die Entscheidung kaum noch korrigiert werden.

▶ Zu den Instrumenten, mit denen die Unsicherheit in der Planung und Planungsrechnung berücksichtigt werden können, zählen:
- Ermittlung der alternativen Zukunftslagen (Aufdeckung alternativer Szenarien),
- Sicherheitskorrekturen,
- Berechnung kritischer Werte,
- Bandbreitenrechnung,
- berechnungsexperimentelle Risikoanalyse.

▶ Mit Sicherheitskorrekturen verändert man die in der glaubwürdigsten Zukunftslage festgestellten Eingangsdaten der Investitionsrechnung durch Zuschläge bzw. Abschläge so, dass das Ergebnis „mit an Sicherheit grenzender Wahrscheinlichkeit" erreicht wird. In einer vereinfachten Form dieses Verfahrens werden nicht die einzelnen Inputgrößen korrigiert, sondern es wird stellvertretend für alle Unsicherheiten der Kalkulationszinssatz erhöht.

▶ Auch mit der Methode kritischer Werte wird die Planungsrechnung zunächst auf Basis der glaubwürdigsten Zukunftslage durchgeführt. Anschließend wird die Frage gestellt, wie weit eine bestimmte Eingangsgröße vom glaubwürdigsten Prognosewert abweichen darf, ohne dass die zu beurteilende Investition – absolut oder im Vergleich zu konkurrierenden Investitionen – unvorteilhaft wird.

▶ Die Bandbreitenrechnung macht deutlich, wie es sich auf die Zielgröße auswirkt, wenn die Eingangsgrößen zwischen optimistischen und pessimistischen Randwerten schwanken.

▶ Auch die berechnungsexperimentelle Risikoanalyse ist eine Art Bandbreitenrechnung. Ihre Besonderheit besteht darin, dass eine Wahrscheinlichkeitsverteilung der Zielgröße ermittelt wird.

▶ Der Umgang mit den Risiken geht jedoch über den rechnerischen Ansatz hinaus. In manchen Unternehmen hat sich ein eigenständiger Funktionsbereich Risikopolitik etabliert. Hier werden sämtliche – strategische und operative – Unternehmensrisiken fortlaufend beobachtet, analysiert und mit koordinierten Handlungsprogrammen eingegrenzt.

▶ Mit Tabelle 46 wird ein Katalog praxisorientierter Handlungsempfehlungen und Regeln dokumentiert, die geeignet sind, das Investitionsrisiko zu mindern.

Lösen Sie jetzt die Aufgaben 18 bis 20.

Aufgabe 18: Jemand schlägt vor, den Kalkulationszinssatz in der Investitionsrechnung sicherheitshalber generell um 5 % zu erhöhen. Wie wirkt sich das aus? Was halten Sie davon?

7.7 Zusammenfassung

Aufgabe 19: Es gelten die Angaben der Aufgabe 3. Auf wie viel € dürfen die Anschaffungsauszahlungen für die Maschinen in t = 0 maximal steigen, damit die Investition gerade noch wirtschaftlich ist?

Aufgabe 20: Es gelten die Angaben der Aufgabe 3. Genauere Untersuchungen zeigen, dass der Kapitalwert und die Amortisationsdauer wie folgt nach oben und unten schwanken können. Wie werten Sie das Ergebnis?

	Kapitalwert	Amortisationsdauer
optimistische Schätzung	2.099 T-€	5,0 Jahre
glaubwürdigste Schätzung	1.747 T-€	5,4 Jahre
pessimistische Schätzung	1.395 T-€	6,8 Jahre

Lösungshinweise

Aufgabe 1: Die weite Fassung des Investitionsbegriffs fördert das Bewusstsein dafür, dass alle Entscheidungen, die auf eine langfristige Kapitalbindung hinauslaufen, unter einem gemeinsamen Dach (Unternehmenskonzept, Planungsmethode, Verfahren der Investitionsrechnung, Finanzierung usw.) analysiert und beurteilt werden. Die „Allokation des Kapitals" (die koordinierte Zuteilung des knappen Geldes auf die für das Unternehmen wichtigen Verwendungen) wird erleichtert.

Aufgabe 2:
Routinemäßige Investitionsentscheidungen bauen auf Erfahrungen auf, die in ähnlichen Situationen gesammelt wurden. Das Entscheidungsproblem ist überschaubar und in den wesentlichen Strukturen bekannt („wohl-definiert"). Die Phasen der Investitionsplanung werden durchlaufen, ohne dass umfassend neue Informationen eingeholt werden müssen. Investitionsziele, Investitionsalternativen und Investitionsfolgen sind relativ klar. Die Investition kann ohne große Unsicherheiten geprüft werden. Auch bei der Investitionsdurchführung und der Ergebniskontrolle kann man weitgehend auf eingeübte Verhaltensmuster zurückgreifen. Auf eine Prämissenkontrolle kann wegen der kurzen Planungszeit in der Regel verzichtet werden. Allerdings muss man aufpassen: Vielleicht haben sich die Randbedingungen (Prämissen) gegenüber der Erfahrung, auf die man zurückgreift, bereits geändert.
Innovative Investitionsentscheidungen können nicht auf Erfahrungen in ähnlichen Entscheidungssituationen aufbauen. Die Entscheidungssituation ist komplex und von Unsicherheit geprägt („nicht wohl-definiert"). Investitionsziele, Investitionsalternativen und Investitionsfolgen sind weder vollständig noch klar. Erst im Verlauf des längeren Planungsprozesses klärt sich die Situation zunehmend auf. Die einzelnen Planungsphasen (Zielbestimmung, Problemanalyse, Suche nach Lösungen, Beurteilung der Lösungen) überlagern sich und werden mehrfach durchlaufen. In jedem Durchlauf werden Lösungsalternativen verworfen. Immer wieder wird neu geprüft, ob man sich mit der Lösung zufrieden gibt oder ob man nach weiteren Lösungen sucht. Die Investitionsalternativen können nur unter Unsicherheit bewertet werden. Ob man am Ende die beste Lösung gefunden hat, weiß man nicht. Auch bei der Investitionsdurchführung und der Ergebniskontrolle kann man auf nichteingeübte Verhaltensmuster zurückgreifen.

182 Lösungshinweise

Zwischen den routinemäßigen und innovativen Entscheidungen gibt es eine große Spannbreite mit fließenden Übergängen.

Aufgabe 3:

a) 3.745 T-€. Der Endkapitalwert ist die durch eine Investition bewirkte Netto-Geldvermögensänderung am Ende der Investitionsdauer. Die Investition ist rechnerisch vorteilhaft; denn der Endkapitalwert ist größer als Null.

b) 1.747 T-€. Der (Bar-)Kapitalwert ist die durch eine Investition bewirkte Netto-Geldvermögensänderung am Anfang der Investitionsdauer. Die Investition ist rechnerisch vorteilhaft; denn der Kapitalwert ist größer als Null.

c) 327 T-€/Jahr. Die Annuität ist die durch eine Investition bewirkte Netto-Geldvermögensänderung pro Jahr der Investitionsdauer. Die Investition ist rechnerisch vorteilhaft; denn die Annuität ist größer als Null.

d) Das anfänglich eingesetzte Kapital ist einschließlich der Finanzmittelbindung im Umlaufvermögen und der bis zum Amortisationszeitpunkt aufgelaufenen Zinsen und Zinseszinsen nach 5,36 Jahren zurückgewonnen. Die Amortisationsdauer ist im Verhältnis zur gesamten Investitionsdauer recht lang. Ohne zusätzliche Recherchen zur Stabilität der erwarteten Aus- und Einzahlungen ist eine Entscheidung nicht zu treffen. Der Investor müsste eine Amortisationszeit-Obergrenze definieren.

e) 22,34 %. Steigt der Kalkulationszinssatz über 22,34 %, ist die Investition nicht mehr vorteilhaft. Voraussetzung: Auch die Rückflüsse werden zum Kalkulationszinssatz wieder angelegt.

f) 17,94 %. Steigt der Sollzinssatz über 17,94 %, ist die Investition nicht mehr vorteilhaft. Voraussetzung: Die Rückflüsse werden zu 10 % wieder angelegt.

Aufgabe 4:

	t=0	t=1 bis 10	Sonderzahlung t=10
Eigenfertigung	-800.000	-1.200.000 -300.000	10.000
Fremdbezug	-(+60.000)	-(-1.700.000)	0
Differenz	-860.000	200.000	10.000

$$C_0 = -860.000 + 200.000 \cdot \frac{1{,}1^{10} - 1}{1{,}1^{10} \cdot 0{,}1} + \frac{10.000}{1{,}1^{10}} = 372.769 \, €$$

$$AN = 200.000 - (860.000 - \frac{10.000}{1{,}1^{10}}) \cdot \frac{1{,}1^{10} \cdot 0{,}1}{1{,}1^{10} - 1} = 60.666 \, €/\text{Jahr}$$

$$s^* = \sqrt[10]{\frac{200.000 \cdot 1{,}1^9 + 200.000 \cdot 1{,}1^8 + ... + 210.000}{860.000}} - 1 = 14{,}03\%$$

Eigenfertigung ist günstiger als Fremdbezug.

Aufgabe 5:

	Kapitalwert (€)	Annuität (€/Jahr)	interner Zinssatz (%)
A	72.545	12.149	29,5
B	122.628	15.439	19,1

a) Als Vorteilsmaßstab ist die Annuitätenmethode zu bevorzugen, da die Investitionen unterschiedliche Laufzeiten aufweisen. Zwar führen die Kapitalwerte in diesem Fall zu keiner anderen Entscheidung als die Annuitäten, jedoch wäre eine veränderte Rangfolge bei anderen Ausgangsdaten möglich.

b) Investitionsalternative B ist unter den gegebenen Bedingungen vorteilhafter als A. Bei A wird wesentlich weniger Kapital eingesetzt als bei B, nämlich 168.913 – 72.149 = 96.764 €. Es kommt also darauf an, welche ergänzende Investition zum Betrag von 96.764 € zu A möglich wäre. Bringt diese Investition eine Annuität von mehr als 15.439 – 12.149 = 3.290 €/Jahr, dann wird A zusammen mit der Ergänzungsinvestition vorteilhafter als B.

c) Der interne Zinssatz ist insbesondere deshalb kein geeigneter Maßstab für den Vorteilsvergleich, weil die Anschaffungsauszahlungen und die Laufzeiten der Investitionen A und B unterschiedlich sind. Wenn man auf Basis des höheren internen Zinssatzes A wählt, unterstellt man, dass die Ergänzungsinvestition zu A, d.h. eine Investition zum Betrag von 168.913 – 72.149 = 96.764 €, ebenfalls eine Rendite von 29,5 % abwerfen würde. Dies ist aber zu bezweifeln. Die Entscheidung auf der Basis von Annuitäten ist also zweckmäßiger.

Aufgabe 6: AN(alt) = 11.500 €; AN(neu) = 15.070 €. Rechnerisch ist es günstig, den Mähdrescher sofort zu ersetzen.

Aufgabe 7: Der Vorstand richtet sich bei der Entscheidung für eine neue Filiale nach der Kapitalwertmethode. Durch die Vorgabe eines Kalkulationszinssatzes, der mindestens 3 % über dem Zinssatz für langfristige festverzinsliche Wertpapiere liegt, will sie offensichtlich das Risiko der Sachinvestition (Filiale) gegenüber der Finanzinvestition (Wertpapiere) ausgleichen. Das Risiko soll weiterhin dadurch gemildert werden, dass nach drei Jahren 40 % der Investitionsausgaben durch Rückflüsse zurückgewonnen sein müssen. Die Vorgaben beruhen wahrscheinlich auf Erfahrungen früherer Filialeröffnungen. Trotzdem wird es nötig sein, bei jeder neuen Filiale die besonderen Standortbedingungen, die Konkurrenzlage und das im Vergleich zu früheren Erfahrungen evtl. veränderte Einkaufsverhalten sorgfältig zu untersuchen.

Aufgabe 8:
a) Je höher der Kalkulationszinssatz festgelegt wird, desto niedriger sind die Kapitalwerte und Annuitäten. Investitionsalternativen mit höheren Anschaffungsausgaben, längeren Nutzungsdauern und später eintreffenden Rückflüssen sind von steigenden Kalkulationszinssätzen stärker betroffen als Investitionsalternativen mit niedrigeren Anschaffungsausgaben, kürzeren Nutzungsdauern und früher eintreffenden Rückflüssen. Deshalb kann es vorkommen, dass Investitionsalternativen, die bei einem bestimmten Kalkulationszinssatz bevorzugt werden, bei einem anderen Kalkulationszinssatz abgelehnt würden. Für die Praxis folgt daraus, dass der Kalkulationszinssatz beim Vergleich konkurrierender Investitionen sorgfältig überlegt werden sollte.
b) Bei zwei Investitionsalternativen mit unterschiedlicher Investitionsdauer kann der Kapitalwert der längerfristigen Investition höher sein als der Kapitalwert der kürzerfristigen Investition, während die Annuitäten die umgekehrte Rangfolge anzeigen. (Dieser Zusammenhang ist nicht zwangsläufig; es kommt auch vor, dass beide Methode zur selben Rangfolge führen.) Die Möglichkeit der unterschiedlichen Rangfolge ist darauf zurückzuführen, dass die Annuitäten auf die jeweilige Investitionsdauer bezogen werden, die Kapitalwerte aber ohne Beachtung der Investitionsdauer verglichen werden. Für die Praxis folgt daraus, dass konkurrierende Investitionen im Regelfall auf Basis der Annuitätenmethode verglichen werden sollten. Nur für den (wohl seltenen) Fall, dass nach Ablauf der jeweiligen Investitionsdauer das Kapital lediglich zum Kalkulationszinssatz angelegt wird, ist die Kapitalwertmethode zweckmäßiger.

Aufgabe 9: Die Kostenvergleichsrechnung unterstellt einen fiktiven (standardisierten) Verlauf der Kapitalbindung (Abbildung 28). Die Annuitätenmethode folgt dagegen (realitätsnäher) der Kapitalbindung, die im Zeitablauf durch Auszahlungen und Einzahlungen entsteht.

Aufgabe 10:

	Daten	Anlage I	Anlage II
1	Kapazität der Anlage (Stück/Jahr)	16.000	16.000
2	geplante Nutzungsdauer (Jahre)	8	8
3	Auszahlungen für abzuschreibende Gegenstände (€)	95.000	53.000
4	Liquidationsrestwerte der abzuschreibenden Gegenstände (€)	5.000	3.000
5	Kapitalbindung für nicht abzuschreibende Gegenstände (€)	2.000	2.000
6	Bedarfsmenge (Stück/Jahr)	15.600	15.600
7	variable Kosten (€/Stück)	0,55	1,25
8	variable Kosten (€/Jahr)	8.590	19.500
9	fixe Kosten ohne Abschreibungen und Zinsen (€/Jahr)	1.000	600
10	Kosten vor Abschreibungen und Zinsen (€/Jahr)	9.580	20.100
11	Abschreibungen (€/Jahr)	11.250	6.250
12	Zinsen (€/Jahr)	5.200	3.000
13	Kosten pro Jahr (€/Jahr)	*26.030*	*29.350*
14	Kosten pro Stück (€/Stück)	*1,67*	*1,88*

a) Anlage I ist kostengünstiger als Anlage II.
b) Fällt die Auslastung unter 10.857 Stück pro Jahr, ist Anlage II kostengünstiger als Anlage I.

Aufgabe 11: Als gewogenes arithmetisches Mittel der Zinssätze für Eigenmittel und für Fremdmittel ergibt sich ein Kalkulationszinssatz von 7,8 %.
a) Anlage B ist günstiger als Anlage A.
b) Bei A müssen mindestens 23.531, bei B mindestens 29.316 Mengeneinheiten/Jahr erreicht werden.
c) Bei 40.000 Mengeneinheiten/Jahr (Kapazitätsgrenze von A) und weniger ist Anlage A zu bevorzugen. Der Gewinn von A beträgt bei 40.000 Mengeneinheiten/Jahr 197.630 €/Jahr, bei B 141.030 €/Jahr.
d) Das Verhältnis der Anschaffungsauszahlungen einschließlich der Finanzmittelbindung im Umlaufvermögen zur Summe aus Gewinn und Abschreibungen ergibt für A eine Amortisationsdauer von 2,3 Jahren, für B von 2,5 Jahren.

e) Die statische Rentabilität von A beträgt 55,4%, die von B 47,9%. Danach wäre A zu bevorzugen. Der Gewinnvergleich unter a) ergab jedoch eine Besserstellung von B. Es ergibt sich der gleiche Konflikt wie zwischen der Interne-Zinssatz-Methode und der Kapitalwert- bzw. Annuitätenmethode (siehe Aufgabe 5). Auch die statische Rentabilitätsrechnung ist für den Vorteilsvergleich nicht geeignet, falls die Anschaffungsauszahlungen oder die Laufzeiten der konkurrierenden Investitionen unterschiedlich sind. Wenn man auf Basis des höheren internen Zinssatzes A wählt, unterstellt man, dass die Ergänzungsinvestition zu A, d.h. eine Investition zum Betrag von 1.100.000 − 740.000 = 360.000 €, ebenfalls eine Rendite von 55,4% abwerfen würde. Dies ist jedoch zweifelhaft. Die Entscheidung auf der Basis von Gewinnen ist zweckmäßiger.

	Daten	Anlage A	Anlage B
1	Kapazität der Anlage (ME/Jahr)	40.000	48.000
2	geplante Nutzungsdauer (Jahre)	5	5
3	Auszahlungen für abzuschreibende Gegenstände (€)	-660.000	-980.000
4	Liquidationsrestwerte der abzuschreibenden Gegenstände (€)	10.000	10.000
5	Kapitalbindung für nicht abzuschreibende Gegenstände (€)	80.000	120.000
6	Verkaufspreis (€/ME)	20,00	20,00
7	variable Kosten (€/ME)	-8,00	-6,80
8	Deckungsbeitrag (€/ME)	12,00	13,20
9	Deckungsbeitrag (€/Jahr)	480.000	633.600
10	fixe Kosten ohne Abschreibungen und Zinsen (€/Jahr)	-120.000	-145.000
11	Gewinn vor Abschreibungen und Zinsen (€/Jahr)	360.000	488.600
12	Abschreibungen (€/Jahr)	-130.000	-194.000
13	Zinsen (€/Jahr)	-32.370	-47.970
14	Kosten pro Jahr (€/Jahr)	*197.630*	*246.630*
15	Kosten pro Stück (€/ME)	*4,94*	*5,14*

Aufgabe 12: Übereinstimmung: Beide Methoden streben eine Aussage über die rechnerische Vorteilhaftigkeit von Investitionen pro Periode der Investitionsdauer an. Unterschied: Die Annuitätenmethode berücksichtigt den Verlauf der von der Investition verursachten Aus- und Einzahlungen im Zeitablauf, während der Gewinnvergleich von Durchschnittsbeträgen ausgehen muss.

Aufgabe 13: Es ist rechnerisch günstig, den Bus sofort zu erneuern.

a)
$$G(neu) = (67.000 - 25.000) - \frac{60.000 - 10.000}{5} - \frac{60.000 + 10.000}{2} \cdot 0{,}1 = 28.500$$

$$G(alt) = (60.000 - 30.000) - 10.000 \cdot 0{,}1 - (10.000 - 5.000) = 24.000$$

b)
$$AN(neu) = (67.000 - 25.000) - (60.000 - \frac{10.000}{1{,}1^5}) \cdot \frac{1{,}1^5 \cdot 0{,}1}{1{,}1^5 - 1} = 27.810$$

$$AN(alt) = (60.000 - 30.000) - 10.000 \cdot 0{,}1 - (10.000 - 5.000) = 24.000$$

Aufgabe 14:

	Steuerberechnung	0	1	2	3	4	5	6	7	8
1	Saldo laufende Zahlungen		20	592	977	977	977	977	977	977
2	Absetzung für Abnutzung		-295	-295	-295	-295	-295	-295	-295	-295
3	Sonstige Steuerkorrekturen									
4	Steuerbasis		-275	297	682	682	682	682	682	682
5	Steuerzahlungen		110	-119	-273	-273	-273	-273	-273	-273
	Investitionsrechnung	0	1	2	3	4	5	6	7	8
6	Anlagegegenstände	-2.060				-300				500
7	Umlaufgegenstände	-460								460
8	Saldo laufende Zahlungen [= Zeile 5]		20	592	977	977	977	977	977	977
9	Steuerzahlungen [= Zeile 5]		110	-119	-273	-273	-273	-273	-273	-273
10	Saldo laufende Zahlungen mit Steuern [(8)+(9)]		130	473	704	704	704	704	704	704
11	Zahlungsreihe der Investition nach Steuern	-2.520	130	473	704	404	704	704	704	1.664
12	Vermögensbestand	-2.520	-2.541	-2.220	-1.650	-1.344	-721	-60	641	2.343
	Kapitalwert (T-€)	**1.470**								
	Amortisationsdauer (Jahre)	**6,09**								

Steuersatz für Einkommen- und Gewerbesteuer: 40%.

Aufgabe 15: Investitionsrechnung für die neue Anlage

Steuerberechnung	0	1	2	3	4	5
1 Saldo der laufenden Zahlungen		42.000	42.000	42.000	42.000	42.000
2 Absetzung für Abnutzung		-15.000	-15.000	-15.000	-15.000	
3 Sonstige Steuerkorrekturen						10.000
4 Steuerbasis [(1)+(2)+(3)]		27.000	27.000	27.000	27.000	52.000
5 Steuerzahlungen [(4) x Steuersatz]		-8.100	-8.100	-8.100	-8.100	-15.600
Investitionsrechnung	0	1	2	3	4	5
6 Anlagegegenstände	-60.000					
7 Umlaufgegenstände						10.000
8 Saldo der laufenden Zahlungen		42.000	42.000	42.000	42.000	42.000
9 Steuerzahlungen [= Zeile 5]		-8.100	-8.100	-8.100	-8.100	-15.600
10 Saldo der laufenden Zahlungen mit Steuern [(8)+(9)]		33.900	33.900	33.900	33.900	26.400
11 Zahlungsreihe der Investition nach Steuern [(6)+(7)+(10)]	-60.000	33.900	33.900	33.900	33.900	36.400
12 Vermögensbestand	-60.000	-30.300	1.479	35.483	71.866	113.297
Kapitalwert (€)	**80.779**					
Annuität (€/Jahr)	**19.701**					

Die Annuität der vorhandenen Anlage ist ohne Tabelle zu bestimmen:

$AN\ (alt) = [60.000 - 30.000 - 10.00 \cdot 0,1 \cdot (1 - 0,3) - (10.000 - 5.000] \cdot (1 - 0,3)$

$AN\ (alt) = 17.010$

Es ist rechnerisch günstig, den Bus sofort zu erneuern.

Aufgabe 16:

Investitionsrechnung	0	1	2	3	4	5	6	7	8
1 Anlagegegenstände	-2.060				-300				500
2 Umlaufgüter	-460								460
3 Saldo der laufenden Zahlungen		20	592	977	977	977	977	977	977
4 Zahlungsreihe der Investition	**-2.520**	**20**	**592**	**977**	**677**	**977**	**977**	**977**	**1.937**
5 Zinszahlungen Fremdkapital		-80	-80	-80	-62	-43	-22		
6 Aufnahme / Tilgung Fremdkapital	980	0	0	-222	-240	-259	-280		
7 Restschuld des Fremdkapitals	-1.000	-1.000	-1.000	-778	-538	-280	0		
8 Zahlungsreihe der Finanzierung	**980**	**-80**	**-80**	**-302**	**-302**	**-302**	**-302**		
9 Verknüpfte Zahlungsreihe [(4)+(8)]	-1.540	-60	512	675	375	675	675	977	1.937
10 Eigenkapital	-1.540	-1.754	-1.417	-884	-597	18	695	1.741	3.678
11 Summe Fremd- und Eigenkapital	**-2.540**	**-2.754**	**-2.417**	**-1.662**	**-1.136**	**-262**	**695**	**1.741**	**3.852**

Kapitalwert	1.797
Amortisationsdauer	5,27

Aufgabe 17:

Steuerberechnung	0	1	2	3	4	5	6	7	8
1 Saldo der laufenden Zahlungen		20	592	977	977	977	977	977	977
2 Absetzung für Abnutzung		-295	-295	-295	-295	-295	-295	-295	-295
3 Zinszahlungen Fremdkapital		-80	-80	-80	-62	-43	-22		
4 Sonstige Steuerkorrekturen		-3	-3	-3	-3	-3	-3		
5 Steuerbasis		-358	214	599	616	636	656	682	682
6 Steuerzahlung		143	-85	-239	-247	-254	-263	-273	-273
Investitionsrechnung	**0**	**1**	**2**	**3**	**4**	**5**	**6**	**7**	**8**
7 Anlagegegenstände	-2.060				-300				500
8 Umlaufgüter	-460								460
9 Saldo der laufenden Zahlungen		20	592	977	977	977	977	977	977
10 Steuerzahlungen		143	-85	-239	-247	-254	-263	-273	-273
11 Laufende Zahlungen mit Steuern		163	507	738	730	723	714	704	704
12 **Zahlungsreihe der I. nach Steuern**	**-2.520**	**163**	**507**	**738**	**430**	**723**	**714**	**704**	**1.664**
13 Zinszahlungen Fremdkapital		-80	-80	-80	-62	-43	-22		
14 Aufnahme / Tilgung Fremdkapital	980	0	0	-222	-240	-259	-280		
15 Restschuld des Fremdkapitals	-1.000	-1.000	-1.000	-778	-538	-280	0		
16 **Zahlungsreihe der Finanzierung**	**980**	**-80**	**-80**	**-302**	**-302**	**-302**	**-302**		
17 Verknüpfte Zahlungsreihe [(12)+(16)]	-1.540	83	427	436	129	421	413	704	1.664
18 Eigenkapital	-1.540	-1.549	-1.215	-853	-775	-401	-13	691	2.396
19 **Summe Fremd- und Eigenkapital**	**-2.540**	**-2.549**	**-2.215**	**-1.631**	**-1.314**	**-681**	**-13**	**691**	**2.396**
Kapitalwert	1.504								
Amortisationsdauer	6,02								

Aufgabe 18: Die Anhebung des Kalkulationszinssatzes hat zur Folge, dass Investitionen verhindert werden, die bei Eintreffen der glaubwürdigsten oder einer besseren Zukunftslage vorteilhaft sind. Besonders betroffen sind kapitalintensive und langfristige Investitionen. Deshalb ändert sich mit der Anhebung des Kalkulationszinssatzes nicht nur das Investitionsvolumen, sondern auch die Struktur des Investitionsprogramms.

Das Ziel der Risikobegrenzung wird durch grobe und undifferenzierte Zuschläge auf den Kalkulationszinssatz nicht immer erreicht. Unter Umständen werden gerade die Investitionen aussortiert, die für die strategische Weiterentwicklung und damit für die langfristige Existenzsicherung notwendig sind. Deshalb ist eine detaillierte Risikoanalyse notwendig. Allenfalls für kleinere Routineinvestitionen können Zuschläge zum Kalkulationszinssatz ein Instrument sein, Sicherheitsbedürfnisse pragmatisch zu berücksichtigen. Dabei sollten die Zuschläge nach Risikoklassen differenziert werden.

Aufgabe 19: Auf maximal 4.377 T-€ (Kapitalwert + ursprünglich ermittelte Anschaffungsauszahlungen). Die Hauptunsicherheiten liegen aber in diesem Fall nicht in den Anschaffungsauszahlungen, sondern in den erwarteten Absatzmengen. Deshalb ist die Berechnung kritischer Absatzmengen, vor allem in den Jahren ab t = 3, sinnvoller, um Risiken transparent zu machen.

Aufgabe 20: Ob die Investition angesichts des erkennbaren Risikos durchgeführt werden soll, muss letztlich der Risikoeinstellung der Entscheidungsträger überlassen bleiben. Vorher müssten die Daten genauer untersucht werden. Dabei kann es auch zu einer Relativierung der ziemlich langen Amortisationszeit kommen. Sie wurde hier ermittelt mit Berücksichtigung der Eigenkapitalzinsen, aber ohne Berücksichtigung von Restwerten, die im Fall eines vorzeitigen Abbruchs der Investition realisiert werden könnten. Außerdem ist nicht bekannt, ob und zu welchen Kosten die Produktionsanlagen bei unliebsamer Marktentwicklung auf andere Zwecke, z.B. veränderte Produkte, umgestellt werden könnten. Von großem Einfluss ist auch, wie bedeutsam die Investition für die Festigung und Weiterentwicklung der Wettbewerbsfähigkeit des Unternehmens ist, welche Finanzierungsreserven vorhanden sind und welche Risiken das Unternehmen sonst noch eingegangen ist oder eingehen will.

Literaturhinweise

Die Literaturhinweise enthalten neben weiteren Lehrbüchern zur Investitionsplanung und -rechnung auch Quellen angrenzender Gebiete.

Ballwieser 1993
Ballwieser, W.: Methoden der Unternehmensbewertung, in: Handbuch des Finanzmanagements, Instrumente und Märkte der Unternehmensfinanzierung, hrsg. von G. Gebhardt/W. Gehrke/M. Steiner, München
Übersicht über die Methoden, die zum Teil auf der Investitionsrechnung aufbauen.

Betge 2000
Betge, P.: Investitionsplanung, Methoden – Modelle – Anwendungen, 4. Auflage, Wiesbaden
Lehrbuch mit Konzentration auf die Investitionsrechnung.

Blohm/Lüder/Schäfer 2006
Blohm, H./Lüder, K./Schäfer, C.: Investition, 9. Auflage, München
Ausführliches Lehrbuch. Es enthält auch die Nutzwertanalyse und Methoden zur Bestimmung optimaler Investitionsprogramme und optimaler Ersatztermine.

Däumler 2003
Däumler, K.-D.: Grundlagen der Investitions- und Wirtschaftlichkeitsrechnung, 11. Auflage, Herne/Berlin
Darstellung der Investitionsrechnung mit vielen Beispielen.

Däumler 1996
Däumler, K.-D.: Anwendungen von Investitionsrechnungsverfahren in der Praxis, 4. Auflage, Herne/Berlin

Denzer/Huber 2002
Denzer, W. F./Huber, F. (Hrsg.): Systems Engeneering, 11. Auflage, Zürich
Handbuch der Planung von Produktionssystemen.

Grob 1989
Grob, H. L.: Investitionsrechnung mit vollständigen Finanzplänen, München

Grob 2006
Grob, H. L.: Einführung in die Investitionsrechnung. Eine Fallstudiengeschichte, 5. Auflage, Hamburg u. a.
Lehrbuch der Investitionsrechnung mit Fallstudien.

Haas 2000
Haas, P.: Kosten, Investition, Finanzierung – Planung und Kontrolle mit EXCEL, 3. Auflage, München

Hoffmeister 2000
Hoffmeister, W.: Investitionsrechnung und Nutzwertanalyse, Stuttgart/Berlin/Köln

Ihig/Pflamer 2006
Ihig, H./Pflaumer, P.: Finanzmathematik, 10. Auflage

Jaspersen 1997
Jaspersen, Th.: Investition – Computergestützte Verfahren und Controlling im Investitionsprozess, München/Wien

Kobelt/Schulte 2006
Kobel, H./Schulte, P.: Finanzmathematik, 8. Auflage, Herne

Kruschwitz 2007
Kruschwitz, L.: Investitionsrechnung, 11. Auflage, München
Logisch perfekte Darstellung der Investitionsrechnung.

Kruschwitz 2006
Kruschwitz, L.: Finanzmathematik, 4. Auflage, München

Küpper 2005
Küpper, H.-U.: Controlling – Konzeption, Aufgaben, Instrumente, 4. Auflage Stuttgart
Lehrbuch des Controllings unter Einschluss des Investitionscontrollings.

Lutz 2007
Lutz, H.: Zum Fortschritt der Unternehmensbewertung seit Eugen Schmalenbach. In: Gadatsch, A./Schreiber, D. (Hrsg.): Wirtschaftliches Handeln in Lehre, Forschung und Praxis, VDM-Verlag Saarbrücken, S. 79–108
Kompakte Auseinandersetzung mit den Grundlagen und den Verfahren der Unternehmensbewertung.

Madauss 2000
Madauss, B.J.: Handbuch Projektmanagement, 6. Auflage, Stuttgart
Nachschlagewerk u.a. für die Planung von Sachanlagen.

Matschke/Brösel 2005
Matschke, M.J./Brösel, G.: Unternehmensbewertung. Funktionen – Methoden – Grundsätze, Wiesbaden
Umfassende Einführung in die Unternehmensbewertung.

Müller-Hedrich 1998
Müller-Hedrich, B.W.: Betriebliche Investitionswirtschaft, Systematische Planung, Entscheidung und Kontrolle von Investitionen, 9. Auflage, Ehningen/ Stuttgart
Lehrbuch unter Einbeziehung der Organisation der Investitionsplanung.

Olfert/Reichel 2006
Olfert, K./Reichel, Ch.: Investition, 10. Auflage, Ludwigshafen
Grundlegendes Lehrbuch.

Peters 2006
Peters, H.: Wirtschaftsmathematik, 2. Auflage, Stuttgart
Lehrbuch unter Einschluss der Finanzmathematik.

Pfeifer 2006
Pfeifer, A.: Praktische Finanzmathematik, 4. Auflage, Frankfurt

Reichmann 2006
Reichmann, Th.: Controlling mit Kennzahlen und Managementberichten, 7. Auflage, München
Lehrbuch des Controllings unter Berücksichtigung des Investitionscontrollings.

RKW 1990
Rationalisierungskuratorium der deutschen Wirtschaft (Hrsg.): Planung und Gestaltung komplexer Produktionssysteme, 2. Auflage, Eschborn
Systematische Darstellung von Methoden für das Management von Anlageinvestitionen.

Schneider 1992
Schneider, D.: Investition, Finanzierung und Besteuerung, 7. Auflage, Wiesbaden
Ausführliche theorieorientierte Darstellung.

Tietze 2006
Tietze, J.: Übungsbuch zur Finanzmathematik, 8. Auflage, Wiesbaden

Wildemann 1987
Wildemann, H.: Investitionsplanung und Wirtschaftlichkeitsrechnung für flexible Fertigungssysteme (FFS), Stuttgart
Methoden zur Planung und Entscheidung flexibler Fertigungssysteme.

Zangemeister 1976
Zangemeister, Ch.: Nutzwertanalyse in der Systemtechnik, 4. Auflage, München
Klassisches Lehr- und Nachschlagewerk der Nutzwertanalyse.

Stichwortverzeichnis

Abschreibung 135
Absetzung für Abnutzung 135
Abzinsungsfaktoren 66
Abzinsungssummenfaktor 62
Altanlage 73
Alternativverzinsung 44
Amortisationsdauer
– dynamische 77 ff.
– statische 120 ff.
Amortisationsdauermethode 77 ff., 99
Amortisationszeit 77, 120
– Obergrenze 80
Annuität 68
Annuitätenmethode 62, 68 ff., 72, 76, 98, 110, 117
Annuitätentilgung 148, 154
Anschlussinvestition 60, 72
Apfelmus-Fall 39
Auszahlungen 38
– laufende 42

Bandbreitenrechnung 171 ff., 178
Barkapitalwertmethode 55
Basisinvestition 45, 47
Bereitstellungsauszahlungen 40
Betrachtungsdauer 40
Bewertungsproblem 34
Break-even-Point 115
Brutto-Kalkulationszinssatz 134

Cash-flow 43
Controlling
– operatives 16
– strategisches 15

Damnum/Disagio 148
Darlehen 148 ff.
Datenermittlung 38
Datenprämissen 29
Discounted-cash-flow-method 55
Diskontierungsmethode 55
Durchschnittsgewinn 113

Dynamische Methode 100

Effektivzinssatz 151 ff.
Eintrittswahrscheinlichkeit 173 f.
Einzahlungen 38
– laufende 43
Einzelproblem 34
Endkapitalwert 47 ff., 94, 154
Endkapitalwertmethode 47 ff.
Endkapitalwertrechnung 152
Erfolgskontrolle 30
Ergänzungsinvestition 91
Ergebniskontrolle 30
Ersatzproblem 34
Ersatzzeitpunkt, optimaler 72 ff., 118 ff., 140 ff.
Ertragswert 65
Externe Effekte 35

Fehlinvestition 1
Finanz-, Erfolgs- und Bilanzplanung 26
Finanzierung 10
Finanzierungsannuität 70, 149
Finanzierungsrechnung 148 ff., 157
Finanzierungsregeln 26
Finanzmathematische Verfahren 37
Finanzplan 25, 147, 153
Fortschritt, technischer 73
Frühwarnsystem 20 f.

Gegenwartsmethode 55
Geldverwendung, alternative 44
Gesamtsteuersatz 135
Gewerbeertragsteuer(satz) 134 f.
Gewinn 122
Gewinnschwellen 115
Gewinnsteuern 132 ff., 144, 155
Gewinnvergleich 113 ff., 126
Gewinnvergleichsrechnung 119
Gleichgewicht, finanzielles 11
Grenzsteuersatz 132

Habenzinssatz 94

Imponderabilien 24
Informationen 162
Ingenieurformel 107
Interner Zinssatz 83, 90, 91, 96
Interne-Zinssatz-Methode 83 ff.
Investition
– operative 11
– strategische 11
– Arten 11
Investitionsannuität 70
Investitionsanregung 20
Investitionscontrolling 16, 31
Investitionsdauer 40, 60
Investitionsdurchführung 28
Investitionsentscheidung 8, 13, 15, 26 ff., 31
Investitionsketten 60, 71
Investitionsmanagement 13, 31
Investitionsplanung 18 f., 31
Investitionsprogramm 25, 44
Investitionsprüfung 22 ff.
Investitionsrechnung
– dynamische 37, 38
– einzelwirtschaftliche 34
– finanzielle 35
– gesamtwirtschaftliche 35
– nicht finanzielle 36
– statische 37
Investitionsrisiko 82, 121, 162 ff., 175 f.
Investitionswirtschaft 2 ff.
Investitionsziele 18 ff.
Investment-Center-Konzept 13

Kalkulationszinssatz 44 ff., 110, 123, 165
– kritischer 90, 124
Kapitalbindung 108 f., 122
Kapitaldienst 69, 110, 114, 117
Kapitalisierungsformel, kaufmännische 63
Kapitalrückflussrechnung 77
Kapitalrückflusszeit 77, 120
Kapitalwert 55 ff., 91, 154
Kapitalwertmethode 55 ff., 67, 98
Kapitalwiedergewinnungszeit 77, 120
Kosten 106
Kostenvergleich 106 ff., 126
Kostenvergleichsrechnung 112
Kritische Werte 110, 115, 166 ff., 178
Kritischer Sollzinssatz 95 f.
Kritische-Sollzinssatz-Methode 94 ff.

Kritische-Werte-Kombinationen 169

Laufzeiten 58
Leasing 142 ff.
Liquidationsrestwerte 43 f.

Monte-Carlo-Simulation 173

Net-present-value-method 55
Nettobarwertmethode 55
Netto-Kalkulationszinssatz 135
Neuanlage 74
Nominalzinssatz 151
Nutzungsdauer
– wirtschaftliche 40 f., 72
Nutzungsdauerproblem 34
Nutzwertanalyse 24, 36

Opportunitätskostenprinzip 44
Organisation der Investitionsplanung 4, 18 f.

Pay-back-method 77
Pay-off-method 77
Pay-out-method 77
Periodisierungsfaktor 69
Planung, flexible 30
Planungsprozess 32
Polaritätenprofil 22
Prämissenkontrolle 29
Prognose 163
Programmproblem 34
Projektkoordination 25
Prozentannuitätentilgung 150

Ratentilgung 148, 153
Rationalisierungsfalle 3
Rationalisierungsinvestitionen 53
Regelkreis 4, 16
Rendite 85
Rentabilität 122
– statische 122
Rentabilitätsrechnung, statische 122 ff.
Rentenbarwertfaktor 62
Restbuchwert 74, 122
Risiko 80, 121, 162
Risikoanalyse 173
Risikopolitik 83, 177
Risikozuschlag 46

Sicherheitskorrekturen 164 ff.
Soll-Ist-Abweichungen 29
Sollzinssatz 94
Sonderabschreibung 137 f.
Spezialisierungsfalle 3
Steuerbasis 136
Steuerbemessungsgrundlage 132, 136
Steuerzahlungen 132 ff.
Strategische Chancen 23
Strategische Planung 2
Strategische Prüfung 22
Strategische Risiken 23
Stückkosten 111
Szenarien 163

Tabellenkalkulation 56, 87, 89, 96, 168
Tilgungsformen 148 ff.

Umlaufvermögen 42
Unsicherheit 54

Verfahrensvergleich 110
Verknüpfung von Investitions- und Finanzierungsrechnung 152
Vermögensendwert 47, 94
Vermögensendwertmethode 47 ff.
Vollständiger Finanzierungsplan 147, 152
Vorteilsproblem 34

Wahrscheinlichkeitsverteilung 173
Wettbewerbsfähigkeit 3, 83
Wiederanlage 48, 96
Wiederanlageprämisse 85
Wiedergewinnungsfaktor 69

Zahlungsreihe der
– Finanzierung 148 ff.
– Investition 38 f., 152
Zeitpräferenz 52, 67
Zielprämissen 29
Zukunftserfolgswert 65
Zukunftslagen 163
Zurechnung 53